学校全学科课程体系建构实施的实践探索

王谢平 著

湖南大学出版社·长沙

图书在版编目(CIP)数据

学校全学科课程体系建构实施的实践探索/王谢平著．--长沙：湖南大学出版社，2024．12．--ISBN 978-7-5667-3872-1

Ⅰ．G622．3

中国国家版本馆 CIP 数据核字第 2024JJ7949 号

学校全学科课程体系建构实施的实践探索

XUEXIAO QUAN XUEKE KECHENG TIXI JIANGOU SHISHI DE SHIJIAN TANSUO

著　　者：王谢平

责任编辑：张建平　金红艳

印　　装：长沙市宏发印刷有限公司

开　　本：787 mm×1092 mm　1/16　**印　　张**：18．5　**字　　数**：474 千字

版　　次：2024 年 12 月第 1 版　**印　　次**：2024 年 12 月第 1 次印刷

书　　号：ISBN 978-7-5667-3872-1

定　　价：58．00 元

出 版 人：李文邦

出版发行：湖南大学出版社

社　　址：湖南・长沙・岳麓山　**邮　　编**：410082

电　　话：0731-88822559(营销部)，88821315(编辑室)，88821006(出版部)

传　　真：0731-88822264(总编室)

网　　址：http://press.hnu.edu.cn

综合实践为引领　教学方式再创新（代序）

姜　平

综合实践活动课程是从学生真实生活和发展需要出发，从生活情境中发现问题、转化为活动主题，通过探究、服务、制作、体验等方式，培养学生综合素质的跨学科经验性课程、综合性课程、实践性课程。课程目标指向引导学生从个体生活、社会生活及与大自然的接触中获得丰富的实践经验，逐步提升学生对自然、社会和自我内在联系的整体认识，培养学生的创新精神与实践能力。课程内容为基于各学科结构整合和学科知识综合应用的综合主题。课程实施形态以主题式探究学习、项目式学习等实践学习方式为主，这些特征与当前学科课程教育深化改革的目标高度一致。如2022版《义务教育课程方案和课程标准》中改革重点主要有三：一是强调素养导向，注重培育学生终身发展和适应社会发展所需要的核心素养，特别是真实情境中解决问题的能力培养；二是优化课程内容组织形式，跳出学科教学的窠臼，加强与学生经验、现实生活、社会实践的联系，通过主题、项目、任务等形式整合内容；三是突出实践育人，强化课程与生产劳动、社会实践的结合，强调知行合一，倡导做中学、用中学、创中学，经历发现问题、解决问题、建构知识、应用知识的过程。综合实践活动课程自2001年作为国家必修课程纳入基础教育课程体系以来，在建构自身课程体系的基础上，还担任引领教学方式及变革的重要使命。20多年来，我和综合实践活动课程的团队成员们，整合社会优质课程资源和学科课程内容，探索了综合主题课程体系建构经验，梳理了基于主题开展探究、合作、体验的主题式、项目式学习指导策略，这些课程建设的思想，为当今各学科开展综合主题学习、变革教学方式，提供了经验与范式。

自2016年始，我就和团队教师一起致力于将综合实践活动课程建设与实施方式迁移到学科教学的学校样本建设，在优秀的研究团队中，岳麓区博才白鹤小学王谢平校长和她的学校教师们无疑是贯彻得最彻底、坚持得最认真、成效最显著的学校样本。

王谢平校长带领博才白鹤小学5000多名师生，开展综合实践活动理念引领专题化教学改革，主要经历了以下三个阶段：第一阶段，2016年初，她就敏感地意识到综合实践活动课程的价值，和我一起多方研究，将综合实践活动学科纳入周课时常态实施，引领教师课程开发及实践能力全面提升。第二阶段，全学科课程理念引领教学方式变革探索阶段，从课程内容的结构性整合研究到专题化教学方式迁移再到学科教学方式的探索，学校研发了系列单元整合课程案例，建构了单元整合教学实施模型，开展了学科内整合试点研究。第三阶段，学校进入全学科课程体系建构及推进阶段，从学科教学内容入手，开展所有学科参与的结构性整合和专题化研究，逐步构建了同学段跨学科整合、同学科跨学段整合以及跨学科跨学段整合三类专题化模型和实施范式。

八年来，王谢平校长带领全校教师，围绕“综合实践活动理念引领学校教学方式变革”这一专题开展不懈研究与实践。个人认为，他们主要取得如下成就：第一，重建了教师课程观。在综合实践活动课程理念引领下，在博才白鹤小学教师的心目中，课程是发展的过程，而不是特定的知识体系的载体；课程的内容不是固定不变的，在探索新知的过程中不断地得以充实和完善，最后形成一体化的内容；课程是师生共同探究知识的过程。教师不再作为知识权威的代言人全面控制课程的开展，学生的感知经验都被纳入形成中的课程体系中。学生的个体体验和探索受到重视；课程发展的过程具有灵活性和开放性，课程目标不是完全预定的、不可更改的，在探究过程中可以根据实际情况不断调整；课程的组织不再囿于学科界限，而向跨学科和综合化方向发展。第二，促进学校课程创生。学校立足国家课程，深入研读课标、教材，着力学科整合，重构教学内容。学校东西两个校区，117 个班，近 5800 名师生，通过专题体验式教与学，共学共研共商，开发了 19 个校级专题，梳理物化学科整合专题化综合主题课程 45 个，其中《数据会说话》《神奇的植物》等同学科跨学段学科整合 14 个，《雪》《笋芽儿》等同学段跨学科 20 个，跨学段跨学科 11 个，作为资源应用、推广于全学科、全学段。在新的教学方式中，用规范性、多样化的学习任务来提升学生对学习内容的意义感，增强学生对教学过程的参与性。博才白鹤小学余忠萍老师执教科学课“植物洗涤探究”主题课程教学时，整合了科学三上第四单元《水和食用油的比较》、美术四上《色彩对“印”》、科学六下第二单元《米饭、淀粉和碘酒的变化》等课程内容，引导学生开展“探究植物洗涤奥秘”“寻找相关洗涤植物”“植物洗涤产品开发研究”“植物洗涤产品宣传推广”相关探究，这样，将完整的课程目标、学习过程和学习方式任务化，以多样化的学习任务驱动学生进入学习过程。第三，推动了学校文化重构。一是管理机制不断迭代。随着成果推广工作推进，博才白鹤小学的行政例会、教师例会、家长会变身思维促动会、经验分享会、成果发布会；教研管理部门迭代为“教研组、年级组、专题组”三线并行的课程管理中心。二是学习场域不断拓展。主题工作室、白鹤百草园、校外小农场成了学生别样的教室。三是学校发展成效显著。学校先后多次参与国家、省、市级展示，王谢平校长先后在国家省市活动中分享经验 40 余次、在《中国教师报》等书刊上发表论文 30 余篇、出版 1 本 35 万字的专著，其研究成果多次被权威媒体报道……

基于学科整合的专题化课程体系开发及教学方式变革之路上，我们待研究的问题还很多，如：如何重建学科教学方法体系，如何建设以整合学科教学内容为中心的校社家协同育人体系等，期待博才白鹤小学优秀的团队建构更多的范式，总结更多的经验。

[姜平，湖南省长沙市教育科学研究院研究员。特级教师，正高级职称（三级教授）。教育部基础教育教学指导委员会综合实践活动教学指导委员，全国骨干教师培训计划培训专家，国家教学成果奖持有者。]

前　言

在人工智能浪潮席卷全球的今天，人工智能以其卓越的智能交互能力崭露头角，成为举世瞩目的璀璨明珠，实现了科技进步与教育创新的交汇。当前，学校教育也正站在时代的十字路口，面临空前的挑战与机遇。学校课程的构建与实施，作为教育创新的先锋旗帜，已然成为学校发展的生命线。目前，学校课程建设呈现出从“单门课程”到“整合课程”再到“课程体系”的发展态势。为更好地落实党中央国务院提出的坚持把立德树人作为教育的根本任务，建构高质量教育发展体系，推进学校学科课程深度融合，促进学生综合素养全面提升，是学校教育深化改革的主要方向。其价值主要表现在如下两点：

一是顺应课程改革的时代需求。我国的课程改革肩负着发展学生核心素养的重要使命，习近平总书记明确指出，要努力构建德智体美劳全面培养的教育体系，形成更高水平的人才培养体系。习近平总书记还在全国教育大会上强调，要在增强综合素质上下功夫，教育引导学生培养综合能力，培养创新思维。新颁布的《义务教育课程方案和课程标准（2022 年版）》改革重点主要有三：一是强调素养导向，注重培养符合学生终身发展和适应社会发展所需要的核心素养，特别是真实情境中解决问题的能力；二是优化课程内容组织形式，跳出学科知识罗列的窠臼，开展跨学科主题学习活动，加强学科间相互融合及与学生经验、现实生活、社会实践的联系，根据学习内容设计相应的主题、项目、任务等；三是突出实践育人，强化课程与生产劳动、社会实践的结合，强调知行合一，倡导做中学、用中学、创中学，经历发现问题、解决问题、建构知识、应用知识的过程。因此，对学校的课程改革而言，一要打破以追求知识传授为教学目标的导向；二要打破学科教学知识点零散，缺乏整体性、综合性的现状；三要突破以课堂教学为主的教学方式，引导学生参与丰富的实践，进行深度的体验。

在这个时代背景下，我校基于学生核心素养发展的需求，聚焦全学科课程体系建构与实施的实践探索，为如何创新课程体系、促进学科融合、变革教学方式提供了学校样本。

二是直面并解决学校课程建设与教育深化改革面临的主要问题。综观当前教育现状，学校课程与立德树人的根本任务要求还存在一定的差距，主要表现为：一是课程目标仍指向单一的学科知识及知识点学习，缺乏聚焦指向核心素养的目标。如教育部《义务教育语文课程标准（2022 年版）》指出，义务教育语文课程培养的核心素养，是学生在积极的语文实践活动中积累、建构并在真实的语言运用情境中表现出来的，是文化自信和语言运用、思维能力、审美创造的综合体现。而现有的语文教学目标，主要强调每篇课文的字、词、句、段、篇的阅读理解能力及写作水平的提升。二是教学内容多以教材为本，以学科知识逻辑体系为主，缺乏重叠交叉学科内容的整合。如小学一年级下册教材中有课文《小小的船》、音乐教材中有歌曲《月亮》、美术教材中有《我跟月亮做朋友》，这些教材内容都与“月亮”这一主题相关。但在我们现有的教学中，这些内容都由不同的学科教师在不同的时间进行分散教学，没有形成学科内容之间的关联，缺乏内容的系统整合，课堂教学也缺乏有效性。三是教学方式仍以分学科、一课一教的教学方式为主，以封闭的课堂教学为主要组织形式，缺乏学校、家庭、社会各类资源的整合，这样的教学方式与当前提倡的项目式、主题式、探究式、实践性的教学方式存在一定的差距。四是课程评价仍以学科知识目标的达成为主要评价依据，以传统的试卷考试为主要方式，缺乏基于核心素养指标的过程性评价、综合性评价，不能充分发挥课程评价全面育人的功能。

针对以上问题，我们博才白鹤小学在建校之初就通过教师智慧众筹、团队共创等方式确立了“道法自然，和而不同”的教育理念，以培养“责任担当，健康体魄，学会学习，创新实践”的白鹤学子为育人目标。在学校“十四五”规划讨论会上，最终确定了“让每个孩子都出彩”的发展愿景。作为长沙市国家级优秀教学成果应用典型示范校，我校课程改革经历了以下三个阶段：综合实践活动课程常态化实施和学校建构全学科课程理念阶段、全学科课程理念引领教学方式变革探索阶段、全学科课程体系建构及推进阶段。经过多年的探索与实践，我校积累了比较丰富的研究经验，取得了一定的研究成果，课程文化不断完善，教师的全学科教学理念逐步深入，课程开发管理等能力不断增强，学生综合素养全面提升。面对新时代的新要求，我校在已有的研究基础上，进一步依托周边各项资源，从学生的需求和兴趣出发，建构了以核心素养为导向，以全学科融合为课程内容，以项目式、主题式、探究式学习为主要学习方式，以核心素养评价为主要评价指标的课程体系，并探索出了独具特色的课程实施路径及策略，这些研究经验对于其他学校进行全学科课程体系建构与实施具有一定的借鉴意义。

目　　录

专题一　学校全学科课程体系建构目标定位

构建学校全学科课程体系，旨在打破传统学科界限，促进学生全面发展，提升其解决复杂现实问题的能力，培养具有全球视野、创新精神和实践能力的人才。

博才白鹤小学在发展的过程中，围绕课程建设目标、教师专业提升目标、学生综合素质发展目标，以横联纵贯、多维整合的方式建构学校全学科课程目标体系，将课程、教学、管理、评价以及师生发展融为一体，最终实现育人方式、教学方式及学校文化的深度变革。

一、学校课程建设目标

运用项目式、专题化的方式，以学科大概念为逻辑联系点，对所有学科内容进行统整，并将这些内容与学生的兴趣和已有经验进行有机整合，从而使学校课程育人体系更加合理、完善。

（一）学校全学科课程体系建设目标的基本内容

基于打通学科和学段界限的课程体系思想，我们通过学科融合、资源整合、实施方式整合，充分挖掘学校、家庭和社会资源的教育价值，构建全学科课程高度融合、各项资源与学校课程深度融合的学校课程体系。

1. 建构多学科深度融合的课程体系

打破学科和学段的界限，建构同学科跨学段、同学段跨学科以及跨学科跨学段的专题化课程体系。

围绕责任担当、健康体魄、学会学习、创新实践四个课程模块，通过整合不同学科、不同领域的知识、技能和思维方式，建构一个引导学生在真实、复杂的实践中解决问题，灵活运用多学科知识，培养批判性思维、创新能力和综合技能的全学科课程体系。

2. 构建校家社资源与学校课程深度融合的课程体系

整合学校、家庭和社会资源，构建一个全面、动态、开放、促进学生全面发展的校家社协同育人体系。

【案例示范】

在学校课程体系构建之初，我们从地理环境、教师资源、家长资源、社会资源等方面对学校自身的发展情况进行了 SWOT 分析（基于内外部竞争环境和竞争条件下的态势分析）。分析发现，我校有善于农事和精于药草研究的家长，洋湖湿地公园、农趣谷、晚安工业园等社会和自然资源，为课程改革的开展提供了有力的支撑。学校结合课程专家的意见和学校实际情况，构建了校家社资源与学校课程深度融合的课程体系。

博才白鹤小学发展情况的 SWOT 分析表(部分)

因素	Strengths(优势)	Weaknesses(劣势)	Opportunities(机会)	Threats(威胁)
地理环境	1. 地处长潭西高速入口,交通便利。 2. 周边是白鹤社区、云栖谷、十里天池等楼盘,周边环境比较安全	地处长潭西高速入口,上、下学时交通压力较大,且学生存在较大交通安全隐患	周边有湖南中医药大学等四所大中院校以及岳麓科技产业园、晚安工业园、湖南师大附中博才学士中学、洋湖湿地公园、岳麓农趣谷等地,地理位置优越,教育资源丰富	1. 地处交通要道口,早晚交通高峰期影响上下学。 2. 校门口有流动摊贩,存在食品等安全隐患。 3. 校园周边有一些无证的托管机构,存在安全隐患
家长资源	有部分家长是附近湖南中医药大学等高校的教师,他们学历和素质较高,能给我校带来一些课程资源优势	1. 部分家长是本地居民,物质条件较好,但是教育水平较低。 2. 有部分家长在长沙工作且已买房,还有部分属于进城务工者,受教育水平相对偏低。据统计,我校家长本科及以上受教育程度在 45%左右	1. 社会越来越重视家庭教育,很多家长也越来越懂得陪伴孩子的重要性。 2. 很多家长都重视家风建设,明白良好的家风对孩子良好的个性品质的形成至关重要	1. 现在社会对教育的要求高,家长对教育和老师的要求更为严苛。 2. 家长对学校的信任、理解不够。 3. 部分家长存在一定的生存压力,把孩子交给爷爷奶奶等老人带,还有的放到托管机构,家长陪伴孩子较少

通过分析学校的地理位置和家长资源等优势,我校从学生的兴趣出发,开发了“魅力本草,劳动至美”的跨学科跨学段专题。

3. 构建“领域—模块—主题—项目”四级课程开发结构

借鉴综合实践活动国家级教学成果的经验,结合教育哲学对课程内容结构进行系统规划,架构“领域—模块—主题—项目”四级结构,让课程内容具有进阶性、递进性、关联性等特点,能更好地发挥全学科课程在全面育人体系建设中的重要作用。

【案例示范】

以“人与自然”领域下的《神奇的植物》专题为例,团队教师通过研读学科课标,发现语文、美术等学科都有“观察大自然、热爱大自然及大自然审美表达”的相关教学目标。通过团队研讨,我们最终将专题定位在“植物”。教师团队整合科学、劳动教育、少先队活动以及美术的相关教材,在低年级开展“植物能美容”的探究,结合学科教材开发了《认识各类果蔬植物》《护肤果蔬辨认小达人》《体验果蔬护肤》等一系列项目。

《神奇的植物》专题教学内容体系(部分)

专题	模块	主题	相关教材	项目
神奇的植物	植物能美容	寻找护肤的果蔬	科学一年级上册《我们知道的植物》	认识各种果蔬植物
			科学二年级下册《观察与比较》	护肤果蔬辨认小达人
		果蔬护肤的秘密	劳动教育《简单清洗处理果蔬》	体验果蔬护肤
			科学一年级下册《谁轻谁重》《观察一瓶水》	橄榄油护肤的秘密
		我为亲人来护肤	科学二年级上册《不同的季节》	自制植物面膜
			少先队活动《孝敬父母》	我为亲人来护肤
			美术二年级上册《自画像》	设计植物护肤表情包

(二)建构全学科课程的实施路径目标

建构全学科课程的实施路径，首先要明晰实施路径目标的基本内容和实施路径目标设计的主体，其基本内容主要包括建构全学科课程的流程、建构全学科课程教学基本范式以及梳理全学科课堂教学策略。目标设计的主体则需要从学校、专题组以及教师三个层面进行深入思考和探究。

1. 确立全学科课程实施路径目标的基本内容

(1)全学科课程实施的基本流程

全学科课程实施路径目标设计，要建构一种实施基本流程，引导学生围绕专题开展实践探究，运用各学科的知识，认识、分析和解决问题，经历完整的主题式学习探究过程。在建构此基本流程过程中，拟借鉴综合实践活动实施过程的已有经验，建构学校全学科课程体系实施基本流程，包括主题确立阶段的基本流程、活动实施阶段的基本流程、交流总结阶段的基本流程等模型建构。

【案例示范】

以“有机肥制作”专题为例，学生从“生活垃圾的研究”的活动拓展中，知道了厨余垃圾可以变成肥料，这样做不但能减少家里的垃圾，做出来的肥料还可以给家里的花草施肥，让空气更加清新。孩子们都想尝试，却苦于不知如何操作。于是，教师团队带领学生走访研学基地，结合学生已有的实践经验，最终确定了“有机肥制作”的探究主题。

《有机肥制作》专题课程阶段安排

课程阶段	课时	项目	课程内容
主题确定阶段	1 课时	主题确定	创设情境，确定选题
	1 课时	主题分解	搜集信息，分解主题
	1 课时	活动策划	对接基地，形成方案

续表

课程阶段	课时	项目	课程内容
活动实施阶段	1 课时	方法指导	“厨余垃圾堆肥”方法指导
	1 课时	方法指导	“制作木制堆肥箱”方法指导
	1 课时	方法指导	“植物种植”方法指导
	1 课时	方法指导	“观察记录“方法指导
总结交流阶段	1 课时	整理成果	整理前期成果
	1 课时	成果汇报	各组汇报交流

(2)建构全学科课程教学的基本范式

全学科课程教学打破一课一教的传统，以一个个专题的形式呈现，通过项目式、探究式教学方式引领学生开展深度探究和实践。

在学校全课程体系实施过程中，建构全新的课堂教学方式。在课堂教学基本范式建构中，我校借鉴综合实践活动的六大课型，建构主题确定课、主题分解课、活动策划课、阶段交流课、方法指导课、总结交流课。

【案例示范】

以“有机肥制作”专题为例，教师通过 4 个课时的方法指导课突破学生制作有机肥中的难点。首先，教师通过实际操作，向学生介绍材料、展示各种工具的使用方法，指导学生通过实践掌握制作要领；教师引导学生根据主题确定阶段的知识储备，分工合作，完成探究活动；操作过程中，教师指导学生观察记录、分析结论。课程实施过程中，家庭、基地的支持配合，让该专题课程更有深度和广度。

《有机肥制作》专题方法指导课设计(部分)

主要项目	具体活动	方法指导
项目一 我是堆肥小达人	活动一　分门别类备材料 1. 学习拔草需留心 (1)学会区分红薯藤与杂草 (2)学习拔草的方法：用一只手拨开红薯藤，另一只手抓住杂草的根部，用力连根拔起；站在沟里拔草，不踩坏红薯藤 (3)注意安全 2. 分组拔草乐趣多 3. 透气材料我来找　准备枯枝、高草等 4. 运送材料要协作　用簸箕将草、透气材料、土等堆肥材料运送到堆肥点	指导学生因地制宜，就地取材

续表

主要项目	具体活动	方法指导
项目一　我是堆肥小达人	活动二　堆肥地点慎选择 选择地势较高、背风向阳、离水源较近、运输施用方便的地方做堆制地点。 活动三　处理材料有讲究 1. 剔除碎石子等杂物，特别要防止重金属、有毒的有机和无机物质进入。 2. 将杂草等剪成约5厘米至15厘米长，厨余材料剪成小块，加快腐熟。 活动四　堆肥制作有方法 微生物菌群堆肥制作。 (1)添加微生物菌群堆肥 第一层：透气材料 第二层：堆肥材料 第三层：微生物菌群，有利于促进发酵。 第四层：土 第五层：水 如此反复数遍，最后封土。 堆肥要点： “吃饱”——量加足 “喝足”——加足水 “盖严”——用泥土密封 (2)普通堆肥 在上述制作方法上去掉第三层，其余同上。 活动五 制作标牌我能行	指导学生严格按步骤和要求，科学合理进行堆肥制作

(3)梳理一系列全学科课程课堂教学的方法策略

全学科课程的课堂教学方法策略旨在通过跨学科的视角与方法，促进学生深度学习与全面发展。在具体实施中，我校全学科课程根据不同课型选择不同课堂教学方法策略，并总结提炼经验。

教师引领+小组合作：将教师的指导作用和学生之间的合作学习进行有效结合的教学模式。教师不再是单一的知识传授者，而转变为学习活动的设计者、引领者和支持者。例如“我是白鹤小导游”专题，学生从“如何帮助幼儿园的弟弟妹妹们更好地认识博才白鹤小学”这一问题出发，在数学课上进行校园的方位辨认、美术课上合作绘制白鹤地图、语文课上合作撰写学校介绍词，最后以小组合作的形式录制学校介绍视频，帮助即将迈入一年级的弟弟妹妹们更好地认识小学。

情境化教学：将学习内容置于真实或模拟的情境中，使学生在解决实际问题的过程中学习和应用知识。例如“笋芽儿”专题，整合语文、美术、音乐和数学的学科知识，创设了“笋芽儿受邀参加动漫派对遇到难题”这一情境驱动教学，让孩子们通过自主学习、小组合作的方式解决“笋芽儿”遇到的难题。

主题式学习：围绕一个核心主题或问题，整合多个学科的知识与技能，设计一系列学习活动。例如“小小服装设计师”专题，围绕“缝纫小能手”这一核心主题，梳理形成“知识储备→技能习得→文化熏陶→服务生活→科技创新”成长脉络。探究过程中，学生走进服装店、裁缝店、传统服饰讲堂、社区废旧服装回收站等地，在不同角度、不同研究场景下帮助学生深度理解和解决问题。

自主探究式学习：一种以学生为中心的学习方式，它强调学生在学习过程中的主动性和探究性。在这种学习模式中，学生通过独立发现问题、探究解决问题的方法，自主构建知识体系，以达成学习目标。例如在“践行环保，让生活多点绿”专题中，五年级学生已有一定的全学科课程探究的经验，他们自己组成研究小队，从了解垃圾分类现状、自己动手做垃圾分类标准、设计和制作垃圾分类箱、垃圾分类处理和垃圾分类宣传推广五个方面开展探究。

微课主导式学习：一种将信息技术和教学设计进行有效结合的现代教学模式。这种模式通过制作短小精悍的微课视频，将教学内容以数字化的形式呈现给学生，以促进学生的自主学习，提高教学效率。例如在“有机肥制作”专题中，教师将制作有机肥的关键步骤录制成视频，让学生通过微课突破制作有机肥的难点。

2. 全学科课程实施路径目标设计的主体

为使全学科课程在实施中更好地落地，需要学校、专题组以及教师三个主体的共同努力，学校从宏观层面出发设计全学科课程实施路径的模型，研究实施路径；专题组借鉴综合实践活动课的六大课型研究课堂教学范式；教师团体针对专题进行项目设计，开展教学策略的研究。

学校研制全学科课程实施路径的六大模型：少先队活动课程、开展系列研学课程、创新节日课程、研发三点半课程、设计实践体验周课程以及推进亲子课程。

专题组借鉴综合实践活动长主题研究的范式，研制“前置课程—主体课程—后拓课程”的模型，其具体的课堂教学借鉴综合实践活动课程的六大课型是主题确定课、主题分解课、活动策划课、阶段交流课、方法指导课、总结交流课。

教师针对专题进行项目的设计，根据不同的主题和项目进行教学设计，并在实施中不断优化和完善。此外，各类课型中的教学策略研究也是教师团体研究的重点。

二、教师培养目标

在全学科课程体系的构建中，要激活每一位教师的课程意识，让教师成为学校课程的领导者、研究者和推进者，让教师有更多的机会进行不同程度的“课程实验”，有更多的机会参与完整的课程开发过程，改变当下教师只把学科教材当课程的狭隘观念，形成更加开放、更加多元的课程观，让教师的专业成长跟上学校的课程发展愿景。

教师的培养目标围绕提升全学科课程整合能力、掌握基本教学方法，增强实践育人能力以及培养全学科背景下的教育科研能力三个维度展开，以确保全学科课程的有效实施及学生核心素养的全面提升。

（一）全学科课程建设的整合能力

全学科课程要求教师具备跨学科知识整合的能力，能够将不同学科的知识、技能和方法融合于课程设计和教学实践中。这要求教师应具备以下素养：

1. 跨学科知识与技能的掌握

教师需要具备广泛的知识面，理解不同学科的核心概念、原理和方法，能够在教学中自然地进行知识的横向联系和纵向延伸。

2. 课程设计与实施能力

教师能够设计以主题或问题为中心的全学科课程，通过项目式学习、专题化学习等方法，引导学生在真实的情境中学习，解决复杂问题。

3. 资源开发与利用能力

在全学科整合课程中，教师能够开发和整合多样化的学习资源，如数字化资源、社区资源等，不断丰富教学内容，激发学生学习兴趣。

（二）掌握基本教学方法，提高实践育人能力

全学科课程强调以学生为中心，注重学生实践能力、创新思维和社会责任感的培养。

1. 开发和学习全学科课程教学基本范式

教师通过参与一个个典型的全学科整合案例，形成了“前置课程—主体课程—后拓课程”的全学科课程教学基本范式，通过学习、运用教学基本范式和方法，教师可以帮助学生进入深度学习状态，同时，教师的个人专业能力也能不断获得提升。

2. 变革全学科整合常态化课程教学方式

提升教师教学方案规划设计能力及促进教师变革教学方式，掌握专题化教学、项目式教学的基本过程范式及指导细节，为学生提供一个结构化、系统化的学习路径。

（三）全学科背景下的教育科研能力

在全学科背景下，教师的科研能力是指教师在教育教学实践中进行科学研究的能力，包括问题识别、研究设计、数据分析、结果应用等。提升教师的科研能力对于推动教育创新、提高教学质量和促进学生全面发展具有重要意义。

1. 明确课程研究的目标和方向

教师应明确自己在课程研究能力方面的短板和不足，设定具体的提升目标。这包括了解自身在教育理论、教学方法、课程设计等方面的研究能力和专业发展方向，以便有针对性地进行学习和研究。

2. 加强专业培训和学术交流

教师通过参加专业的全学科课程和学术会议，可以系统地提升科研能力，学习先进的科研方法和技能。同时，学术交流活动可以帮助教师拓宽视野，吸收同行的研究成果和经验，促进科研思想的碰撞和创新。

3. 注重实践研究和项目参与

教师应积极参与全学科课程的研究，将理论与实践相结合，通过解决实际教育教学中的问题来提升自身的科研能力。实践研究不仅能够提高教师解决问题的能力，还能够增强科研成果的实用性和影响力。

4. 提升数据处理和统计分析能力

教师学习使用数据处理软件和统计分析工具，有利于提高研究工作中的数据处理和分析能力，确保研究的准确性和可靠性。

三、学生发展目标

在教育教学活动中，学生是以内涵丰富的身与心、感性与理性、共性与个性、能力与人格的完整生命体投入其中并获得发展的，即学生的发展指向成为一个完整发展的“人”。为了科学评价学生的核心素养发展水平，建立一套完善的核心素养评价指标至关重要。中国学生发展核心素养以培养“全面发展的人”为核心，分为文化基础、自主发展、社会参与三个方面，综合表现为人文底蕴、科学精神、学会学习、健康生活、责任担当、实践创新六大素养。博才白鹤小学在建校之初就确定了以培养“责任担当，健康体魄，学会学习，创新实践”的白鹤学子为目标，这一目标与核心素养评价标准不谋而合。

责任担当：培养学生公民意识。学生具有积极向上的人生目标，养成良好的行为习惯，自立自强，形成健全的人格；具有中华民族传统美德、红色基因、社会公德和公民素养；具备对家庭、对国家以及对人类发展的责任担当意识，有一颗孝亲、感恩、爱国的心。

健康体魄：奠定终身健康基石。学生拥有一项持久的运动能力，养成运动习惯，练就强健的体魄，培养坚强的意志；拥有积极向上的阳光心态，悦纳自我，自尊自信，友善乐群；养成良好的生活习惯，学会自我保护和自我管理，懂得珍爱生命。

学会学习：培养终身学习能力。学生具有较高的认知能力，能够掌握一套高效的学习方法，具备自主探究、批判思维和理性分析的能力，乐学善学，学会学习；具有一定的发现、感知、欣赏、评价美的意识和能力，具有健康的审美价值取向；具有终身学习的意识和行动，在生活中成为雅趣、雅情和雅行的高雅之人。

创新实践：培养创新精神和实践能力。学生掌握科学、人文等领域的基础知识和基本技能；具有一定的信息意识和初步的信息素养；具有理性思维、批判质疑、自主探究、敢于创新的科学精神；敢于质疑现状，探索新领域，善于在解决问题中找到新方法。

构建全学科课程体系能够有效促进学生核心素养的全面发展，培养具有创新精神、实践能力和全球视野的未来公民，同时促进教师的专业成长和教育科研能力提升，推动学校向高质量教育时代迈进。

专题二　学校全学科课程体系建构过程

一、基本阶段

自博才白鹤小学建校以来，全学科课程体系开发主要经历了以下三个阶段：

(一)第一阶段：理念启蒙阶段(2014.9—2016.8)

在国家级优秀教学成果持有人姜平教授的指导下，我校一到六年级将综合实践活动学科纳入周课时计划，并进行常态化实施。姜教授对课程内容开发与实施、教学规范等方面进行全方位指导，使教师的课程开发能力、实践指导能力以及课堂教学能力全面提升。

综合实践活动课程要求，在课程开发过程中，学校要结合学校的办学理念和办学特色，深入分析学生的年龄特征和发展要求，保持课程内容在时间上的连续性和系统性，处理好学期之间、学年之间、学段之间课程内容的有机衔接与联系，构建科学合理的活动主题序列，对学校综合实践活动内容进行系统建构。综合实践活动课程内容的开发可以是不同学段不同主题，也可以是同一主题在不同学段中进行层级性的序列建构。

基于以上理念，我校在综合实践课程建设中，力图建构一到六年级由易入难、由浅入深、体现课程的连续性、反映学生成长需求、促进学生综合素养持续发展的综合实践课程体系。我校首先分析学校周边资源，采用“主题引领”的模式开展了综合主题系列开发。如结合岳麓农趣谷、洋湖湿地公园以及晚安家居文化园的资源优势，分别开发了“走近中华传统农具”“走近红豆杉”“红木家具图案寓意研究”等综合实践活动主题，因此，教师综合化课程理念以及主题课程开发能力得以提升。

我校综合实践常态化课程“中草药综合主题劳动教育”的开发和实施历时多年，以“五育融合”为视角，将劳动教育“十大任务群”融入德、智、体、美四育之中，构建内容体系，探索校家社联动育人路径，实现了一到六年级螺旋上升的常态化实施，学生系统掌握中草药辨识、种植、养护、炮制、加工等劳动知识和技能，习得创意设计、制作、实验、运用的劳动创新能力，综合素养得到全面提升。

同时，我校对综合实践活动课程实施方法进行了认真研究，围绕综合实践活动课程“人与自然、人与自我、人与社会”三大领域设计相关主题活动，引导学生通过动手实践、合作探究、得到结论，实现探究式、项目式的深度学习。比如，围绕“设计制作”主题，引导学生通过图纸设计、模型制作和作品解说等活动，让学生在调查、演示等实践活动的过程中，获取对传统农具历史和制作程序的深刻认识。因此，综合实践专题化教学方式在该课程教学中得到较好应用，转变了教师的教学理念，初步形成主题式教学意识。

(二)第二阶段：初步探索阶段(2016.9—2020.8)

在综合实践课程建设与实施取得一定成效的基础上，在不断开发利用社会课程资源、融入课程体系的过程中，我们意识到学校课程特色化建构势在必行。为此，我们开展了综合实践课程理念指导学校课程体系建构与学科教学方式变革的研究。首先，对学校发展情况进行 SWOT 剖析，确定学校特色课程框架。其次，学科内部开展了单元整合的研究，设计了一系列单元整合课程案例。最后，从案例出发，建构了单元整合教学实施模型。至此，我校综合实践活动从常态化实施走向引领学校教学方式变革阶段，在全校开展学科内整合的试点研究。

2016 年秋季，我校成为长沙市课程改革实验基地校，联点专家市、区教研员多次到访，指导我校进行课程建设。通过专家的指导，我校明白了：学校课程应不为“特色”而特色，而是整合各种资源、基于学生需求和教师发展愿景、在整合理念下自然生成的学校课程。我校学科内的单元整合如下：以六年级语文专题“走进鲁迅”为例，语文教材中有《少年闰土》等四篇与专题相关的课文，语文组集体研讨时，将一篇篇课文的学习变成“与鲁迅的童年相遇”等专题活动，学生还开展了“鲁迅笔下经典人物绘制”等丰富的实践活动。这种同学科单元整合的方式，有层次地推进了语文教学改革，让学生获得了丰富的知识，提升了搜集资料、整合资源等能力。孩子们从课内走向课外，语文学习也有了更广阔的空间。

语文单元整合教学实施模型

实施步骤	具体要求
确定单元专题	明确单元学习目标，贴合课程标准和学生需求
单元内容整合	依据学习目标，整合不同课文、写作、口语表达等内容，形成统一的专题
设计教学方法	采用多样化教学方法，如合作学习、讨论学习、角色扮演等
组织实践活动	通过写作、研究、项目式学习等语文实践活动，让学生将所学知识运用起来
专题评估反馈	专题学习后进行评估，对学习结果给予及时反馈
专题反思调整	通过评估结果分析及采访教师、学生、家长等，及时反思并调整教学策略

（三）第三阶段：全面建构阶段（2020 年 9 月至今）

在实施过程中，我校对全学段、全学科进行课程结构性整合，宏观规划学校课程、家庭课程以及基地课程，借鉴姜平教授国家级教学成果提供的学校课程体系建构支架，我校从“领域—模块—主题—项目”四级结构建构学校全学科课程体系。同时，在实施过程中借鉴姜平教授国家级教学成果中关于综合实践活动课程实施的基本范式，开展了学校文化变革模式研究实践。

学校全学科课程体系实施方式

引领学校文化变革模式课程	方式一：学科内部专题化整合模式	学科分专题教学
	方式二：跨学科专题整合模式	学科之间融通内容的专题化教学
	方式三：学校课程结构性重组模式	学校整个课程体系的结构性设计与实施

二、开发策略

在学校全学科课程体系建构与实施中，教师们将过程中的反思进行汇总，提炼出实施的五大策略，其内容较为完整、方法具体、目标明确，具有较强的指导性。

（一）整合多类资源，重构课程体系

博才白鹤小学全学科课程体系从“领域—模块—主题—项目”四级结构进行构建，对学校发展情况进行 SWOT 剖析，从教师资源、家长资源、自然资源、社会资源等方面进行分析。如教师资源：有一个稳定、成熟的教研团队；家长资源：学校有一大批熟知本地风土人情、支持学校工作的家长；自然资源：学校周边有洋湖湿地公园、岳麓农趣谷等丰富的教育基地；社会资源：学校周边有湖南中医药大学、晚安工业园、岳麓科技产业园等资源。我们结合专家意见和学校实际情况，开发了“我们入学啦”“我们懂礼仪”等一系列全学科课程。

结合博才白鹤小学育人目标，我们建构了学校全学科课程模块，在“人与自然”“人与自我”“人与社会”“人与文化”四个领域下，依托周边的自然资源形成了“神奇的植物”“有趣的动物”等多个学科整合专题，每个专题下都设计了丰富的模块、主题和项目。

博才白鹤小学全学科课程育人体系

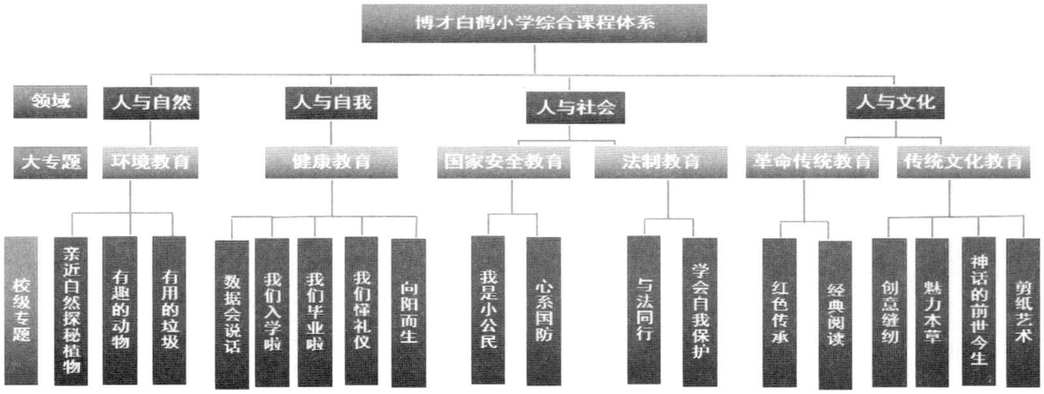

（二）借鉴国家成果，构建实施范式

我校从学科教学内容入手，开展所有学科参与的结构性整合和专题化研究，逐步构建了同学段跨学科整合、同学科跨学段整合以及跨学科跨学段整合三类整合方式。

全学科课程体系三种整合方式

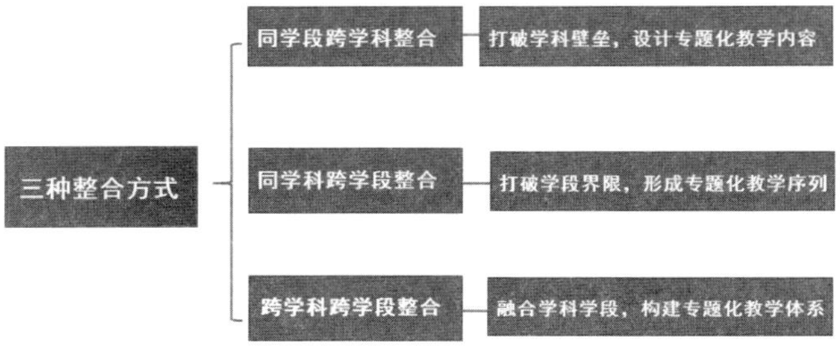

1. 同学科跨学段整合方式

打破学段界限，挖掘某一学科的同一知识在不同学段的内在逻辑关联，形成贯穿多个年级的、系统的、有梯度的课程序列。这一整合方式可以减少学生重复性学习的现象，让学生对整合的专题形成系统化的认识，提升学习效率。

以数学专题“我很健康”为例，我们构建了这样的内容体系：一年级开展“健康体重知多少”的主题活动，学习分类与整理的数学知识；二年级关注“运动时长”，学会数据的收集与分类整理；三年级聚焦“身高体重”，学习数据的汇总和简单分析……教师围绕“数据分析”核心能力，充分挖掘数学学科内知识的内在逻辑关联，使其发挥最大的学科价值和育人功能，以分年级确定探究主题、开展实践活动、解决问题的方式构建了统一在“数据的统计与分析”下的专题内容体系。

“数据的统计与分析”同学科跨学段整合教学内容体系

年级	探究主题	解决问题	开展活动
一年级	健康体重知多少	①通过搜集活动，了解我校一至六年级学生身高和体重的数据 ②通过对比标准的身高体重，判断自己是否属于标准范围	①结合体质健康监测，抽样搜集一至六年级学生体重的数据，用简单的统计图分类和整理数据 ②让学生判断“我的身高、体重是否达标”
二年级	运动时长知多少	①调查本校学生每天的运动时长，对比国家规定的小学生运动时长标准，统计运动时长不达标的数据 ②调查运动时长不达标背后的原因，并寻找解决办法	①抽样调查本校学生的运动时长，统计各年级运动时长达标情况 ②对一至六年级学生进行调查、采访，制作简单统计表，分析统计结论
三年级	身高体重知多少	①了解本校学生的肥胖情况 ②通过数据收集、整理，探究体形偏胖形成的原因 ③给偏胖的小朋友提供解决偏胖问题的办法	①抽样调查本校学生的真实身高、体重数据，根据计算 BMI 得到三年级偏胖学生的名单 ②设计一份调查问卷，对三年级偏胖学生进行调查、采访，探究肥胖形成的原因
四年级	膳食营养知多少	①了解学生日常摄入的各类食品中热量、脂肪、蛋白质等成分的含量 ②帮助学生克服偏食、挑食的毛病，养成科学的饮食习惯	①记录某日摄入食品中的营养成分的数据，并将结果绘制成复式条形统计图 ②结合自己或同学挑食、偏食情况，制定一周营养膳食食谱并实践、记录
五年级	变化情况知多少	①小学阶段男女生身高、体重变化情况 ②学生进一步感受统计带给人们的帮助，更直观地理解自己的身高和体重中所蕴含的科学知识	①收集不同年龄段男女生身高、体重信息，并绘制成复式折线统计图 ②根据折线统计图分析男女生不同年龄阶段数据的变化趋势

续表

年级	探究主题	解决问题	开展活动
六年级	运动项目大调查	①了解扇形统计图的特点，能根据需要运用扇形统计图有效地表示数据，并对数据进行分析 ②能根据调查问题的背景选择合适的数据统计和表达方式，养成用数据说话的习惯	①搜集六年级学生课余体育锻炼项目和时长数据，并绘制成扇形统计图 ②开展“我的一月课余锻炼时间”统计，体验运动对提升身体素质、学习效率的积极作用

2. 同学段跨学科整合方式

打破学科壁垒，在同一年级整合不同学科相关联的教材内容，统一到同一专题开展探究。这一整合方式能够消除分科知识的隔阂，打破界限分明的学科和学科知识本身固有的知识体系，以整合后的专题连接不同的学科，让学生在学习过程中体验知识与知识的联系，从而建立系统、整合的思维方式。跨学科的整合还能做到突破课堂场地的局限，联动学校、家庭和社会等多方资源，为学生提供更广阔的体验空间，让他们走出课堂，在自然、真实的社会环境中通过自主学习，实现知识的整合、能力的迁移，发展问题的提出与分析能力、信息的收集与整理能力、操作与创造能力。

“笋芽儿”同学段跨学科整合教学框架

年级	教材	课题	相关知识点	课标要求
二年级	语文（部编版）	《笋芽儿》	笋芽儿的生长过程和个性特点	阅读浅近的童话、寓言、故事，关心自然和生命，对感兴趣的人物和事件有自己的感受和想法，并乐于与人交流
	音乐（湘艺版）	《小春笋》	掌握三拍子的节拍规律，在歌曲《小春笋》的表演中体会音乐旋律的特点	能自然、有表情地演唱，参与其他音乐表现和即兴创造活动
	美术（湘美版）	《动漫亮相》	了解、认识动漫形象的艺术创作特点，尝试创作或临摹一个动漫形象	采用造型游戏的方式进行有主题或无主题的想象、创编、表演和展示
	数学（人教版）	《数据收集整理》	掌握投票规则、统计方法，选择合适的方法对数据进行统计、整理	通过简单的数据收集、整理、分析的过程，了解简单的数据处理

以二年级为例，根据教材中语文阅读课文《笋芽儿》、音乐《小春笋》、美术《动漫亮相》和数学《数据收集整理》，确定了“笋芽儿”专题。研读四个学科课标、教材，整合语文“感受人物美好品质”、美术“动漫形象创作”、音乐的“歌表演”、数学的“数据统计分析”等知识点，设计了教学框架。结合二年级学生“以具体形象思维为主、表现欲强”的年龄特点，最后确定整合成：前置课程（1 课时）—主体课程（60 分钟的大课）—后拓课程（1 课时）。“笋芽儿”跨学科专题化教学将原来的 4 课时缩短至 3 课时，圆满达成了原有的教学目标，并对学生的能力提出了更高的要求，教学效率也得到了提高。

【教学示例】

《笋芽儿》案例教学设计

（一）教学目标

1. 了解笋的生长过程和个性特点，认识卡通形象的艺术特点与设计方式，运用所学到的方法创作有个性的竹笋形象。

2. 在歌词创编、音乐律动、演唱中掌握三拍子节奏规律，培养团队协作精神，感受笋芽儿奋发向上的精神。

3. 通过小组合作、练习操作等方式，学会选择合适的方法进行数据统计，并能根据表内的数据进行简单的分析。

4. 培养学生对知识的灵活运用能力，让学生感受各科知识在生活实际中的广大用途，提高学生综合探究的兴趣和能力。

（二）教学重点

了解笋的生长过程和个性特点，认识卡通形象的艺术特点与设计方式，在歌词创编、音乐律动、演唱中掌握三拍子节奏规律，学会选择合适的方法进行数据统计，并能根据表格内的数据进行简单地分析。

（三）教学难点

通过小组合作进行人物形象分析、诗歌创编，运用所学到的方法创作有个性的竹笋形象。

（四）教学安排

“笋芽儿”跨学科整合教学内容安排表

主题	实施年级	项目	整合教材	授课教师	课时
笋芽儿	二年级	《笋芽儿》	二年级（下）语文（部编版）第一单元	彭丽婷	20 分钟
		《动漫亮相》	二年级（下）美术（湘美版）第 9 课	李瑞琪	20 分钟
		《小春笋》	二年级（下）音乐（湘艺版）第一单元	蒋颜	10 分钟
		《数据收集整理》	二年级（下）数学（人教版）第一单元	汤倩	10 分钟

（五）整合建构课堂模型

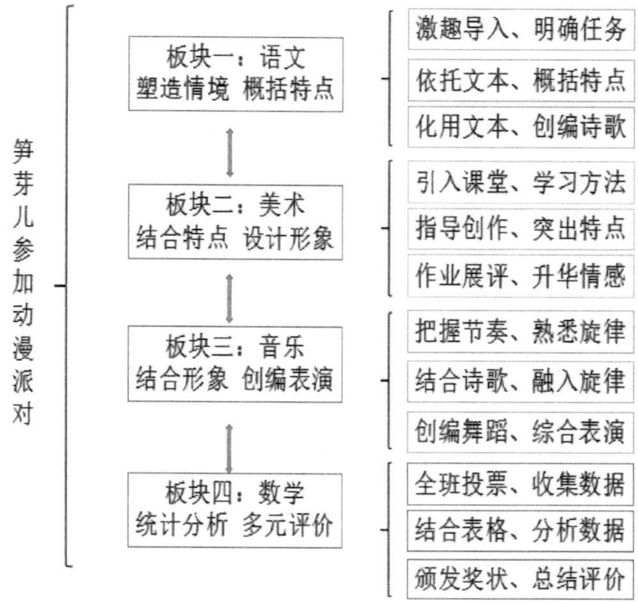

3. 跨学科跨学段整合方式

融合学科学段，构建专题化课程体系。我校积极探索综合实践活动课程和各学科课程整合的教学模式，促进学科教学观念和教学方式的转变，使学生更好、更快地掌握基础知识和基本技能，提高学生分析和解决问题的能力，激发他们对学习的热情，促进核心素养的提升。

以“人与自然”领域下的《神奇的植物》为例，我校设计了“做植物的小大夫”“做动物的小大夫”和“做人类的小大夫”三个主题，每个主题下细化了一系列项目。教师们通过研读四年级美术、科学、语文、数学教材，多轮讨论、质疑、补充，最终将四年级探究的主题定为“植物善洗涤”。该主题旨在让学生通过对天然植物洗涤剂的体验、实践和探究，从而坚定保护大自然的信念。这样编排课程内容，跳出了学科窠臼，优化了课程内容组织形式，有利于向跨学科和综合化方向发展。

“神奇的植物”跨学科跨学段整合教学内容体系

领域	模块	主题	相关教材	项目
神奇的植物	植物能美容	寻找护肤的果蔬	科学一年级上册《我们知道的植物》	认识各种果蔬植物
			科学二年级下册《观察与比较》	护肤果蔬辨认小达人
		果蔬护肤的秘密	劳动课《简单清洗处理果蔬》	体验果蔬护肤
			科学一年级下册《谁轻谁重》《观察一瓶水》	橄榄油护肤的秘密
		我为亲人来护肤	科学二年级上册《不同的季节》	自制植物面膜
			少先队活动《孝敬父母》	我为亲人来护肤
			美术二年级上册《自画像》	设计植物护肤表情包
	植物善洗涤	探究植物环保洗涤秘密	科学五年级下册《珍惜水资源》《我们面临的环境问题》	主题确定和分解
			综合实践活动《实地考察和调查》、科学四年级下册《果实和种子》	探寻常见洗涤植物
			劳动课《清洗锅碗瓢盆等厨具》	体验用植物来洗涤
			科学三年级上册《水和食用油的比较》、科学六年级下册《米饭、淀粉和碘酒的变化》	淘米水去除油渍的秘密
		开发制作植物洗涤产品	科学五年级下册《解决垃圾问题》	制作果皮酵素
			劳动课《制作香皂》	自制无患子香皂
			美术四年级上册《蝴蝶落我家》《色彩对“印”》、美术六年级下册《标签与品牌》	设计制作包装
		宣传推广植物洗涤妙处	少先队活动课	策划爱心义卖活动
			数学四年级上册《总价＝数量×单价》	商品估价
			美术四年级上册《花儿朵朵》	设计善洗涤植物服装
			语文四年级上册口语交际《我们与环境》、音乐四年级上册《八六拍》《音乐实践》	创编植物善洗涤童谣

续表

领域	模块	主题	相关教材	项目
神奇的植物	植物会治病	做植物的小大夫	科学六年级下册《校园动植物大搜索》	调查校园植物虫害情况
			数学四年级上册《条形统计图》	植物受蚜虫害情况统计和分析
			科学五年级下册《当环境改变了》《食物链和食物网》	寻找防治蚜虫的方法
			科学六年级下册《形形色色的植物》	筛选防虫害植物品种
			科学五年级下册《蚯蚓的选择》	配制植物杀虫剂
		做动物的小大夫	科学五年级下册《设计和制作生态瓶》	调查学校鱼塘生态系统
			科学六年级上册《放大镜》《怎样放得更大》	自制简易显微镜
			科学六年级上册《观察水中微小的生物》	探寻学校鱼塘鱼生病的真凶：小瓜虫
			数学五年级下册《折线统计图》	研制辣椒生姜杀虫剂
		做人类的小大夫	综合实践活动《各种调查方法》	调查植物防治蚊虫叮咬的方法
			科学六年级下册《厨房里的物质与变化》	植物防治蚊虫叮咬方法大揭秘
			科学六年级下册《发现变化中的新物质》	自制手工蚊香
			科学六年级下册《变化中伴随的现象》	薄荷挥发油和纯露的提取

（三）提炼流程，完善实施步骤

经过一系列课程活动的探索与实施，我校认为全学科课程在具体实施中应遵循以下“六步走”步骤，以下结合“神奇的植物”这一专题进行阐述。

第一步，建设合作团队。课程的各个专题团队由一名综合实践骨干教师、某学科一名骨干教师和若干名（用 X 表示）感兴趣的教师组成，我们称它为“1＋1＋X”团队。团队组建完成后，将开展“2＋1”研训活动，即参加两个专业培训和进行一次微表达，做到学而思、思而行。

第二步，发现整合内容。除了重点研读《中小学综合实践活动课程指导纲要》外，整合的各学科课程标准也是必读书目，教师须从中找到重叠交叉的教学内容、教学目标。以“神奇的植物”为例，科学老师提出，小学科学希望学生经过六年的学习后，能够认识到人与自然和谐共处的必要性、重要性，从而更加热爱大自然。但经调查发现，临近毕业的大多数六年级学生并没有达到这个目标。于是，团队教师们研读各学科课程标准，最终将整合点定为“植物”。

第三步，确立整合主题。将重叠交叉的内容与学校资源相结合，找出合适的研究主题。以四年级组为例，团队教师研读美术、科学、语文等学科教材，经过多轮讨论，最终将探究主题定为“植物善洗涤”。学生通过对天然植物洗涤剂的体验、实践和探究，从而坚定保护大自然的信念。

第四步，设计实施方案。主题确定后，教师要将多个学科重叠交叉的部分变成有目标、有内容、有顺序的教学过程，团队教师需要一起设计详细的实施方案。以四年级为例，我们将整合的教材内容进行有逻辑的排序，确定每一节整合课的课题、课时、涉及学科、授课老师。接着，授课教师撰写教案，明确教学目标和内容。

第五步，分步实施方案。学生按照综合实践活动的“主题确定、主题分解、活动策划、方法指导、阶段交流、总结汇报”六类课程活动有序开展专题化学习，时间、地点、老师变成了多变的 X，即“6＋X”学生活动。而教师们则开展反思研讨，相互学习，共同成长。

第六步，展示交流评价。我们设计了一套“学生发展”的评价体系，特色课程的评价体系要做到关注学生在专题化学习中的表现，聚焦学生的成长。

学校全学科课程教学实施策略

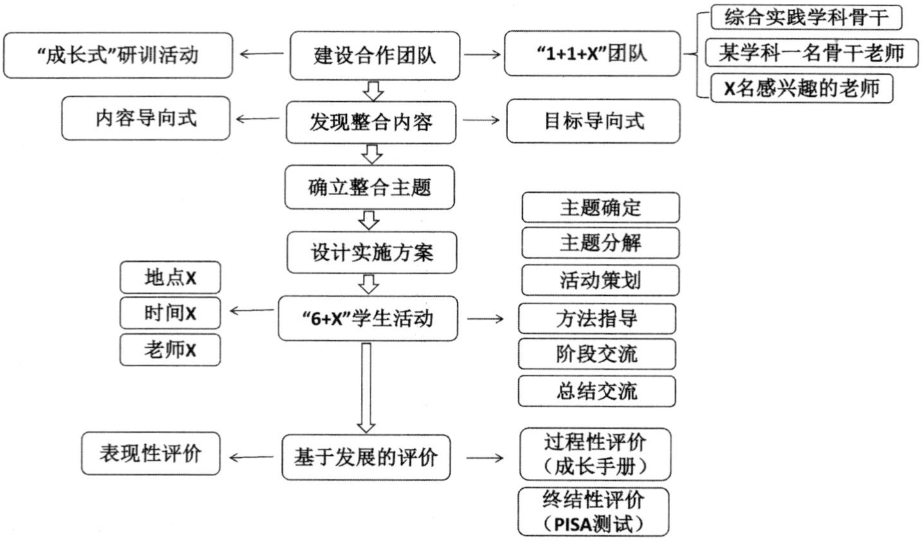

（四）建立制度，提供有力支撑

1. 教研组、年级组、专题组三大研究主体并行

第一阶段，以教研组为单位，由语文、数学、英语、科学等学科教师担任主研人，确定专题，成立项目组，以项目承包的形式实行试点，先选择样本班级，再选择样本年级，

最后跨年级开展专题化课程研究。

第二阶段，在原有的教研组研究团队的基础上，以项目承包的形式，尝试探索同年级、多学科协同的课程管理模式。在多学科协同合作过程中，根据具体的主题内容，学科构成可以有一主多辅、多主多辅等多种形式，如二年级的“笋芽儿”专题是以美术为主，语文、音乐、数学为辅，属于一主多辅；三年级的“我们去春游”专题是以数学和道德与法治为主，语文和音乐为辅，属于多主多辅。

第三阶段，随着全学科课程教学实践的实施，在原有的教研组、年级组研究团队的基础上，出现了不同年级、不同学科的老师对同一专题产生了浓厚研究兴趣的情况，于是产生了校内自由组合的课程研究小组，成立了跨学科、跨年级的专题研究团队。在研究过程中，以综合实践活动为学科领衔，专题组与校外研学基地、企事业单位、家长等资源合作，形成了四方联动育人模式。如“践行环保——让生活多点绿”专题，有效地利用了学校周边的资源，如岳麓山、岳麓科技园、晚安工业园等环境资源，以及部分从事环保工作的家长资源。“有机肥料制作探究”专题教学中，学校与周边的博庠文化园基地紧密合作，让基地为学生的探究活动提供了充分的活动场地和专业指导。

2. 制度文化、行为文化、学校文化的充分变革

我校的全学科课程研究，通过综合学习活动，加强跨学科整合，结合地区特色和学校校情，发挥学生主体性，突出自主性、探究性的实践，培养学生的合作能力、创新能力和实践能力。在开展全学科课程研究过程中，学校课程文化不断走向综合、弹性、开放、实践，逐步向高品质课程文化发展。

(1)制度文化——从“要我做”变成“我要做”

教师从最开始被动接受学校任务到主动投入课程教学探究，自主开发了真正聚焦学生核心素养发展的专题化教学课程，并结合劳动教育、体育社团形成学校特色，从学生的需求和学情出发，真正做到“以学生为中心”；而学生的参与也从开始的完成学校任务发展到自主观察、主动探究，如举办“给家人做药膳”“中草药美容保健品”等丰富的课程活动，大大激发了学生的参与热情。

(2)行为文化——从注重个人成长转为追求集体发展

学生从最开始的只关注自我学习转化为向外观照他人和团队的学习，提高了合作交流的意识和能力，全方位地深度探索完整的立体世界，不断提升自我综合素养。教师也从追求个人专业成长转变为研究团队的共同成长。

3. 学校文化的变革

我校的全学科课程体系构建带来了一系列学校文化的变革，学校环境随之发生改变，多方联动机制逐步形成。

(1)学校空间主题化

学校主题工作室展出学生自己动手做的作品，一系列课程活动和学生作品成为了校园里一道靓丽的风景线。以中草药课程文化在校园文化中的渗透为例，学校的中草药种植基地、中草药连廊种满了当归、川贝、枸杞、黄芪等中成药活株，并挂有药物小标签介绍其名称、特征、药效；校园的墙壁标语、走廊顶部、楼梯、宣传栏、沟井盖绘画等均呈现了中草药元素，展示了中草药作品和课程活动剪影；学校还设计了“茼茼”“荷荷”两大学校吉

祥物，吉祥物的形象在校园随处可见。这些主题空间成了孩子们流连忘返的场所，也让学校充满了勃勃生机。

(2)主题活动仪式化

为了践行自主、综合、弹性、开放、实践的课程文化理念，老师们带领学生策划了多主题、多内容、多形式的课程主题活动。学生根据自己的兴趣和条件，弹性安排时间和空间，自主设计、规划主题活动内容，采用多种形式将自己的课程成果进行物化，如设计墙面作品，制作手膜和钥匙扣、环保袋、文具、护肤礼盒、香皂、书签等衍生的创意产品。

一年一度的爱心跳蚤节、五一劳动节"生活技能王"、植树节"争做护叶使者"等都是学生自主筹划、亲身实践的主题活动，为学生全面素养的提升提供了多元化的展示平台。课程还衍生出多种类型的中草药成品，如植物种子工艺品、艾草香囊、天然手工皂、中草药饮品等，浓郁的课程文化给孩子们的校园生活留下了美好的童年记忆。

全学科课程开展过程中，学校、家庭、社会、基地等多方协作，形成了开放的联动模式。专题活动结束后，上级领导、兄弟学校、教师、家长、学生等均作为评价主体，以等第考核、问卷调查、成果评估等方式，参与到对教师、学生、活动的评价中来，实现了评价主体的多元性。

(3)教学方式多元化

在姜平教授的指导下，博才白鹤小学作为长沙市第一个"综合实践引领学校教学和文化变革"模式示范学校，教师全员参与，将综合实践活动的理念运用在学科课堂教学之中，开展学习与教学方式的变革研究，积极探索同学科跨学段整合、同学段跨学科整合以及跨学科跨学段整合三类整合方式，构建有系统、有梯度的课程序列，形成独具特色的课程文化和校家社联动育人机制，学校变革呈现可喜态势。学校、家庭、基地、社会等多方联动拓宽学生学习实践空间，为学生成长之路带来多姿多彩的体验。

全学科课程体系构建与探索为全面落实"立德树人"导向型学习方式变革模式提供研究方向，为全面推广优秀教学成果、发挥辐射引领作用迈出里程碑式的一步。我校将继续立足实际，多措合力，五育并举，为学生创设和谐、生态、多元、开放、综合、实践、弹性的学习情境，让学生去了解、去探索、去热爱这个完整的世界。

同学科跨学段整合案例

案例一　与“泥”相遇 与你创造

学科：美术

年级：一至六年级

一、确定主题

新课程标准明确指出，美术教学要以“立德树人”为根本任务，以“落实核心素养”为主线任务。新课程理念强调坚持以美育人，重视艺术体验，突出课程综合。

与“泥”的相遇的主题来源于一次研学活动，我们发现，学生们在下雨后对泥地表现出强烈的兴趣，产生了踩泥巴的举动，这不禁引起我们的思考：泥土是农村学生司空见惯之物，而城市里的学生每天面对钢筋水泥，对泥的接触相对较少。我们应多给学生亲近、感受自然的机会。泥是大自然的产物，它黏度较高，可塑性强，在学习的基础上也是一个很好的游戏材料。同时泥塑也是一种艺术形式，蕴含着中国劳动人民延续千年的人文气质与精神品格，在教学过程中要重视对泥塑的引入与应用，能更深层次地实现美的育人价值，感受和理解我国深厚的文化底蕴，增强学生的民族自信心与自豪感，开阔学生的艺术视野。

翻阅湘教版小学美术教材发现，目前学校使用的美术教材中关于泥塑的课程内容看似较为零散，每个学段的内容板块不尽相同，但其内容呈现螺旋式上升的特点，既符合美术学科课程内容框架的要求，也符合义务教育艺术课程标准的课程理念。根据学生的年纪特征，我校分别设置了超轻黏土和泥塑的系列课程，进而确立了“与‘泥’相遇，与你创造”的主题。

二、搭建框架

(一)目标设计

(1)审美感知：通过彩泥陶艺课程，引导学生如何进行观察，感受彩泥陶艺的色彩、形状、质地等不同的视觉元素，以及其独特的艺术风格和表现形式。随着年级的提高，应逐渐增加对彩泥陶艺认识的深度和广度，提高学生的艺术鉴赏能力和审美情趣。

(2)艺术表现：掌握彩泥陶艺的基本技巧和方法，如揉、搓、捏、拉、塑造等技法，以及在陶艺制作的过程中，掌握成型、上色、烧制等制作方法。通过实践提高学生的动手能力和创作表现力，学生能够运用彩泥陶艺来表达自己的想法和感受。

(3)创意实践：鼓励学生发挥想象力和创造力，尝试不同的创意实践，如设计独特的造型、使用特殊的材料表现作品、探索新的创作方式等。通过这种方式，来激发学生的创新精神和实践精神，培养其解决问题的能力。

(4)文化理解：了解彩泥陶艺的历史文化背景和艺术价值，以及在当前社会、文化、环境等各个方面的应用。通过比较不同文化中的陶艺作品，理解其共性和差异性，培养学生的跨文化意识和广阔的视野。同时，强调对传统文化的传承和保护，让学生认识到传统文化的珍贵和独特性。

（二）要点分析

1. 教学重点

（1）提高学生对彩泥陶艺的色彩、形状、质地的敏感度，提高他们的审美感受力。引导学生在创作变现中发现和欣赏彩泥陶艺的独特美感和艺术魅力。培养学生的动手能力和创作表现力（如揉、搓、捏、拉、塑造等技法），鼓励他们运用所学技巧创作自己的彩泥陶艺作品。

（2）鼓励学生发挥想象力和创造力，尝试不同的创意实践。培养学生的创新精神和实践精神，激发他们的创新意识和创造力。

（3）介绍彩泥陶艺的历史、文化背景和艺术价值，让学生了解其深厚的文化内涵，培养学生的跨文化意识和国际视野，让他们能够理解和欣赏不同文化中的彩泥陶艺作品。

2. 教学难点

（1）在教学中，教师应如何引导学生主动观察和感受彩泥陶艺的细节和特点，如何激发学生的动手兴趣和操作能力，以及创新思维和实践精神，了解其背后的文化历史。

（2）培养学生的审美判断力和批判性思维，使学生能够深入分析和评价彩泥陶艺作品。在教学中，教师应如何引导学生运用更复杂的技巧和方法来表达自己的想法和感受，以及如何提高他们的艺术表现力和创作水平。

（3）让学生在创作变现中解决复杂的创意实践问题，将创意转化为具有实际意义的作品，引导学生深入探究彩泥陶艺的文化意义和影响，以及课后如何分析和评价不同文化中的陶艺作品。

（三）课程框架

美术教材中关于泥塑的内容安排

年级	内容	具体要求
一年级	小小食品店	学习泥塑的简单技法，用可塑性材料进行食物造型
二年级	瓜果飘香	引导学生发现生活中的美，了解水果形状和特点，运用基本知识和方法
三年级	拼泥板	使学生认识和了解泥板造型的多种形式和方法，使用有肌理特征物品，美化装饰泥板

续表

年级	内容	具体要求
四年级	乘风破浪	了解材料特点，掌握材料的使用方法和工具操作技术
五年级	青花瓷	能创作简单的青花瓷器物，进行美的熏陶
六年级	艰苦岁月	看一看，捏一捏，了解人物表情特点，创作有表情的人物形象

美术组以泥塑为主题，围绕“泥塑技法”的核心能力开展美术专题化教学。我们分年级确定研究主题、开展实践活动、解决问题的方式，构建“与‘泥’相遇，与你创造”主题下的专题内容体系，如下表所示：

年级	探究主题	解决问题	开展活动
一年级	泥塑之初探——“小小食品店”彩塑	了解彩塑是泥塑的一种，学习泥塑的简单技法，利用可塑性材料并通过揉、搓、捏、压、切等技法模拟食物造型	1. 自主观察超市或者各蛋糕店的面点特征和造型，并记录其价格 2. 学生尝试分小组讨论自己所调查的数据和了解到的知识，然后小组代表进行汇报 3. 以小组为单位制作食物、布置“小小食品店”，模拟商品交易活动，体验社会生活分工协作的乐趣
二年级	“瓜果飘香”彩塑瓜果	初步了解民间泥塑文化，研究水果的外形及颜色特点，运用泥塑相关技法自主表现水果造型	1. 上网查阅或者翻阅与泥塑相关书籍，收集相关图片、信息并进行记录 2. 实地考察，去超市或者水果店观察水果颜色及外形特点 3. 网上寻找泥塑作品，初步了解相关泥塑技法，运用泥塑相关技法尝试参与泥塑制作活动
三年级	“拼泥板”	学会运用泥板拼接的方法制作陶艺作品，进一步提高学生泥塑技能和简单的立体造型能力，发展形象思维，培养创新意识	1. 自主探索泥塑文化，了解相关历史，收集泥塑作品照片并观察 2. 尝试参与相关陶泥活动，并做好过程记录
四年级	“乘风破浪”泥塑制船	学会收集关于船的图片资料和文字资料，了解船的特性和功能结构，通过掌握的泥塑技法，能自己创造出一艘平面的或立体的泥塑轮船	1. 小组合作探究船的结构和特性，了解泥塑的历史、文化、技法，并收集图片和文字资料进行整理 2. 分小组汇报，并讨论制作平面泥塑轮船的可行性方法

续表

年级	探究主题	解决问题	开展活动
五年级	“青花瓷”泥塑生活物品	能运用一种方法制作生活器具，学习陶艺制作的多种方法，创作出具备实用性和美观性的生活器皿泥塑作品。培养学生热爱生活，善于思考的能力，增强个人文化素养	1. 查阅历史资料，了解生活器皿的种类及用途 2. 收集现出土的泥塑生活器皿的作品照片，从实用性和审美性等方面进行鉴赏
六年级	“艰苦岁月”头部泥塑	掌握泥塑的相关知识，能较准确地表现人物五官的位置、比例，做到人物表情生动。掌握运用多种泥塑手法综合制作的能力，在泥塑变形的过程中充分发展学生的想象力和创造力。增强学生对泥塑、民间艺术的热爱之情	1. 了解更多的泥塑人物作品，如天津“泥人张”的制作 2. 观察人物的表情变化，了解“三庭五眼”，并做好相关记录，尝试在纸上进行绘画

三、课程实施

一至六年级学科内整合专题化教学课程安排表：

低学段学科内整合课堂教学安排表

序号	教师	教学内容	集体备课时间	教学时间	教学班级	拍照并总结
1	师裕雯	小小食品店	4 月 16 日	5 月 8 日	2201 班	杨雅琳
2	鲍春玲	瓜果飘香	4 月 25 日	5 月 22 日	2106 班	师裕雯

中学段学科内整合课堂教学安排表

序号	教师	教学内容	集体备课时间	教学时间	教学班级	拍照并总结
1	赵雨苇	拼泥板	4 月 26 日	5 月 24 日	2005 班	文瑶
2	杨雅琳	乘风破浪	5 月 6 日	5 月 30 日	1908 班	赵雨苇

高学段学科内整合课堂教学安排表

序号	教师	教学内容	集体备课时间	教学时间	教学班级	拍照并总结
1	姜颖	青花瓷	5 月 18 日	5 月 25 日	1814 班	杨雅丽
2	杨雅丽	艰苦岁月	5 月 18 日	5 月 25 日	1706 班	鲍春玲

四、教学示例

教学示例一：低学段“瓜果飘香”

【前置课程】

教师根据学习任务，列出学习任务单，引导学生实地考察瓜果特点，初步了解泥塑文化，积累创作素材。

泥塑瓜果课前学习任务单

姓名：________班级：________

任务一：上网查阅或者翻阅相关书籍收集关于泥塑的图片、信息，初步了解泥塑文化。
任务二：去超市或者水果店观察不同瓜果的颜色、外形特点并记录。
任务三：尝试参与泥塑制作活动。

【教学目标】

1. 了解秋天常见的水果种类及外形特征，并运用泥塑的基本技法制作水果。

2. 通过实地考察、信息采集、课堂交流讨论等方法了解水果的特征，初步了解中国传统民间艺术“泥塑”的文化知识以及制作手法。

3. 激发学生对秋天的热爱，在轻松愉快的课堂氛围中渗入泥塑文化，增进学生对泥塑文化的了解。

【教学重点】

了解水果的外形特征，运用泥塑的基本技法制作水果。

【教学难点】

熟练掌握泥塑的基本技法，引导学生创造出不同类型的水果。

【教学准备】

师：彩泥、水果、PPT、教具、课件

生：汇报 PPT、彩泥、水果等

【教学过程】

环节一：拆盲盒导入

师：今天老师带来了两个盲盒，在盒子里藏着几位神秘嘉宾，我要请两位同学上来拆盲盒，拆完后你需要准确地描述出这位嘉宾的特点，才能将这个盲盒送给你。

生：同学上台抽盲盒

师：这几位嘉宾都已经露脸了，同学们你们知道它们都是什么种类的食物吗？

生：瓜果。

师：答对了！秋天是一个大丰收的季节，今天就让我们跟随秋季宝宝的步伐一起来探索瓜果飘香的世界吧！（板书课题：瓜果飘香）

环节二：讲授新课

(一)学生汇报考察结果

1. 师：调查发现(展示实地考察相应图片)完毕，请同学们回答秋天常见的瓜果有哪些？外形有什么特点？分别是什么颜色呢？(学生汇报)

2. 师：看来这位同学研究得非常仔细呢！秋天还有许多美味的瓜果。

(二)瓜果基本形状探究

1. 师：今天瓜果家族的成员举行了一场聚会，让我们一起来看一看都有谁来参加了这场聚会，你们都认识他们吗？(展示课件)

2. 师：这里有几组不同形状的瓜果，请同学们依次说出它们的名字。

3. 师：这些瓜果分别像哪些形状？

4. 根据学生回答进行总结。

(三)技法探究

1. 师：秋天有这么多美味的瓜果，可是为什么我们班的果园现在还空荡荡的呢？(实物展示同学们提前做好的果园)，运用以下哪种艺术形式能使我们的果园瓜果飘香呢？(课件分别出示瓜果的绘画、泥塑、剪纸)为什么呢？(学生回答)

2. 师：用泥塑的艺术形式更适合表现出瓜果的特点，那你了解泥塑吗？把你知道的跟大家说一说。(请学生回答)

3. 师：泥塑艺术是我国一种古老常见的民间艺术，它以泥土为原料，以手工捏制成形，或素或彩。(课件出示文字以及泥塑图片)

4. 视频学习泥塑的制作过程。思考：制作泥塑过程中可以运用哪些方法？

5. 师生总结泥塑制作的基本方法，且附上相对应的手法图片。

6. 教师示范：如何运用这些方法来制作美味的瓜果？思考：老师是如何塑造的，尝试总结出方法与步骤。

7. 师生回顾小结步骤。

环节三：自主表现

1. 师：制作瓜果的方法很简单，相信聪明的同学们已经学会了，那请同学们根据瓜果的外形及颜色特点，运用泥塑的基本方法制作自己喜欢的瓜果吧！(出示作业要求)

2. 学生动手制作，教师巡视指导。

环节四：作品展示评价

1. 将学生制作的瓜果放到提前做好的“果园”里，让学生拿作品分享一个创意故事。

2. 同学之间互相点评优缺点。

3. 教师点评。

环节五：拓展总结

1. 欣赏创意水果拼盘。

2. 学生谈谈所学收获。

3. 教师总结：果园大丰收的场景让大家都十分开心，这是同学们共同努力的成果。通过今天的学习，我相信同学们对泥塑已经有了非常多的了解，但泥塑的魅力不止于此，泥塑的类型多种多样，同学们课后可以去陶艺馆或博物馆看看不同的泥塑作品，进一步感受泥塑的独特魅力。

课后作业：

去陶艺馆或博物馆参观欣赏不同类型的泥塑作品，并在家尝试用泥塑技法进行制作。

教学示例二：中学段“拼泥板”

【前置课程】

教师根据学习任务，列出学习任务单，引导学生了解泥塑文化艺术，学会运用泥板拼接的方法制作陶艺作品，进一步提高学生泥塑技能和简单的立体造型能力，发展形象思维，培养创新意识。

泥塑文化调查学习任务单

调查人：________________　班级：________________

任务一：你知道哪些泥塑的方法？试着说一说其中你最喜欢的一种方法
任务二：选择教材范例进行赏析，试着说一说该作品用到了哪些泥塑技法
任务三：尝试完成一个泥板，说一说制作泥板的注意事项

【教学目标】

1. 了解和掌握泥板造型的基本方法和步骤。

2. 学会运用泥板来塑造生活和学习中的各种有趣的形象，提高造型的表现能力。

3. 增强学生的感悟力和动手能力，增强学生对优秀文化的传承意识。

【教学重点】

了解和掌握泥板造型的基本方法和步骤。

【教学难点】

运用夸张变形的方法，塑造具有情绪特征的泥塑造型。

【教学准备】

师：陶泥、课件、报纸、抹布、一次性水杯、梳子、毛笔

生：预学单、陶泥、刻刀、报纸、一次性水杯、梳子或毛笔

【教学过程】

环节一：谈话导入

1. 泥塑俗称“彩塑”，几乎与原始陶器同时发展，是比较常见的民间美术形式。教师引导学生回忆以前学习用陶泥做各种物体的方法。

2. 师：同学们课前已提前收集资料，完成了预学单，有同学可以上台分享一下吗？

3. 师：今天就让我们一起进入“拼泥板”的学习。（板书课题拼泥板）

环节二：体验感受

1. 出示教材中的示范，提问：你会用什么方法来做泥板？（分组讨论）

2. 学生尝试动手制作并总结制作步骤。

3. 教师示范泥板的成型方法：卷（教师边讲边示范“卷”的方法、要领及注意事项）、折、切、挖、粘。

4. 总结制作步骤：用拍压的方法将陶泥做成泥板；用泥板卷筒(示范做鱼)做成鱼身，捏出鱼嘴、鱼尾；用多余的泥板做鱼鳍、鱼眼粘在鱼身上；装饰刻画，整理成形。

环节三：趣味探索

1. 泥板成型是陶艺制作中一种常用的方法，有一些特殊的技法可以使用工具来完成。

2. 工具展示，并鼓励学生自主尝试。(小组讨论探究)

环节四：学生作业

1. 用泥板制成的具有代表性的陶艺作品欣赏。

2. 作业要求：将泥板卷折成型后，大胆想象装饰，独立制作成一个形状独特、新颖的形象。注意黏结要牢固。

3. 分组进行创作。

环节五：拓展思路

1. 互评最佳表情奖、最佳造型奖。

2. 师评。

小结：今天，同学们回顾了泥塑的方法，学习了拼泥板的方法，并用压、拍、卷折、切挖、粘接和刻划等手法，表现生活中各种有趣的人、事、物。希望同学们可以留意生活中的美，去感受美，创造美!

【课后作业】

同学们在课后可以选择完成：

1. 运用卷、挖、刻的方法将陶泥制作成一个花瓶装饰。

2. 运用盘泥条与拼泥板相结合的方法进行制作。

【后拓课程】

1. 引导学生去博物馆参观，通过观察、归纳总结泥塑的制作技法，与同伴讨论有没有新发现，并尝试发现1—2种新方法。

2. 拍照记录学生自己最喜欢的一件泥塑作品，尝试从制作方法、造型特点、表达情感等方面进行赏析，为这个文物写一篇特别的《自我介绍》。

教学示例三：高学段“艰苦岁月”

【前置课程】

教师根据学习任务，列出学习任务单，引导学生调研泥塑文化艺术，画一画泥塑头像，初步了解泥塑文化，积累创作素材。

泥塑文化调查学习任务单

调查人：________ 班级：________

任务一：通过初步调查泥塑文化，尝试选择你最喜欢的一个泥塑头像，写一写你观察到的泥塑技法，至少三种
任务二：请用文字介绍泥塑头像(包括文化发源地、名称、含义等)
任务三：尝试画一画你最喜欢的泥塑头像

【教学目标】

1. 通过学习让学生掌握泥塑基本技法。

2. 能够模仿优秀雕塑作品、提高立体造型能力与表现技巧。

3. 培养学生善于细心观察事物与感受生活的能力。

【教学重点】

引导学生运用搓、刻、揉、捏、挖、抹等技法，塑造具有情绪特征的泥塑头像。

【教学准备】

师：陶泥、刻刀、小棒、报纸、课件

生：汇报 PPT、陶泥、刻刀、小棒、报纸等

【教学过程】

环节一：激趣导入

师：泥塑俗称“彩塑”，几乎与原始陶器同时发展，是比较常见的民间美术形式。泥塑发源于宝鸡市凤翔县，流行于陕西、天津、江苏、河南等地。带着对泥塑的好奇，同学们课前已提前收集资料，有同学可以上台分享一下吗？（学生代表上台汇报分享）

师：通过课前资料的搜集，我们对泥塑已经有了初步了解，有一位名叫潘鹤的艺术家，也运用了泥塑的方式永恒地记录了一段艰苦岁月。今天就让我们一起进入“艰苦岁月”的学习。（板书主题）

环节二：探趣研究

（一）出示雕塑作品“艰苦岁月”，请学生观察：

1. 说说老红军和小红军分别是什么动作与表情，并试着模仿。

2. 雕塑作品“艰苦岁月”表现了一种怎样的精神？

师：潘鹤将艰苦岁月下的战士用这种立体生动的方式雕塑出来，那么，我们的艺术家又是怎样用泥塑的方式捏出如今幸福生活的人呢？

（二）出示雕塑作品“信天游”，请学生观察，说说作品中人物的头部表情与神态并试着模仿。

小结：今天就让我们也运用泥塑的方式，来制作一个头像吧！

（三）探究活动一：表情大变脸。教师为学生提供没有五官的脸型，以及各种神态的眉毛、鼻子、眼睛和嘴型卡片。

师：现在我要给你们出一个难题。老师给每个小组准备了各种各样的眉毛、眼睛、鼻子、嘴的卡片，请同学们自由选择，看看谁能拼出有特点的、生动的表情来！（请学生代表上台来摆放，并进行表演）

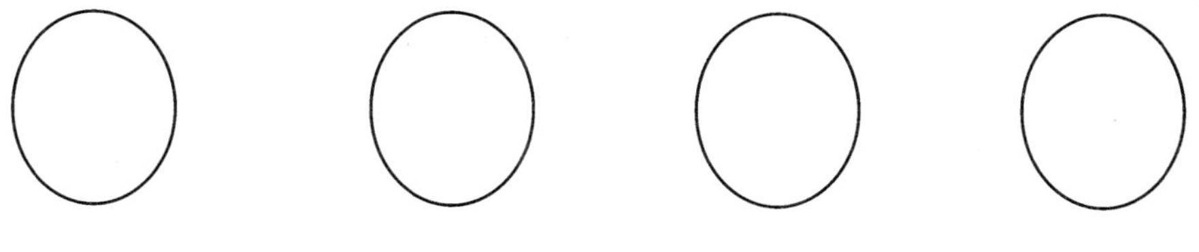

小结：通过探究我们发现，人物的表情变化主要来源于眉、眼、嘴的变化，这些表情

的变化能够反映人的情绪。

我们看了表情，变了表情，学了表情，那泥巴是怎样塑造成一个有表情的人物头像呢？首先我们需要回顾一些泥塑的基本技法。

（四）探究活动二：请你跟我这样做。

搓（眉毛）、刻（肌理）、揉（球）、捏（水滴）、挖（鼻子）。（板书基本技法）。

（五）探究活动三：学生讨论，结合“信天游”的图片，找一找作品中分别运用了哪些泥塑手法。

（六）示范步骤：掌握了这些基本技法，如何制作一个完整的泥塑头像呢？请观察视频，思考老师是如何塑造的，并尝试总结出方法与步骤。

1. 和泥。

2. 捏基本头形（捏出部分肩颈造型，注意不要太小，预留出足够的脸部）。

3. 塑造五官确定五官基本位置；加减法塑造鼻子眼睛嘴巴：嘴巴（减法）、眼睛（减法）、脸部肌肉（加法）。

4. 调整。

（七）对比观察：这两个泥塑头像有什么区别？哪个更能感染你？

小结：我们发现运用夸张的手法，可以制作出更加生动有趣的作品。

（八）游戏：“演技大考验”

1. 欣赏憨豆先生夸张的艺术表演，并请学生根据教师给出的情境做出相应的表演。要求：要有夸张的面部表情。（笑不露齿，哈哈大笑，一边大笑一边吐舌头）

2. 将学生表演照片跟艺术家们作品进行对比，看看艺术家们又是怎样将这些丰富的表情记录到作品中的。

小结：泥巴的可塑性很强，因此我们可以很自由地捏，夸张的手法能让人物形象更加具有感染力，我们要学习运用夸张的手法，使作品更加生动形象。

环节三：学生创作

（一）作业要求：尝试用泥塑的方式，做一个表情充满幸福的泥塑头像。

（二）作业展示：学生手捧作品，并摆出该表情造型再拍照（通过希沃投屏展示）。

1. 互评最佳表情奖、最佳造型奖。

2. 师评。

环节四：拓展思路

1. 欣赏名家泥塑人物。

2. 小结：今天，同学们制作了许多拥有幸福表情的泥塑头像，通过学习，我们从潘鹤“艰苦岁月”的作品中知道，要忆苦思甜，学习红军战士不怕困难、积极乐观的革命主义精神，更要珍惜现在的美好生活，用双手去创造更美好的明天！

【课后作业】

同学们在课后可以搜集查阅更多有趣的泥塑人物作品，探究艺术家是如何通过雕塑的方式来表达情感的。

（案例提供：杨雅琳　师裕雯　鲍春玲　杨雅丽　赵雨苇　姜颖）

案例二　时间去哪儿

——围绕“时间管理”核心能力开展数学专题化教学探索

学科：数学
年级：一至六年级

一、确定主题

当今社会是讲究效率的社会，会有效进行时间管理的人各方面往往比较出众。而时间管理的能力是目前大中小学生都比较缺乏的，大部分家长对于这方面的意识也不强。现在大多数小学生没有时间观念，凡事都由教师或父母安排，什么时候起床，什么时候写作业，什么时候去上学，学生自己心里并不清楚；很多学生缺乏时间管理的方法，做事拖沓，不知道轻重缓急，不会合理安排时间。这些现象已经成为教师和家长的困扰，并对学生各方面的发展产生了负面的影响。鉴于此，我校开始了跨学段同学科专题化教学的研究。通过进行专题提炼与梳理，开展深度教学，将培养学生时间管理能力作为切入口，让学生学会管理时间，合理有效地利用时间，成为一个会学习、会生活的人。因此我校选择以“时间”为切入点进行研究，并对人教版小学数学教材中有关“时间”的内容体系进行了梳理。

二、框架搭建

人教版小学数学教材中关于“时间”的内容安排

年级	内容	具体要求
一年级	认识钟表	初步认识钟面上的时针和分针，学生会认、读、写整时，初步建立时间观念
二年级	认识时间	认识几时几分，知道 1 时＝60 分
三年级	认识时分秒和年月日	认识时分秒和年月日之间的关系，体验时间的长短，会进行有关时间的简单计算
四年级	时间优化	从数学的角度经历在多种方案中寻求最优方案的过程，节约时间空间，理解优化的思想
五年级	时间统筹	理解“倍增现象”，领悟其中的规律，体会运筹思想和对策论在解决问题中的作用
六年级	时间总和	提高学生动手实践、自主探索、合作交流的能力

数学组以“时间去哪儿”为主题，围绕“时间管理”核心能力开展数学专题化教学。我校分年级以确定研究主题、开展实践活动、解决问题的方式构建“时间去哪儿”主题下的专题内容体系，如下表所示：

年级	探究主题	解决问题	开展活动
一年级	周末时间规划师	1. 认识钟面的基本结构，知道分针与时针的区别，学会认识整时 2. 能正确地认识时间	1. 制作个性钟面并认读时间 2. 合理规划周末一天的时间并绘制成连环画 3. 通过拨一拨、说一说、写一写等环节巩固学生对钟表的认识
二年级	假期作息管理师	1. 会读、写几时几分 2. 进一步理解和感受生活中的作息时间 3. 会进行简单的时间计算 4. 培养学生珍惜时间的意识和习惯	1. 请学生用老师的钟面模型拨一个时间，让其他同学来认 2. 观察关于老师一天的生活的PPT，说说老师在什么时间做了什么事 3. 说说自己的作息时间
三年级	巧制日历设计师	1. 认识时间单位时、分、秒和年、月、日，了解它们之间的关系 2. 使学生知道24时计时法，会用24时计时法表示时刻	1. 制作活动日历 2. 制作24时计时器
四年级	生活管理优化师	1. 通过对生活中简单事例的分析研究，初步认识到解决问题策略的多样性 2. 培养寻找解决问题的最优方案的意识，学会进行时间管理	1. 用画图法或表格法对各种方案进行记录和对比分析 2. 让学生自己经历提出问题—解决问题—发现规律—建构模型的过程
五年级	时间管理统筹师	1. 经历设计打电话方案、并找出最优方案的过程，体会画图分析、交流讨论的学习方法 2. 在学习活动中体会数学与生活的密切联系以及优化思想在生活中的应用	1. 撰写关于倍增现象的研究报告 2. 小组合作探究，找出最省时间的方案
六年级	旅行方案设计师	1. 知道旅游计划包含的基本要素，能分析制订基本的旅行计划 2. 在制订与实施旅游计划的过程中，提高信息收集、分析、选择的能力 3. 会利用已有知识，设计合理的旅游方案，体会数学知识的价值	1. 讨论制订旅行计划需考虑的因素 2. 查找相关资料，进一步完善方案

三、课程实施

一至六年级学科内整合专题化教学课程安排表

学科内整合课堂教学安排表(低学段)

序号	教师	教学内容	集体备课时间	教学时间	教学班级
1	龚希	认识钟表(一)	4月27日	5月8日	2207班
2	全翠婷	认识钟表(二)	4月27日	5月9日	2203班
3	赵赟	时间的主人	5月11日	6月21日	2206班
4	王齐	认识时间(一)	4月27日	5月25日	2104班
5	周梅芳	认识时间(二)	4月27日	5月26日	2101班

学科内整合课堂教学安排表(中学段)

序号	教师	教学内容	集体备课时间	教学时间	教学班级
1	梁丽丽	年、月、日	5月11日	5月19日	2004班
2	于思宇	24小时计时法	5月18日	5月26日	2001班
3	龙瑶	关于日历的汇报课	6月15日	6月21日	2005班

学科内整合课堂教学安排表(高学段)

序号	教师	教学内容	集体备课时间	教学时间	教学班级
1	王芳园	如何制订旅游计划?	5月18日	5月25日	1706班
2	陈义飞	长沙五日游	5月29日	6月6日	1703班

教学示例一：时间的主人(低学段)

【教学目标】

1. 结合生活经验、具体情境复习钟表知识，能正确认读整时，会辨认大约几时。

2. 通过多媒体课件和学具，让学生在认识、对比和归纳的过程中分清整时和大约几时的特征。

3. 建立初步的时间观念，培养其观察能力，逐步养成珍惜时间的态度和合理安排时间的良好习惯。

【教学重点】

复习钟面知识，能正确认读钟面上的时针和分针所指示的整时，认识快到几时和刚过几时。

【教学难点】

建立时间观念，学会合理安排时间。

【教学准备】

课件、实物钟、电子表、钟表学具等。

【教学过程】

环节一：课前欣赏

1. 教师展示学生周末制作的钟表，引入主题——时间。

环节二：回顾整理

1. 创设情境，认识钟面

师：同学们，听！丁零零！丁零零！闹钟响啦，该起床啦！老师周末愉快的一天就要开始啦！同学们，请你们仔细观察，说一说老师的钟面上都有些什么呢？

学生反馈，老师小结：时针（短、粗）；分针（长、细），钟面上有 12 个数字，把钟面分成了 12 个大格。

2. 认读时间，记录时间

师：你认识这样的时间吗？你怎么认的？（7：00）

（引导学生总结：分针指向 12，时针指向 7，就是 7 时。）

师：我们在记录时间时，除了像这样用汉字记录，还可以用一种更简洁的方式来记录，那就是电子表的形式，比如 7 时我们还可以写成“7：00”，也读作 7 时。

环节三：拨弄钟面

1. 拨弄钟面，观察位置

师：老师其他时间在干嘛呢？请你们拿出表盘，按要求拨一拨。

11 时老师和几个好朋友一起玩山地越野车。学生拨弄钟表并说说自己是怎么拨的。学生一边拨，一边说。（时针指向 11，分针指向 12）

12 时午饭时间，学生拨出 12 时，并观察这时时针和分针的位置的特点。（重合）

2. 读出时间，观察钟表

下午 3 时多，老师来到洋湖湿地公园赏花，学生读出钟面上的时间。（3 时过一点儿，分针过了 12）

该睡觉了，现在是什么时候了？正好 9 时吗？（快 9 时，分针快到 12 了）

环节四：自主创编

1. 铺垫总结，合理计划

师：这就是老师愉快的一天，老师在一天之内做了这么多件开心的事情，感觉自己收获满满，其实呀，老师早在周五就已经做好了计划，写了一个周末计划表。同学们在学校也有这样的表，你们知道吗？没错，就是我们学校的作息时间表，我们按照上面的计划按时完成每天的学习。所以我们在做任何事之前都要有计划，这样才能把事情安排得井井有条。

2. 组织活动，制订计划

（一）小组活动

师：寒假快到了，老师希望同学们能合理安排好自己的假期时间，请你选择不同的时刻，记录在你的纸上。

小组合作要求：

1. 在钟面上画出时针和分针，写出对应的时间。
2. 每一块空白部分请同学们用一幅画或者文字来表示你在这个时刻开始做的事情。
3. 和小组成员说一说你的计划。

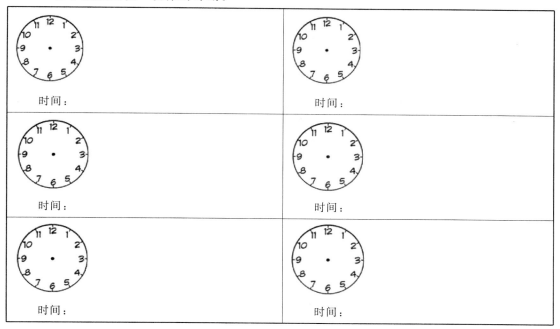

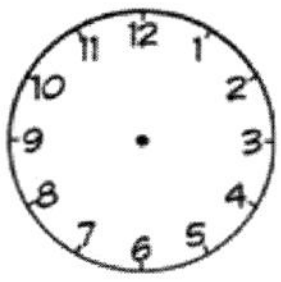 时间：	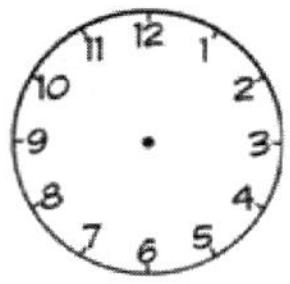 时间：
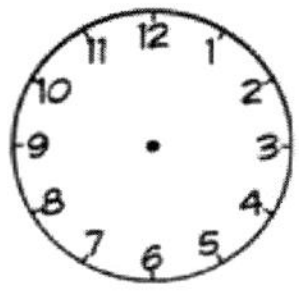 时间：	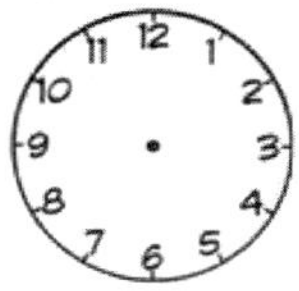 时间：
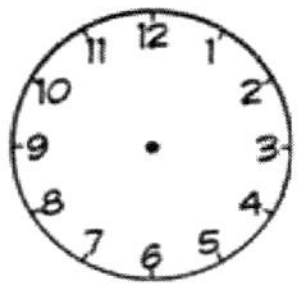 时间：	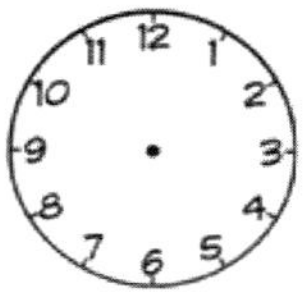 时间：

【设计意图】

通过创编自己的一天，既巩固了新知，体现了数学与生活的紧密联系，又让学生用绘画的方式表示，有利于提升学生的创新意识和审美意识。

（二）学生汇报

每个小组选取一名代表分享自己假期一天的计划。

（三）评价

评价环节分为学生自评、小组互评、教师评价。（满分五颗星）

学生活动评价表

评价方式	交流合作	表达展示	学习理解	实践应用	创新迁移
学生自评					
小组互评					
教师评价					

师：看得出来同学们做事都非常有条理，并且假期计划活动很丰富。让我们根据学生活动评价表的五角星数量评出这次最优秀的时间小主人。

环节五：课堂小结

师：同学们，学完这节课你们有什么收获？

师：俗话说，一寸光阴一寸金，寸金难买寸光阴。希望每位同学都能珍惜时间，合理安排时间，做时间的主人。

教学示例二：探秘年月日(中学段)

【教学目标】

1. 通过自主探究，认识时间单位年月日，探秘年月日，了解年月日之间的关系。

2. 培养学生收集资料、整理资料的能力，完成有目的、有设计、有步骤、有合作的实践活动。

3. 学会发现问题、解决问题、与他人合作。

【教学重点】

将收集到的年月日知识进行整理，通过视频、PPT 等形式展示和表达“探秘年月日”。

【教学难点】

探秘年月日，了解年月日之间的关系。

【教学准备】

学生：学生分组汇报的阶段研究成果

教师：多媒体课件

【教学过程】

环节一：趣味导入，揭示主题

同学们，我们学习完年月日的单元，开展了探秘年月日的活动。根据大家的讨论，我们将分为五个板块进行探究，分别是：

1. 精美日历——我设计

2. 探索时间——我了解

3. 重要日子——我铭记

4. 时间规划——我来做

5. 美好未来——我期许

大家根据自己想要研究的内容，分成 8 个小组开展研究活动，今天，就让我们自信大方地将整理的资料展示出来吧！汇报之前，老师有个温馨提示：各小组汇报时要声音洪亮、自信大方，说清楚小组组名、研究的主题以及汇报的主要形式，语言精练，台下的同学请认真聆听。

环节二：小组汇报

(一)精美日历——我设计

师：首先有请红星小分队，他们制作的是年历。

生：红星小分队汇报的内容如下。

1. 历法的由来。

(1)地球公转一周的时间约是一年；

(2)月亮绕地球公转一周的时间约是一月。

2. 中国现行历法—公历、农历。

(1)公历是国际通用历法，是一种阳历，地球绕太阳一周就是一年。

(2)农历是中国传统历法，它是一种阴历。结合了地球绕太阳运动的规律和月亮绕地球的运动的规律。

3. 生活中常见的日历：挂历、台历、手撕日历、电子万年历。

4. 分享、展示小组成员的日历。

师：接下来是天使队，他们组制作的是活动日历。

生：我们天使队将从三个方面进行汇报。

1. 活动日历的种类介绍。

分别展示了转盘式活动日历、抽拉式活动日历、转动式活动日历、盒子式活动日历等。

2. 如何制作活动日历?

我们组将通过两段视频展示了如何制作活动日历。

3. 班级活动日历分享。

我们组收集了全班制作的活动日历，做成了一个日历集视频。

师：感谢红星小分队和天使队的分享，他们以“如何制作一个日历”为导向，让我们进一步感受数学在日常生活中的应用，积累了活动经验。

(二)探索时间——我了解

师：接下来有请快乐队和彩虹队，他们两组分享的是关于年月日的来历。

生：我们组主要从以下三个方面进行汇报。

1. 年、月、日的诞生；

2. 追本溯源——让我们走进太阳系来研究历法；

3. 闰年是怎么由来的?

师：感谢快乐队和彩虹队的分享，原来“年、月、日”中的奥秘可真不少，它既与数学密不可分，又隐含了很多天文知识。

(三)重要日子——我铭记

师：首先有请坚持奋斗组，他们组分享的是中国的传统节日。

生：我们组主要从中国传统节日的日子和习俗。

1. 春节(正月初一)

春节的习俗：大扫除迎新年，贴对联、福字、门神，放鞭炮，舞龙舞狮，吃团圆饭，团团圆圆过大年，拜年，送祝福，走亲访友迎新年。

2. 元宵节(正月十五)

元宵节的由来：元宵节，又称上元节、小正月、元夕或灯节，是中国的传统节日之一，时间为每年农历正月十五。正月是农历的元月，古人称“夜”为“宵”，正月十五是一年中第一个月圆之夜，所以称正月十五为“元宵节”。

元宵节的习俗：猜灯谜、赏花灯、踩高跷、舞狮子。

3. 清明节(阳历四月)

清明节的习俗：清明插柳、祭祀扫墓、吃青团、踏青。

4. 端午节(五月初五)

端午节的由来：端午节，又称端阳节、龙舟节、重午节、重五节、天中节等，日期在每年农历五月初五，是集拜神祭祖、祈福辟邪、欢庆娱乐和饮食于一体的民俗大节。端午是“飞龙在天”吉祥日，龙及龙舟文化始终贯穿在端午节的传承历史中。

端午节的习俗：包粽子、挂艾草、挂菖蒲、赛龙舟。

5. 中秋节(八月十五)

中秋节的由来：中秋节，又称祭月节、月光诞、月夕、秋节、仲秋节、拜月节、月娘节、月亮节、团圆节等，是中国民间的传统节日。

中秋节的习俗：祭月、赏月、吃月饼、玩花灯、赏桂花、饮桂花酒等。

6. 重阳节(九月初九)

重阳节的由来和习俗：重阳节，也叫敬老节，自古以来有祭祖、登高和赏菊三大风俗。这几个风俗，千百年来，为中国各民族所传承发扬，流传至今，体现了中华民族敬老爱老的优良传统。

师：接下来有请雄鹰组，主要分享的是二十四节气的由来与具体时间。

师：感谢坚持奋斗组和雄鹰组的分享，让我们了解那么多的节日与节气。

(四)时间规划——我来做

生：时间计划，我来做。(主要从计划的重要性、如何合理地安排一天两个方面进行分享)

师：感谢冲锋队的分享，让我们懂得了做任何事情要有计划，要合理安排时间。

(五)美好未来——我期许

生：我们组主要分享的是“美好未来我期许”，我们组通过画手抄报的形式对十年后的自己写出了一些想要说的话，另外我们还采访了全班的同学对十年后的自己想说的话做成了一个视频展示给了大家。

师：感谢勇敢队的分享，希望你们在展望未来的同时，也不忘珍惜当下，把握每分每秒，书写精彩人生！

环节三：评价与总结

师：从大家的汇报中我看到了集体智慧的力量，看到了你们解决问题的能力，也看到了你们团结协作的精神，非常棒！课后请同学们完成一个表格，相互评价。其实数学就在我们身边，等着我们去发现，只要我们勤思考、多动手、深探究，我们的数学综合实践活动会越来越精彩！

教学示例三：制订旅游计划 ——长沙五日游(高学段)

【教学目标】

1. 在具体任务的驱动下，初步形成制定旅游方案的意识，进一步运用所学知识解决简单的实际问题。

2. 知道旅游计划包含的基本要素，能分析制订旅行计划的基本思路。

3. 在解决具体问题中，通过对信息的收集、整理、分析，提高学生分析问题和解决问题的能力。

4. 会利用已有知识，依据实际开展情况，设计合理的旅游方案，体会数学知识的价值，发展数学应用意识，提高在解决问题的过程中综合运用数学知识的能力。

【教学重点】

通过问题解决的过程，培养实践能力。

【教学难点】

体会制定规划的必要性，学会选择。

【教学准备】

多媒体课件

【教学过程】

环节一：创设情境，激发兴趣

1. 谈话导入，介绍湖南的旅游名胜。

师：你喜欢外出旅游吗？你都去过哪些地方？

预设：学生自由发言，教师可以让学生简单介绍一下自己熟悉的湖南名胜古迹。

【设计意图】

激发学生对祖国大好河山的喜爱之情，激起旅游的兴趣，逐步认识到“行万里路”也是一种学习方式。

2. 创设情境，揭示课题。

师：快放暑假了，家住北京的表姐一家想来长沙游玩五天，由于老师一家暑假不在长沙，无法招待他们。同学们，你们能帮老师表姐一家做一份长沙五日游的计划吗？（板书课题：制订旅游计划 ——长沙五日游）

环节二：合作交流，明确思路

师：同学们都有过外出旅游的经验吧，要设计一份合理的方案，需要做哪些准备工作呢？请同学们四人为一组讨论。

学生汇报。

预设 1：了解旅行期间长沙的天气情况以及最新的高铁时刻表等。

预设 2：了解长沙有哪些好玩的地方，有哪些名胜古迹。

预设 3：调查各种项目的费用，如交通、食宿、景点门票……

预设 4：可以先设计一个行程表。

教师小结：看来设计旅游计划要做的事情还真不少，那我们一起来梳理一下：

要想设计一份好的旅游计划，首先要确定游览的景点 ，再设计行程表，最后调查各种项目的费用。

板书：①确定要游览景点；②设计行程表；③调查各种项目的费用。

活动一：学生上网搜索相关信息

师：你们打算怎样获取这些信息呢？

预设：学生可能会说在网上搜索相关信息，也可能会说咨询旅行社相关人员。

以交通工具的选择为例：

(1)教师示范。打开 12306 示范查询车票操作，同时介绍各类不同的购票网站，例如去哪儿网、携程网站等。

(2)示范后请学生尝试独立操作，查询并选择合理的交通工具。

(3)选择车票班次时，多让学生说说选择该班次的理由，渗透合理意识。

预设 1：第一天晚上可以在火车上过夜，第二天早晨到长沙，这样比较节省时间。

预设 2：第一天乘坐最早的高铁来长沙，这样下午就可以开始游玩了。

【设计意图】

此任务中学生对不同的班次时间的选择，通过学生质疑、根据实际情况解疑的过程，让学生真正意识到规划要注重合理性以及可行性。也为接下来景点安排的合理性做好了铺垫。教师的示范操作让学生避免了因为始发城市的错误输入等原因导致搜索失败的现象。

以景点路线安排为例：

(1)明确考虑因素。

师：景点路线的设计，你认为需要考虑什么呢？

预设：需要考虑路程的远近、时间问题以及距离近的几个景点可以安排在同一天……

(2)教师示范打开地图。

(3)学生独立尝试在地图上查找计划的景点并记录距离远近。

(4)查找每个景点游玩所需时间。

师：景点路线的设计，可以上网查询长沙著名景点，可以参考相关的旅游攻略、游记，还可以咨询亲朋好友。确定游览景点后，查看地图，对照景点之间的距离，确定哪些景点距离比较近，可以放在同一天游览。比如岳麓山、爱晚亭、岳麓书院、湖南大学等位置比较集中，可以放在同一天游览。

【设计意图】

让学生感受到在制订计划前，充分了解旅游信息，这样做不仅可以节约时间还可以减少不必要的消费。

环节三：分工合作，制订计划

活动二：初步设计旅游计划并分工

师：请大家分小组讨论设计“长沙五日游”的旅游计划，明确本组在制定旅行方案前需要了解的各项因素，并交流协商每人负责的任务。

学生在小组内讨论。

交流完成后小组派代表汇报本组的计划书及分工安排，并说说准备获取信息的方法。

环节四：回顾反思，总结经验

师：请你说一说在制订旅游行程计划中我们需要注意些什么呢？

预设1：各项所需费用，主要包括行、住、食、游、购五个方面。

预设2：住宿要考虑价格、交通以及到景点的距离、附近的商业环境等方面。

预设3：较近的几个景点最好安排在同一天的行程里。

预设4：最好先参考有经验的人意见再作决定。

课后作业：

师：课后请同学们根据今天的讨论，以小组为单位继续完善制作长沙五日游计划，可以参考老师提供的长沙五日游计划表进行设计，也可以自主设计。可以在互联网上查询旅游信息，也可以向有经验的人了解一些细节和注意事项，做好充足准备，才能给朋友带来开心快乐的旅游体验！

长沙五日游计划表

日期	行程	交通工具	住宿	餐饮	费用	其他
第一天						
第二天						
第三天						
第四天						
第五天						

（案例提供：赵赟　龙瑶　陈义飞　陈莲花　龚海彬　李海香　徐文雅）

同学段跨学科整合案例

案例一 月亮

学科：综合实践、语文、音乐、美术

年级：一年级

一、确定主题

“月亮”从古到今都是文人墨客钟爱的创作主题，也是人们的寄托。进入一年级了，学生们好奇心增强了，学习能力也提高了，他们对月亮相关知识的了解也逐渐丰富。了解一年级学生的学习状况以及认知特点后，一年级团队的教师们整合各学科与“月亮”相关的教学内容，决定以“月亮”为主题，以综合实践为引领开展学科专题教学。

（一）研读课程标准

综合实践活动引领下的课程，整合学科知识与实践探究有机统一。学生在教师指导下，通过自主学习、主动探究，有所学、有所行、有所感、有所创。语文课程标准指出，在发展语言能力的同时，发展思维能力，激发想象力和创造潜能。小学音乐课程标准要求突出音乐特点，关注学科综合。小学美术课程目标要求，以学生学习活动方式划分学习领域，加强学习活动的综合性和探究性。通过各科课标可以看出，学科知识都不可能完全独立，只有相互融合、互相促进，才能帮助学生构建完整的知识体系。

（二）研读教材

教师们研读一年级各学科教材，发现有几个学科的教学内容与“月亮”相关。一年级语文课本中有叶圣陶先生创作的儿歌《小小的船》，教学目标要求引导学生感受月亮的美丽可爱，培养学生热爱大自然的情感。音乐课程中有歌曲《月亮》，教育目标要求学生有感情地演唱歌曲，表现其优美的意境。美术课程中《我跟月亮做朋友》要求学生了解月亮变化的自然景象，用拟人的方法画出心中的月亮。经过团队成员多次交流研讨，决定用综合实践探究的方式将语文、音乐和美术三个学科进行学科整合专题教学。课前，让孩子们自主探究、欣赏和学习与“月亮”相关的短句、诗歌、故事、歌曲以及科普知识等。课内，老师们通过整合教学引导学生学习欣赏儿歌《小小的船》，将音乐与美术整合成一堂综合课，老师带领孩子创编歌曲、创作月亮为主题的画。课后，孩子们进行学习拓展，创作与“月亮”有关的作品来装饰房间。

（三）研究学情

一年级学生对世界充满好奇，这个年龄段的学生乐于接触、喜欢好玩、好看、好听的新鲜事物。他们的理性思维还没有得以发展，偏向直观的学习方式。针对学生的该特点，我校团队成员通过研讨，决定开展一系列活动，调动学生的耳朵、眼睛、手和大脑，利用多感官刺激，让学生全方位学习，以求达到良好的学习效果。

二、搭建框架

"月亮"课程内容框架表

教材	课题	相关知识点	课标要求
一年级语文（部编版）	《小小的船》	学习、欣赏儿歌《小小的船》，理解"弯弯的月儿"和"小小的船"之间的联系，初步培养学生的想象能力	从优美的语言文字中感受晴朗夜空美丽的景色，感受月亮的美丽可爱，培养学生欣赏大自然美景的情趣和热爱大自然的感情
一年级音乐（湘艺版）	《月亮》	学习歌曲《月亮》，初步认识简单的音符，并感受不同节奏的变化	能够感受歌曲的音乐情绪，通过聆听体验音乐的美感，用自然的声音演唱歌曲，参与演唱活动
一年级美术（湘美版）	《我跟月亮做朋友》	学习《我跟月亮做朋友》，要求学生了解月亮变化的自然景象，用拟人的方法画出心中的月亮	学习了解月亮的形状特征以及设计方法，学会运用拟人的艺术手法创作出有趣的月亮

三、课程实施

"月亮"课程实施框架表

阶段	类型	教学内容	课时安排	授课教师
第一阶段	前置课程	收集有关月亮的科普知识、故事、古诗、儿歌等材料	1 课时	综合实践活动教师
第二阶段	主体课程	语文《小小的船》	40 分钟	杨佩怡
		音乐《月亮》	20 分钟	彭思斯
		美术《月亮》	20 分钟	文瑶
第三阶段	后拓课程	学生创作"月亮"主题的画来装饰房间	1 课时	综合实践活动教师

四、教学示例

教学示例一：语文《小小的船》

【教学目标】

1. 学习、欣赏儿歌《小小的船》，理解"弯弯的月儿"和"小小的船"之间的联系，初步培养学生的想象能力。

2. 引导学生感受晴朗夜空的美丽，感受月亮的美丽可爱，培养学生热爱大自然的情感。

【教学重点】

理解"弯弯的月儿"和"小小的船"之间的联系，初步培养学生的想象能力。

【教学难点】

从优美的语言文字中感受晴朗夜空美丽的景色，感受月亮的美丽可爱，培养学生欣赏大自然美景的情趣和热爱大自然的情感。

【教学过程】

环节一：趣味猜谜，激趣导入

1. 教师出示有关月亮的谜语，激发学生兴趣。

2. 学生将自己收集到的有关月亮的知识进行小组展示汇报。

3. 联系生活实际，学生分享平时看到的月亮形状。

4. 教师出示三个不同时期的月亮图片，请学生进行描述。

5. 导入课题。

师：有月亮的夜晚真是太美了，太令人陶醉了，有一位被月亮迷住的老爷爷——叶圣陶，他看着神奇的月亮写了一首儿歌，这首儿歌是什么样子的呢？齐读课题《小小的船》。

环节二：依托文本，分析字词

1. 整体感知，学习叠词

(1)学生自由读儿歌，边读边思考：美丽的夜空里都有些什么？

(2)教师范读，明确儿歌节奏。学生按划分好的节奏再读儿歌。

(3)学生回答：夜空里有月亮、星星、蓝天。

(4)教师引导学生发现“弯弯的月儿”“小小的船”“闪闪的星星”“蓝蓝的天”，这几组词语的共同点。(教师板书：叠词)

(5)学生开火车说叠词。

(6)学生用叠词说短语。

(7)对比朗读“弯的月儿小的船”“弯弯的月儿小小的船”。

(8)师小结：叠词的使用更能突出月儿弯的程度；突出月儿的可爱，读起来也更朗朗上口，这就是叠词的优美之处。

2. 精读课文，语言训练

(1)课件出示：弯弯的月儿小小的船，小小的船儿两头尖。

教师指导朗读。

学生画图理解“尖”字。(上面小，下面大——尖)。

(2)语言训练。

引导学生运用叠词，完成句子：这是一只(　　)的月亮船？指导学生有感情地朗读。

(3)配乐想象，感受月亮的美丽可爱。

教师配乐朗诵儿歌，学生闭眼想象画面并和大家分享所想画面。

(4)课件出示：我在小小的船里坐，只看见闪闪的星星蓝蓝的天。引导学生用多种形式练读儿歌。

(5)理解“弯弯的月儿”和“小小的船”之间的联系。

环节三：课堂总结，引入音乐

弯弯的月儿像小船，这只小船载着我们在美丽的夜空中和星星一起跳舞，和天空一起唱歌。你们喜欢它吗？下节课让音乐老师继续带大家一起坐着月亮船去夜空遨游吧！

教学示例二：音乐、美术整合课《月亮》

【教学目标】

1. 有感情地演唱歌曲《小小的船》，表现其优美的意境。了解月亮变化的自然景象，用拟人的方法画出心中的月亮。

2. 在音乐律动中能跟随老师手势进行恒拍的拍击，感受旋律中小小的船恬静、美好的氛围。能准确把握三拍子歌曲的节奏律动，通过团体合作演唱，培养学生团结协作的能力。

3. 通过歌曲创编、联想绘画，让学生感受到不同学科之间的巧妙联系，在轻松愉悦的氛围中大胆地创新。将课堂与学生日常生活紧密联系，了解学科知识在生活中的实际运用，激发学生综合探索的学习兴趣。

【教学重点】

1. 帮助学生巩固课前自主探究以及课堂中合作探究的知识点。

2. 有感情地演唱歌曲《小小的船》，在轻松愉悦的音乐中感知月亮形象，学习了解月亮的形状特征以及设计方法，学会运用拟人的艺术手法创作出有趣的月亮。

【教学难点】

1. 在歌曲演唱中将连音和非连音唱好，使歌曲演唱富有技巧与情感。

2. 熟练运用拟人的艺术手法，灵活搭配各种服饰，画出不同风格的月亮。

3. 了解所学知识点在生活中的应用方式，提高学生动手实践的兴趣。

【教学方法】

情境体验性教学与自主探究、合作探究相结合。

【教学过程】

环节一：音乐律动——创设情境，营造氛围

（一）情境导入

利用多媒体展示夜晚星空、太阳的动画，营造出宁静神秘的氛围。

1. 星星出场：天上的太阳开舞会，星星们都参加了，他们打扮得可真漂亮呀，扑闪扑闪着大眼睛，唱起了好听的《小星星》，你们听，小星星的演唱节奏轻盈还很有动感呢！

2. 太阳出场：可太阳小姐一出场，就把所有人都比下去了。哇，好漂亮的裙子，太阳小姐还大声地唱着《太阳》，把全场的注意力都吸引了过去，太阳的歌声充满了朝气和温暖！

3. 月亮出场：这时，小月亮也跟着妈妈来到了现场，她说："太阳小姐真是美丽。"小月亮很喜欢太阳小姐的裙子，更喜欢太阳小姐的歌声。于是，它对妈妈说："妈妈，我也好想唱属于我自己的歌儿呀。"妈妈说："宝贝，你可以让老师来帮帮你。"

4. 引导学生发挥想象，引出歌曲《小小的船》。

（二）欣赏歌曲

1. 播放歌曲《小小的船》，让学生闭上眼睛，静心聆听，初步感受歌曲的旋律和节奏。

2. 单音学习，建立基本的音高概念。

3. 恒拍拍击，初步感受四三拍的强弱规律。

(三)学唱歌曲

1. 聆听歌曲，感受歌曲情绪，请学生分享他们对歌曲的初步感受。

2. 展示歌曲旋律，小组内自主学习。

3. 针对较难的音符和节奏，进行重点讲解和练习。

4. 学生展示学习成果，并充当小老师把组内自学的内容教给其他组员。

5. 教师点评，用琴声纠错。

6. 加入歌词完整地演唱歌曲。

(四)巩固拓展

1. 改变歌曲演唱形式，用领唱和齐唱的演唱方式演唱歌曲。

2. 鼓励学生根据歌曲的意境，为歌曲创编简单的动作，边唱边表演。

3. 加入三角铁为歌曲伴奏。

画月亮：和月亮做朋友。

月亮会唱好听的歌曲，但是没有好看的衣服。请美术老师带着大家给小月亮设计漂亮衣服吧。

环节二：形象设计——创作月亮形象

(一)观察分析，感知形状

学生看视频观察月亮外形的变化过程，分析基本形状。

生：圆形、椭圆形、月牙形……

(二)创设情境，探究方法

1. 观察拟人形态月亮的图片，分析绘画手法。小结：拟人。

2. 学生自由发言，探索装扮的月亮思路。

3. 引导学生观察发现月亮形象设计图片中的主要装扮元素。小结：主要从发型、服装、饰品三个方面来装扮月亮。

4. 示范环节。

师：同学们的想象力真丰富！那么我们怎么运用这些元素来给月亮进行装扮呢？教师演示创作步骤，边示范边讲解创作要点：

(1)运用拟人的绘画手法创造出基本的月亮形象。

(2)从发型、服装、饰品三个方面进一步装扮月亮。

(3)引导学生将自身的性格代入月亮形象创作。

思维拓展：可以根据月亮的性格特点来设计服饰。

(三)发挥想象，学生创作

根据月亮的性格特点给月亮设计一身舞会装扮，注意表情、服装要与性格相符合。

(四)作业展示，总结评价

1. 每组派一名代表说一说自己的创作思路。

生：我画的月亮性格是…… 我给它穿上了……

2. 评选出最具创意的月亮形象。

3. 教师对学生作品评价总结。(从形象、创意、颜色等方面进行评价。)

(五)拓展延伸，学以致用

1. 分析创作的月亮形象在生活中的实际用途。

教师总结：虽然真实的月亮离我们很远，但是我们可以根据月亮的形象制作漂亮的物件来美化我们的生活环境。

2. 科普知识，唤醒学生对未来生活的美好期望。

同学们，你们知道吗？就在去年，嫦娥五号将月球的玄武石样品带回了地球研究，这说明科技的进步能够帮助我们更多地了解月亮，相信在人类的不懈努力下，月亮能够离我们越来越“近”。

3. 引导学生回归情境。

师：咦，你们看看是谁来了？（出示已经装扮好的月亮。）

月亮配音：小朋友们好！我是月亮，太阳的舞会马上就要开始了，我要赶紧进去了，非常感谢小朋友们的帮助，再见！

（案例提供：邱署　杨佩怡　彭思斯　文瑶）

案例二　探动物之奇　展生命之美

学科：科学、语文、音乐、美术、体育
年级：一年级

一、确定主题

低年级的学生能对周边的事物产生浓厚的兴趣，有着强烈的学习愿望，该年段学生天真、好动，注意力集中时间较短，思维独特，个性鲜明。我校以年级组为单位，深入研读了一年级下册的各科教材，发现这些科目均有围绕“动物”这一主题展开的教学内容。经过深入研讨，我校确定了以“动物”为专题的跨学科整合课程。

多数学生对动物缺乏观察，和动物的相处时间甚少。我校依山而建，校园环境绿意盎然，动物种类繁多，这为学生们户外学习提供了便利，让他们能走出教室，近距离观察并了解小动物的特点。基于以上情况，我校一年级组老师们通过研读各科教材及课程标准，集体备课、协同教学，开展了“探动物之奇 展生命之美”跨学科整合专题教学研究。

为了解决语文课文《动物儿歌》在教学中遇到的教学难点和堵点，各学科教师齐心协力，梳理出本学科能够解决语文学科教学难题的有效途径和方法，最终确定将语文、科学、音乐、美术、体育这五个学科进行深度融合，旨在使语文教学更便捷、有趣、合理，同时也促使其他学科更高效、更实效地开展教学内容。

二、框架搭建

“探动物之奇 展生命之美”课程内容框架表

教材	课题	相关知识点	课标要求
一年级语文（部编版）	《动物儿歌》	了解小动物的活动地点和活动方式，感受儿歌的节奏美和音韵美	诵读儿歌、儿童诗和浅近的古诗，展开想象，获得初步的情感体验，感受语言的优美
一年级科学（教育科学版）	《校园里的动物》	利用简单工具观察并记录动物的特征，认识到校园里不同环境中生活着不同的动物	认识周边常见的植物和动物，能简单描述其外部主要特征和生长过程；知道植物和动物的生存需要的环境条件
一年级美术（湘美版）	《动物唱歌的模样》	学会仔细观察，抓住动物的特征	能积极参与班级或小组开展的美术及其他学科相结合的造型游戏活动，初步形成综合探索与学习迁移的能力

续表

教材	课题	相关知识点	课标要求
一年级音乐（湘艺版）	《是谁在敲》	了解音乐的强弱，尝试表演歌曲	能积极参与演唱、演奏、歌表演等艺术活动，积累实践经验，享受艺术表现的乐趣；对身边的音乐和音乐现象感兴趣，能与他人分享、交流自己的发现和感受
一年级体育	《障碍跑》	掌握并运用障碍跑的动作要领和练习方法，领略动物世界的精彩，在学与练中发展力量	积极参与体育活动，养成良好的体育品德；在体育活动中尊重教师、爱护同学，能扮演不同的运动角色

三、课程实施

“探动物之奇 展生命之美”课程实施框架表

阶段	类型	教学内容	课时安排	授课教师
第一阶段	前置课程	初步认识校园里的小动物：观察动物、手绘动物、描述动物	1 课时	王宁
第二阶段	主体课程	语文《动物儿歌》	20 分钟	郑绪伦
		美术《动物唱歌的模样》	20 分钟	唐俊文
		音乐《是谁在敲》	10 分钟	易斯琪
		体育《障碍跑》	10 分钟	莫家龙
第三阶段	后拓课程	《动物世界 我来创作》	1 课时	综合实践活动教师

“探动物之奇 展生命之美”整合建构课堂模型

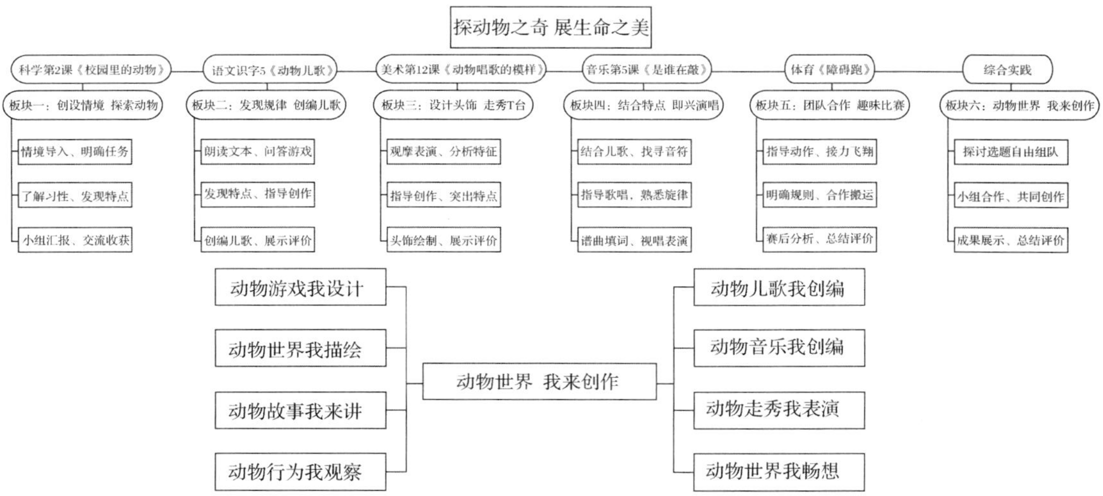

四、教学示例

教学示例一：初识校园里的小动物

【教学目标】

1. 学会利用简单的工具及画图的方式来发现、记录校园里常见的动物。
2. 通过实地考察了解校园里常见动物的名称及特点。
3. 利用小组分工科学及快速地整理、汇报观察所得。

【教学重点】

学会使用合适的工具去探索、记录校园的动物。

【教学难点】

通过小组分工合作去实地观察并整理、汇报所观察到的动物。

【教学过程】

环节一：情境创设，引入主题

师：同学们，动物王国即将举办一场“动物王国达人争霸赛”，你们想参加吗？可是我们还没有动物王国的门票，好在举办方发了一则公告，告诉了我们如何才能获取门票和动物王国达人争霸赛，一起去看看吧！

师：我们需要获取“动物探索员”的身份才能拿到动物王国的门票。怎么才能成为一名探索员呢？我们不仅需要使用探索工具，还要汇报有价值的探索发现，接下来就开启我们的探索之旅吧！在参与探索和动物达人争霸赛过程中表现优异者会被评选为“最佳观察员”“最佳汇报员”“最佳团队”等达人称号。

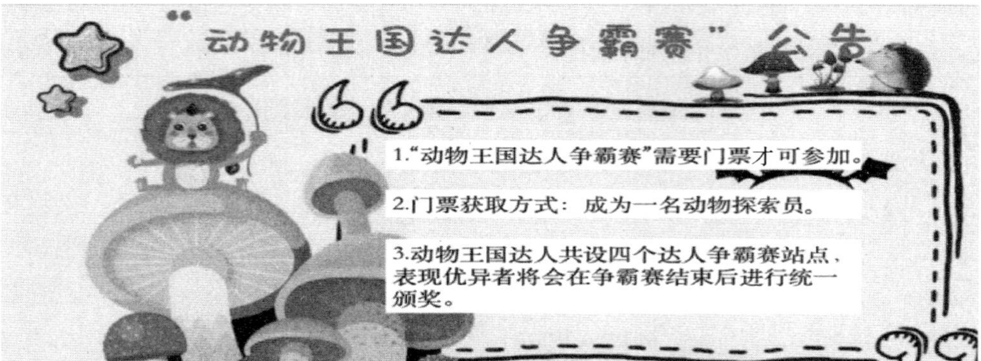

环节二：观看探索视频，发现探索工具

(1)观看科学探索视频，发现探索工具，了解工具的用处。

教师小结：我们要用到放大镜、棉签、笔、记录单这四种工具(其中棉签的作用是拨弄泥土，引导细小动物爬到棉签上，方便学生观察)。

环节三：出示探索记录单，指导记录方法

校园里的动物		
第　　组	日期：　　月　　日	
动物名称(可用拼音)	画出它的样子	发现地点

环节四：成立探索小组，明确成员分工

(1)成立探索小组，小组成员明确分工——一人带领小组成员并整理工具，两人手持工具探索，一人记录发现。

(2)(出示校园局部地图)教师带领小组一同去校园里探索。

环节五：交流汇报发现，发放大赛门票

(1)小组整理探索记录。

(2)出示汇报要求：汇报员按照“我在……发现(一只)……，它在(做什么)……”的句式进行汇报。汇报过程中，学生不仅可以汇报记录单所呈现的内容，还可以说出发现过程的趣事，以激发学生探索动物的兴趣。

(3)请各小组的汇报员(组长或者记录员)来分享发现。教师相机板书：动物外形、行为。

(4)总结：校园里的动物原来这么多，恭喜各位小探索员们，精彩的汇报让你们成功获得了进入动物王国的门票！接下来就跟随老师一起去参加动物王国达人争霸赛吧！

教学示例二：语文《动物儿歌》

【教学目标】

1. 正确、流利地朗读儿歌，激发学生了解小动物的兴趣。
2. 引导发现儿歌的规律，尝试创编儿歌。

【教学重难点】

1. 正确、流利地朗读儿歌，激发学生了解小动物的兴趣。
2. 引导发现儿歌的规律，尝试创编儿歌。

【教学准备】

多媒体课件、词语卡片。

【教学过程】

环节一：诵读儿歌，认识小动物

1. 有序衔接，引出课题

师：欢迎你们来到“动物王国争霸赛”的第一站，最近动物王国可热闹了，正在举办动物达人秀，许多小动物都来参加表演了，它们都有什么本领呢？让我们一起在今天的课堂里寻找答案。

2. 诵读儿歌，读准字音

(1)自由读课文，认识动物。出示要求：读准字音，难读的地方多读几遍；用横线画出小动物的名字。

(2)交流反馈：说说你都找到哪些小动物？

(3)多种形式读动物名字。(板贴)

环节二：趣读儿歌，知动物本领

1. 再读儿歌，发现动物本领

(1)再读儿歌，引导思考：来参加达人秀的小动物有什么独特的表演？请你自己读一读儿歌，用波浪线在文中画出来。(学生板贴)

(2)交流反馈：

出示两组词语："展翅飞 游得欢 结网忙"和"捉迷藏 造宫殿 运食粮"，齐读。

(3)把小动物和它们做的事情对应起来后齐读。

2. 趣读儿歌

(1)用上"魔法棒"，读出节奏。

(2)男生女生合作读。

(3)师生合作问答读，引导学生发现儿歌秘密：谁在哪里干什么？谁在半空展翅飞？蜻蜓在干什么？谁在花间捉迷藏？蚯蚓在哪？蚂蚁在哪？蝌蚪池中干什么？蜘蛛房前干什么？

环节三：品读体会，创编分享

1. 欣赏动物王国达人赛，练说句子。

2. 达人才艺秀。

师：还有一些动物朋友，也想表演自己的才艺，但是它们不知道怎么介绍自己的才艺，请班上的小朋友们帮帮它们写一写，看一看谁是诗歌小达人，用谁在干什么的句式说一说。(小组讨论)

3. 展示分享，评选"诗歌小达人"

过渡语：动物们的才艺都太精彩了，动物王国诗歌达人非你们莫属！动物王国的演唱会也要开幕了，你们想去吗？那就跟随美术老师前往动物王国的第二站——演唱会现场吧！

教学示例三：音乐《动物唱歌的模样》

【教学目标】

1. 能留心观察动物，认识并把握不同动物的外形特征。

2. 能通过动物的表情、姿态想象画出动物们唱歌时的样子，并将其做成头饰。

【教学重点】

初步认知并基本画出动物的外形特征。

【教学难点】

大胆生动地表现动物唱歌时的神情与姿态，画出样子并做成头饰。

【教学准备】

课件、教具、作业纸等。

【教学过程】

环节一：回顾导入，认知学习

(1)这一站我们来到了森林演唱会，在这里，动物们可以尽情歌唱，那模样可有趣了，你们想去看看吗？听，是什么声音？(播放小鸟叫声，教师戴上小鸟头饰，表演“小鸟歌唱”，激发学生兴趣)

(2)揭示课题：动物唱歌的模样。

环节二：引导观察，分析特征

(1)有几只小动物迫不及待地想来参加森林演唱会！猜一猜，谁来了？(根据图形猜动物)

(2)你们是怎么猜出来的呢？

师生小结：把握最明显的特征，就能辨认出不同的动物。

(板书：特征明显)兔子、毛毛虫、鸭子贴在黑板候场等待表演：

(3)有一些小动物已经到达演唱会的现场了，现在我们去欣赏表演吧！

观看视频并思考：动物唱歌时的表情是怎样的？动物唱歌时做了什么动作？

(4)播放视频，交流发现。

(板书：表情投入，动作夸张)

环节三：教师示范，强调特征

(1)选择表演嘉宾，教师示范“唱歌的蝴蝶”画法，边画边强调特征。

(2)将画好的蝴蝶剪下来粘贴在头环上做成头饰。

环节四：大胆想象，自主表现

(1)出示要求：画出动物唱歌的模样并做成头饰，突出表情和身体的变化，画出动物手舞足蹈的样子。

(2)学生作画，教师巡视指导。

环节五：作业展评，升华感情

(1)学生戴上头饰到台前展示。

(2)学生作品互评、师评。

(3)结语。

师：小动物们唱歌的模样真可爱，它们也想举办一场音乐会来庆祝美好的生活，小朋友们准备好了吗，快和小动物们一起歌唱，唱出动听的旋律，和老师一起去第三站参加动物王国音乐会吧！

教学示例四：音乐《是谁在敲》

【教学目标】

1. 用聆听、体验、探究、表演相结合的方法进行教学。

2. 引导学生积极参与表演，完成歌曲创编。

3. 能用轻快、活泼的声音演唱出《动物儿歌》。

4. 在歌曲的学习过程中增进对小动物的热爱之情。

【教学重难点】

1. 用轻快、活泼的声音演唱出《动物儿歌》。

2. 参与表演，完成歌曲创编。

【教学准备】

电子琴、动物头饰、音符卡片等。

【教学过程】

环节一：创设情境 激情引趣

1. 师：同学们的动物头饰可真精美，赶快戴上头饰跟老师一起穿越时光隧道参加今天的音乐会吧!

2. 将学习过的动物歌曲整合：《萤火虫》《小青蛙找家》《蓝鸟》。

环节二：创编歌曲 展现风采

1. 师：欢迎来到今天的音乐会，今天的这场音乐会可不简单! 这场“创意音乐会”——需要创编你们的动物儿歌，最具创意的小朋友将会获得音符卡片。

2. 创编旋律，为歌曲填上合适的旋律。

请出好朋友蝴蝶来帮帮大家：“小朋友们，我来帮助大家啦，提醒你们几个手势。”

3. 完成歌谱旋律(填空)，利用柯尔文手势完成旋律教学。

4. 学唱旋律，师逐句教唱。

环节三：趣味创编 演绎歌曲

1. 将语文课上仿写的句子加入第二段缺失的歌词中。

2. 学生上台展示，全班齐唱。

3. 揭晓“歌唱达人”称号获得者。

师：今天的音乐会举办得很成功，大家创编了好听的动物儿歌，还有几位同学获得了“歌唱达人”的称号，接下来让我们跟随老师一起去参加动物王国趣味运动会吧!

教学示例五：体育《障碍跑》

【教学目标】

1. 掌握并运用障碍跑的动作要领和练习方法，在学练中领略动物世界的精彩，发展力量和协调灵敏等身体素质。

2. 培养学生热爱运动、热爱生命的生活态度。

【教学重难点】

掌握并运用爬行时四肢协调连贯、降低重心的技巧。

【教学准备】

体操垫六个、趣味器材二个、音箱一个。

【教学过程】

环节一：回顾导入，热身运动

1. 致欢迎辞：恭喜同学们来到我们动物王国达人争霸赛的最后一站——趣味运动会。

2. 师生回顾在语文课上了解到的动物本领。

3. 揭示本堂课内容：现在我们将一起去体验动物王国运动会的两个趣味项目——蜻蜓蝴蝶飞和我是搬运工。

4. 热身运动。

环节二：讲授规则，示范指导

1. 教师讲授运动规则：边让学生示范，边讲授练习要点。

(1)蜻蜓蝴蝶飞

动作要领：三人一组手持小飞机，到达对岸以后，前一名同学“下飞机”，另外两名同学回去接应下一名“飞行员”，先接应完的队伍获胜。

(2)我是搬运工

动作要领：分两组用背部搬运沙包，在体操垫上爬行前进，运完后起身走回队尾，爬行时手掌、膝盖撑垫，臀部在通过障碍时放低爬行，上下肢协调配合，先搬运完沙包的队伍获胜。

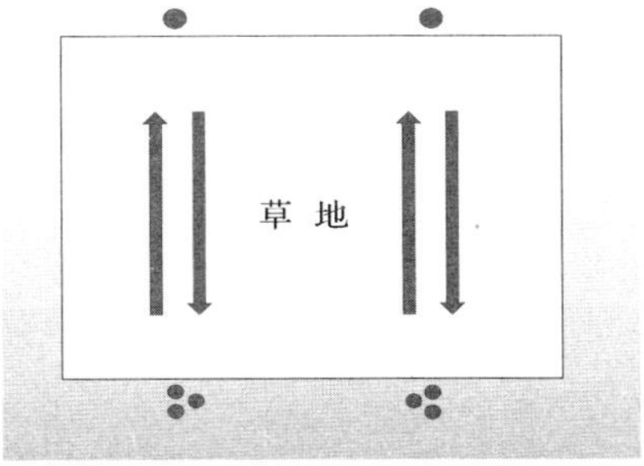

蜻蜓蝴蝶飞

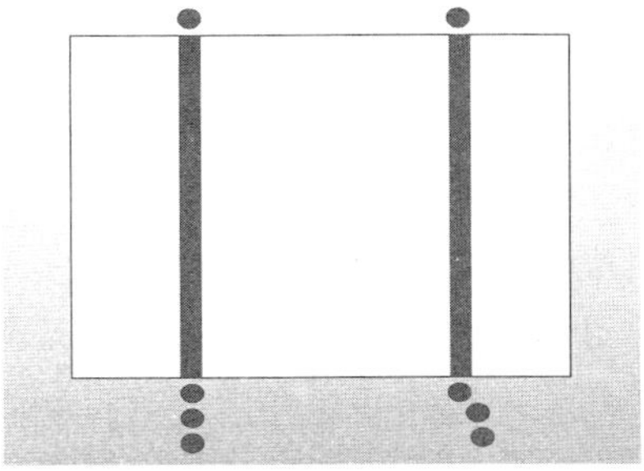

我是搬运工

环节三：项目训练，重点指导

1. 将学生分为两组练习运动项目，使学生熟悉规则。

2. 教师巡视，纠正动作。

3. 学生示范，集体纠正。

环节四：项目比赛，运动评价

1. 教师组织学生分为两队进行比赛，教师担任裁判员(配乐)。

2. 教师相机鼓励和表扬学生。

3. 宣布比赛成绩和获奖名单。

环节五：跨学科课程总结评价

师：同学们，大家在这场趣味赛里各展风采，在探索中收获喜悦，在才艺中展现智慧，在绘画中触摸生命，在音乐中感受韵律，在运动中感受力量，这场动物王国达人争霸赛大家各展风采，诞生了一大批动物王国达人，接下来进入颁奖环节。动物王国争霸赛就到此结束了，希望未来的你们能体验更精彩的人生，创造更精彩的世界！

(案例供稿：刘星星　任昌红　王宁　郑绪伦　唐俊文　易斯琪　莫家龙　曾凡姣)

案例三　雪孩子

学科：语文、音乐、科学、美术
年级：二年级

一、确定主题

时值大雪节气，南方孩子对雪非常期待，刚好二年级语文教材中编排了《雪孩子》这篇童话故事。我校教师团队共读共研二年级上册各学科教材，发现音乐第十一课《欢乐的小雪花》也有共同的主题——雪。我们还发现科学课本中《各种各样的天气》、美术课本中《手指画》与该主题有较大的整合空间。通过梳理探讨，我们确定了“雪孩子”这个主题。

通过对2022版课程标准的反复研读，我们发现，语文课程标准指出，低学段要引导孩子在识字、写字、阅读、口语交际、写话、综合性学习等方面的能力提升；音乐学科要求学生能够体验音乐的情绪与情感，能够积极参与演唱、演奏、表演、律动等艺术活动，能用正确的姿势有感情地独唱或齐唱；美术学科要求低学段尝试使用不同工具，通过看看、画画、做做等方法大胆、自由地把事物表现出来，体验造型活动的乐趣，并进行无主题或有主题的想象、创作、表演和展示，在美术学习过程中，陶冶高尚的审美情操，完善人格；二年级科学课程目标旨在进一步培养学生的观察能力和实验能力。我们探讨决定在培养学生阅读能力的基础上，再培养情感领悟、绘画创作、即兴表演、整理分析能力，进而全面提升学生的核心素养。

接着，团队成员从故事情境、情感价值等方面进行讨论，力求形成切实可行的教学思路，在各自单一的学科知识领域中寻找切合点，搭建知识体系。音乐课创设情境，让学生通过身体律动体验小白兔看到雪花飞舞时的满心欢喜，培养学生的音乐鉴赏能力。同时，引导学生通过歌唱、舞蹈等形式，表达对雪的喜爱之情。语文教学从《雪孩子》这个童话故事文本入手，让学生认识善良勇敢的雪孩子，感受友谊的纯真和美好。科学课组织学生小组合作探究雪的形成原理，并进行有趣的科学实验。学生通过观察、实验和分析，最终成功找回雪孩子。美术课组织学生用手指拓印的方式将这份纯真的友谊永远保存下来，图画不仅展示了雪孩子和小白兔的快乐时光，也象征着学生们之间真挚的友谊。四个不同的学科，四种不同的表达方式，以“雪孩子”为线索将“友谊”融合在同一堂课的各个板块。学生通过音乐、语文、科学和美术的学习，全面感受友情的可贵之处。

二、框架搭建

"雪孩子"课程内容框架表

教材	课题	相关知识点	课标要求
二年级语文（部编版）	《雪孩子》	尝试用默读的方式了解雪孩子和小白兔之间的故事	阅读浅近的童话、寓言、故事，提升在识字、写字、阅读、口语交际、写话、综合性学习等方面的能力
二年级音乐（湘艺版）	《欢乐的小雪花》	能准确地把握三拍子的节奏和休止符，并能体会三拍子的节拍特点	能自然、有表情地演唱，参与其他音乐表现和即兴创造活动
二年级美术（湘美版）	《手纸画》	大胆尝试用手指印画，通过欣赏、观察范画作品，用手指印作画，并能够做出故事情节创意的联想	采用造型游戏的方式进行有主题或无主题的想象、创编、表演和展示
二年级科学（部编版）	《各种各样的天气》	知道雪融化成水，水变成水蒸气，水蒸气变成云的原理，感受科学的神奇，提高学生的探究欲望	进一步培养学生的观察能力和实验能力

三、课程实施

"雪孩子"课程实施框架表

阶段	类型	教学内容	课时安排	授课教师
第一阶段	前置课程	初识雪花：搜集整理和雪花有关的知识	1 课时	综合实践活动教师
第二阶段	主体课程	音乐《欢乐的小雪花》	10 分钟	黄萌
		语文《雪孩子》	25 分钟	蒋关关
		科学《各种各样的天气》	10 分钟	赵赟
		美术《手指画》	15 分钟	赵莉
第三阶段	后拓课程	雪中赏景留影、送温暖，完成《雪花研究手册》	1 课时	综合实践活动教师

四、教学示例

【教学目标】

1. 学唱歌曲《欢乐的小雪花》，能准确地把握三拍子的节奏和休止符，并能体会三拍子的节拍特点。

2. 了解故事内容，并尝试默读。

3. 了解雪形成的原理，感受科学的神奇，提高学生的探究欲望。

4. 大胆尝试用手指印画，通过欣赏、观察范画作品，引导学生用手指印作画，并能够在指印上做出雪孩子故事情节创意的联想。

5. 感受雪孩子的善良和勇敢，体会友谊的纯真。

【教学重点】

1. 学唱歌曲《欢乐的小雪花》，能用轻柔的声音，亲切地演唱出歌曲优美的情绪。

2. 了解故事内容，感受雪孩子的勇敢和善良。

3. 利用手指印画大胆地创造出《雪孩子》里各种形象，并添画组合成有趣的图形。

【教学难点】

1. 为歌曲加入三拍子的声势律动。

2. 明白雪形成的原理。

3. 感受雪孩子的善良和勇敢，体会友谊的纯真。

【教学准备】

课件、范画、颜料、调色盘、水彩笔、图画纸、指纹纸、湿纸巾等。

【教学过程】

环节一：音乐《欢乐的小雪花》

1. 找四三拍强弱规律

(1)情境引入：从前有一只小白兔，因为它有雪白的毛，雪球似的尾巴，所以它最喜欢雪。有一天，天空终于下起了雪，它开心地唱起歌来。

(2)初听歌曲，引导学生思考小兔唱这首歌的心情是怎样的。

(3)复听歌曲，感受雪花飘落的节拍，思考节拍的强弱关系。

(4)身体律动，学生用自己设计的身体律动来表现三拍子强弱弱的关系。

(5)教师弹唱歌曲，学生跟随教师的琴声哼唱旋律，教师发现错误及时纠错。在演唱过程中有一个节奏演唱得不够准确，观察雪花停留的地方，有什么相同之处。

(6)教师总结：在歌曲中遇到休止符，我们要停顿一拍，不发出声音，演唱时我们要做到声断气不断，声音虽然停了，但没有换气。

(7)教师示范正确的演唱方式，学生跟随教师的范唱练习歌曲。

2. 乐器伴奏感受节拍

部分学生用打击乐器碰铃和沙锤，还有一部分学生用身体律动一起合作共同表演歌曲《欢乐的小雪花》。

师：跟随着音乐的节拍我们一起走进语文课堂，看看小雪花和小白兔接下来还有怎样的精彩故事。

环节二：语文《雪孩子》

1. 学习默读的方法

(1)揭示课题。

师：多么动听的歌曲呀！多美的白鹤校园！在这雪花纷飞的童话世界里，你们最想干

什么？（学生自由练说）

小白兔：和我一起去堆雪人吧！（教师板书课题，贴“雪孩子”）

(2)学生齐读课题。

(3)学习默读。

教师出示课文：有一位大朋友编了一个与雪孩子有关的童话故事，想不想读读这个故事？我不信这么长的课文你们还会读，这个故事较长，每次朗读要花很多时间。今天我们来学习一种不出声、速度快的阅读方法——默读。

明确默读的要求：书本平放在课桌上，不出声，眼睛看着课文。默读课文后，请学生说一说课文讲述了一件什么事？

课件提示默读方法：手拿书本立桌面，眼离书本一尺远。转动眼睛看字词，小嘴闭上不出声。

2. 聚焦重点段落体会情感

试着默读第1—4自然段，说说小白兔和雪孩子在玩什么？用“________”画出来。

(1)学生自由回答。

(2)学生想象画面说一说如果你是小白兔还会跟雪孩子玩什么？

生：小白兔给雪孩子讲故事，给雪孩子讲笑话。

(3)找一找小白兔玩累了，回家做了什么危险举动？

预设：小白兔添了柴，把火烧得旺旺的，它躺在床上，闭上眼睛，一会儿就睡着了。

(4)学生说一说小白兔的危险行为会引发怎样的后果。

老师朗读：“火越烧越旺，哎呀，火把旁边的柴堆烧着了！”

老师点拨：感叹句说明此时的小白兔非常危险。

(5)学生带动作表演，边做动作边呼喊。

①全班学生带动作一起读，“一边……一边……”说明当时情况非常危险，体现了雪孩子急迫的心情。

② 出示课文第8自然段，教师请学生圈雪孩子的动作：冲、冒、找、抱、跑。

老师点拨：雪孩子动作急切，寻找过程艰辛，谁能夸夸雪孩子？（勇敢、善良）

③指导全班学生朗读：“雪孩子冲进屋里，冒着呛人的烟、烫人的火，找哇找哇，终于找到了小白兔。”

朗读时语速要稍快，体现出情况的紧急和雪孩子的勇敢。

“找哇找哇、终于”这两个词语要读出雪孩子的着急。

生：小白兔得救了，雪孩子去哪了呢？

(6)对比朗读。

①出示句子：

雪孩子变成了一朵白云。

雪孩子变成了一朵白云，一朵美丽的白云。

②出示句子：

雪孩子变成了水汽。

雪孩子变成了水汽，很轻很轻的水汽。

③小组讨论：说说自己更喜欢每组中哪个句子，它好在哪里？

预设：第二句说得更好，有情感，有对雪孩子的思念。

小白兔：善良、勇敢的雪孩子，我真希望你能再回来。(板书：勇敢、善良)

师：多好的雪孩子呀，告诉你们一个秘密，它还能再回来。如何把它找回来？那就要跟科学老师一起开启探秘之旅哦。

环节三：科学《各种各样的天气》

1. 了解雪的形成。

(1)回顾雪孩子消失过程。

师：语文课文里精彩的童话故事里面还藏着许多科学知识。你们知道雪孩子到哪去了吗？

学生概括雪孩子消失的过程：雪孩子融化变成了水，变成了水汽，最后变成了云。

(2)了解雪的形成。

播放雪的形成的视频，激发学生把雪孩子找回来的欲望。

2. 水变成雪的实验。

(1)出示实验器材：一杯水和一种神奇的物质(吸水树脂)。学生前后四人为一组，用大家的力量把雪孩子找回来，并请一位声音洪亮的同学帮老师读出小组合作要求。

(2)师生共同回顾观察的方法：看、闻、摸。

(3)教师追问怎样闻呢？能用动作表示吗？

(4)学生用动作表示扇闻法。

(5)学生小组进行实验，先观察再讨论。

3. 观察雪的样子。

(1)用语言描述雪的特点：白色、软软的，没有气味，冰冰的，容易融化。

(2)思考是什么让雪孩子消失了，生活中哪种方式会让雪融化。

预设：加热、晒、捧在手里。(鼓励方法多样性。)

(3)思考：哪种方式快一些？为什么？

预设：加热，温度高一些。

(4)概括总结：温度越高，雪融化越快。

教师过渡：雪孩子又回来啦！它和我们的故事也将开始，我们还可以用一种特别的方式将它永远保留下来，那就是美术课中要学的手指拓印法。

环节四：美术《手指画》

1. 回忆手指拓印方法

师：多么欢乐的场景啊！亲爱的小画家们，今天我们就用指纹拓印的方法将故事中欢乐的场景画下来吧。

学生回忆一下指纹画的几个步骤。

第一步：沾颜料。

第二步：在纸上合适的位置按出指纹。

第三步：添画。

学生根据自己的想法开始创作(在创作期间为学生配乐)。学生们自由创作，教师巡回指导，疏通难点。

2. 多种方式进行评价

教师张贴同学的作品贴，请学生自己说一说所画场景的内容。其他同学们评一评，选一选谁的作品最有趣、谁的形象刻画得更生动。教师引导学生从画面内容、奇妙构思等几个方面进行自评和互评。

教师总结：原来我们的手指可以印出这么美丽有趣的画呀！有了这些指纹拓印画，小白兔和雪孩子的故事就被永远留下来了。善良勇敢的雪孩子悄悄回到了小白兔身边，纯真的友谊就像雪花一样永远那么洁白，一个个关于友谊的故事就像雪花一样开遍白鹤校园。

（案例提供：谢强莲　黄萌　蒋关关　赵赟　赵莉）

案例四　麓山巍巍湘情浓

学科：道德与法治、语文、音乐、美术

年级：二年级

一、确定主题

我校教师发现二年级学生对长沙各处景点、建筑都有很强的好奇心和探索欲，但每次游玩都是走马观花，以娱乐消遣为主，对自然风景和人文景观了解不深。正在三观塑造阶段的二年级学生，需要正确的方式进行认知和情感引导，使其对家乡由衷地产生归属感、热爱感和自豪感。二年级组教师一起研读各学科教材，发现道德与法治教材有一个单元以“家乡”为主题，语文教材中有一个单元专门介绍祖国山河物产，音乐教材中《蒙古小夜曲》用变调表达对家乡的热爱，三门学科都有一个共同的主题——家乡山水。经过多次集体备课，教师团队还发现美术教材中《条纹乖乖》可以与多数专题有效整合，因此最终确定围绕“岳麓山与湘情”展开专题整合教学，定下专题名——麓山巍巍湘情浓，既是“湘”情，也是“乡”情。

二、搭建框架

“麓山巍巍湘情浓”课程内容框架表

教材	课题	相关知识点	课标要求
二年级道德与法治（部编版）	《我爱家乡的山和水》	通过小组探访、组内和组间交流，了解岳麓山的四处景点，并能以多种方式，用游客和小导游的不同身份进行分享交流	对家乡代表性景点有较深入的了解，培养学生热爱家乡的情感；培养学生主人翁意识和责任意识，学会且乐于宣传家乡
二年级语文（部编版）	《黄山奇石》	学习课文中描写黄山奇石的方法，以文为例，尝试为岳麓山、岳麓书院、爱晚亭、麓山忠烈祠创作简短的宣传美文	重视学生的语言品读与积累、思维发展和审美体验；通过多形式教学活动，激发学生学习兴趣、合作学习能力和创作精神
二年级音乐（湘艺版）	《蒙古小夜曲》	模仿歌曲中的歌词，将创作的岳麓山宣传美文提炼成简洁的歌词；感受乐曲的优美节奏，尝试用多种节奏、器乐伴奏演唱歌词	引导学生善于利用自然噪音和灵敏形体，尝试运用乐器伴奏等综合手段，能自然、有表情地演唱，参与音乐表现和即兴编创活动，激发和培养学生对音乐的兴趣，开发音乐的感知力，体验音乐的美感

续表

教材	课题	相关知识点	课标要求
二年级美术（湘美版）	《条纹乖乖》	了解条纹的基本样式，能自由流畅地画出各种条纹，并创造出有个性的条纹，来宣传麓山美景	欣赏生活中用条纹装饰的物品，感受多种色彩搭配组合的视觉美感；鼓励学生大胆创新，敢于尝试用多种条纹搭配组合来表现事物的美

三、课程实施

“麓山巍巍湘情浓”课程实施框架表

阶段	类型	教学内容	课时安排	授课教师
第一阶段	前置课程	亲子活动：麓山之旅	周末	高斯晨
第二阶段	主体课程	道德与法治《麓山之旅分享》	40 分钟	高斯晨
		语文《麓山之章》	40 分钟	刘　宇
		音乐《麓山之歌》	40 分钟	易　浪
		美术《麓山之画》	30 分钟	师裕雯
第三阶段	后拓课程	小组合作：创作麓山美篇	课余	高斯晨
		展示美篇，多样评价	20 分钟	

五、教学示例

教学示例一：亲子活动——麓山之旅（前置课程）

【教学目标】

1. 引导学生利用周末，与父母一起走进自然，欣赏麓山风景，了解麓山历史文化，感受麓山的美，激发学生对家乡的热爱之情。

2. 发展和培养学生的观察力、想象力、审美潜力，培养和提升学生收集、整理信息，以及汇报分享的能力。

3. 培养学生的团队意识以及团队合作能力，体验参与活动的快乐。

4. 通过各家庭之间的相互联系，增加亲子互动和家校交流。

【教学准备】

1. 引导学生积极、自主报名，由中队长统计好名单后，自由组合成立小组。

2. 各组推选组长，各组商讨确定小组名称、小组口号、组员任务。

3. 提前绘制参观路线图，商讨活动计划，收集相关景点介绍。

4. 准备好水、少许零食、相机、垃圾袋、笔、记录本等。

5. 商量活动中应注意的安全事项，各组做好安全教育、环保教育、团队活动纪律教育。

【教学地点】

岳麓山以及岳麓书院、爱晚亭、麓山忠烈祠等景点。

【教学过程】

环节一：小组集合，重温要求

1. 各小组按照制定的活动时间、路线和计划，到目的地集合。

2. 重温活动中应注意的安全事项、活动要求及活动后的作业。

环节二：自由活动，探访麓山

1. 各组自由活动，边参观，边了解麓山景点的历史文化。

2. 分工合作，拍摄或记录活动中的所见、所闻、所感。

3. 开展亲子小游戏，组织亲子登山比赛，到达山顶后拍小组集体照留念。

环节三：活动延伸，整理资料

1. 活动结束后，回顾活动过程，整理活动记录和照片。

2. 各小组分工合作，以游客或小导游的身份，在道德与法治课上分享汇报资料(汇报形式可采取演讲、录制小视频、制作汇报 PPT 等多样化的形式，可请有能力的家长指导)。

教学示例二：道德与法治——“麓山之旅”分享

【教学目标】

1. 通过小组探访、组内和组间交流，了解岳麓山的四处景点，并能用多种方式，以游客和小导游的不同身份进行分享交流。

2. 对家乡代表性景点有较深入地了解，培养学生热爱家乡的情感。

3. 培养学生主人翁意识和责任意识，学会并乐于宣传家乡。

【教学重点】

能用多种方式，以游客和小导游的不同身份，班级分组对麓山景点进行分享交流。

【教学难点】

能用多种方式，分组对麓山景点进行分享交流。

【教学过程】

环节一：谈话导入，激发兴趣

导入语：岳麓山是我们长沙非常有名的标志性景点，上个周末同学们去参观、探访了，老师非常期待你们“麓山之旅”的分享。这节课我们就一起来分享这次出游的收获。

环节二：小组讨论，交流收获

学生以小组为单位，互相交流“麓山之旅”的收获。

举例：书院小组与忠烈祠小组、爱晚亭小组和古寺小组互相交流，完成后再换成书院小组与爱晚亭小组、忠烈祠小组和古寺小组交流……以此类推。

环节三：分组展示，汇报成果

1. 孩子们自主选出小组成员代表上台展示成果。

第一组：展示爱晚亭的标志性物品“枫叶”介绍爱晚亭。

第二组：运用思维导图来介绍岳麓书院。

第三组：呈现精美课件介绍古麓山寺。

第四组：通过录制视频来介绍忠烈祠。

每组汇报完毕后，邀请学生点评，全部介绍完后再进行整体点评。

2. 学生讨论交流，概括四个景点的特点。

（出示地点＋关键词，解释词语意思，让学生选择搭配。）

地点：爱晚亭　岳麓书院　麓山寺　忠烈祠

关键词：祥和　静美　厚重　肃穆

讨论结果：

爱晚亭：静美　　　　岳麓书院：厚重

麓山寺：祥和　　　　忠烈祠：肃穆

3. 由“景”升华至“情”，激发学生对岳麓山的热爱之情。

环节四：学习美篇，宣传麓山

原来岳麓山这么美，可是还有很多其他地方的小朋友没有见过岳麓山。老师这里刚好收到了一封来自旅游局的信。（出示课件）

1. 读：学生朗读来自旅游局的信。

2. 说：学生说说信件内容，邀请大家制作美篇。

3. 看：出示多篇美篇范例，观察美篇的组成部分。

4. 论：小组讨论，知晓美篇组成部分。（文字、音乐、图片）

环节五：小结过渡，引入语文

为了让大家能够顺利地完成美篇制作任务，老师请来了三位导师，分别是会写美文的刘老师、擅长歌唱的易老师和会画画的师老师。

教学示例三：语文——麓山之章

【教学目标】

1. 学习课文中描写黄山奇石的方法，以文为例，分组尝试为岳麓山、岳麓书院、爱晚亭、麓山忠烈祠创作简短的宣传美文。

2. 重视学生的语言品读与积累、思维发展和审美体验。

3. 通过多形式教学活动，激发学生学习兴趣、合作学习能力和创作精神。

【教学重点】

学习课文中描写黄山奇石的方法，以文为例，分组尝试为岳麓山、岳麓书院、爱晚亭、麓山忠烈祠创作简短的宣传美文。

【教学难点】

分组尝试为岳麓山、岳麓书院、爱晚亭、麓山忠烈祠创作简短的宣传美文。

【教学过程】

环节一：情境导入，明确目标

师：岳麓山是衡山七十二峰的最后一峰，它古迹众多，风景秀美，四季都有独特的样貌。为了让大家领略到岳麓山的风采，旅游局邀请我们聪明可爱的孩子们制作宣传岳麓山的美篇。在这节课上，刘老师就要和孩子们挑战学习并创造出美篇当中的文字，孩子们是不是已经迫不及待、跃跃欲试呢？

环节二：回顾课文，学习技法

师：我们的语文教材中有一篇优美的文章介绍了中华名山——黄山，相信你们读完之后，会对黄山秀丽神奇的景色充满向往，那不如我们就从这篇美文中去探索写出美篇文字的小绝招吧。

1. 引：黄山在哪里？（即文章开头第一句话“在我国安徽省南部”），引导学生明白写美篇可以在开头就写出景点的地理位置。

2. 问：

(1)你对哪块奇石印象最深？

(2)哪些句子或词语让你对这块石头印象深刻？

3. 读：学生三分钟自由朗读，读通句子，读懂文章。

4. 析：根据学生自己找出的语句，深入文本，剖析句子。探究本文奇石之“奇”是从什么角度描写的，有什么方法可以借鉴。

5. 结：开头即可介绍景点的地理位置，后文可根据景色的特点选择合适的方法写出特点。

环节三：学以致用，小小练笔

师：我们已经学习了创作美篇文字的方法，同学们是不是很想自己动笔试试呢？刘老师先分享一篇运用这节课的知识与方法写出来的美文，看完之后肯定对同学们的创作有所帮助。

例文欣赏：雄奇壮丽天门山

天门山位于张家界永定区(地理位置)，它山势险峻，景色雄奇壮丽(点出特点)，就像一个威武的将军镇守在此(比喻句，“像什么＋做什么”)。诗人王心鉴在《步天门山》中写：“步步天阶通银汉，茫茫云径绕翠崖。”更是写出了天门山的高大伟岸。山上树木众多，郁郁葱葱(叠词)，翠绿清新(颜色)。啊，多么壮丽的天门山！

1. 明确创作要求：用十分钟的时间，分组围绕岳麓山不同的四个景点，在写作单上创作一篇小美文，并取一个贴切的七字小标题(标题中体现景点的特点)。

2. 组内互评展示：完成创作之后引出评价标准(通顺，无错别字，用上本节课学习的方法)，学生组内互评，每一个小组选出两篇最好的文章上台展示。

3. 商讨提炼标题：引导学生赏析精彩的语句，感受麓山之美，文章之美，最后将八个小组创作的小美文的标题作为下节音乐课的歌词。

4. 结束语：孩子们个个有本领，将自己所学的知识学以致用，创作出了“麓山之章”，我们的美文已经初具雏形了，但是还得有好旋律来配，下节课请我们音乐老师，带领大家唱起悠扬悦耳的麓山之歌。

教学示例四：音乐——麓山之歌

【教学目标】

1. 模仿歌曲中的歌词，将创作的岳麓山宣传美文提炼成简洁的歌词。

2. 感受乐曲的优美节奏，尝试用多种节奏、器乐伴奏演唱歌词。

3. 引导学生善于利用自然噪音和灵敏形体，尝试运用乐器伴奏等综合手段，能自然、有表情地演唱，参与音乐表现和即兴编创活动，激发和培养学生对音乐的兴趣，开发音乐的感知力，体验音乐的美感。

【教学重点】

感受乐曲的优美节奏，尝试用多种节奏、器乐伴奏演唱歌词。

【教学难点】

尝试运用乐器伴奏等综合手段，能自然、有表情地演唱，参与音乐表现和即兴编创活动。

【教学过程】

环节一：听辨乐器，学会演奏

认识响板、串铃、蛙鸣筒、三角铁四种打击伴奏乐器，听辨其音色，教师示范。学生在老师的示范中感受乐器的音色及使用方法。

环节二：找出规律，歌曲教学

1. 闭眼聆听，尽情想象。

2. 体验感知音乐4/4拍律动，用两种方式参与音乐表现，感受蒙古小夜曲的抒情韵味。用手画图示和手打节拍两种方式随音乐进行律动。

3. 引领学生分析乐谱，找出旋律特点。

4. 完整演唱旋律。

5. 代入“麓山之章”歌词演唱，注意节奏变化。

(1)听范唱录音。

(2)分角色演唱歌曲。

(3)学生有表情地接龙演唱歌曲。

(4)学生齐唱歌曲。

(5)增加表情，唱出感情。

环节三：带入伴奏，旧曲新唱

加入节奏，丰富歌曲：用课前练习中的打击乐器响板、串铃、蛙鸣筒、三角铁为歌曲伴奏进行演唱。

音乐有四段，由学生来选每一段分别用什么打击乐器更合适，并说明原因。

结束语：孩子们都唱得很好噢，你们觉得写美篇还需要什么要素？(引导回答“图片”)那就请我们美术老师来帮帮大家吧！

教学示例五：美术——麓山之画

【教学目标】

1. 了解条纹的基本样式，能自由流畅地画出各种条纹，并创造出有个性的条纹，为宣传麓山美景服务。

2. 欣赏生活中用条纹装饰的物品，感受多种色彩搭配组合的视觉美感；鼓励学生大胆创新，敢于尝试用多种条纹来搭配组合表现事物的美。

【教学重点】

了解条纹的基本样式，能自由流畅地画出各种条纹。

【教学难点】

创造出有个性的条纹，敢于尝试用多种条纹来搭配组合，宣传麓山的美。

【教学过程】

环节一：导入情境，提供思路

师：听说孩子们接到了一个任务，给我们的岳麓山制作一个宣传美篇，前几节课孩子们已经完成了美篇的文字和音乐内容创作，这节课就让我们一起完成宣传画的部分吧。

周末你们都去参观了岳麓山，谁能说说你看到了什么？这些景物给你留下了什么样的印象？

今天我们来学习一种特殊的方法：帮岳麓山的景物穿上漂亮衣服吧！

人人都爱穿漂亮的衣服，海洋里的动物也喜欢穿漂亮衣服，我们一起来看看吧。（观看海底世界里有条纹的鱼的图片，引导孩子们发现条纹）

提问：孩子们都看到了什么？现在老师要考考大家的眼力了，通过一个局部猜猜这是什么动植物的漂亮衣服。（播放一个动物和植物的叶子图片）

环节二：传授技法，指导创作

1. 认识条纹

(1)给学生读一段关于线条的童谣并提问：你们知道线条排队是什么模样吗？

(2)出示小动画，让学生观察条纹变化：那我们来看一看线条到底是如何排队的？

(3)出示几张有规律的线条和没规律的线条的图片：现在老师要考考大家，请问图中哪组线条是在乖乖地排队呢？

(4)提问：线条只有直线一种吗？

(5)小试牛刀：孩子们把直线、斜线、波浪线排队站好，变成条纹。（两分钟）

2. 观察条纹的变化

师：孩子们，线条可厉害呢，不仅会排队，还会变化。

(1)出示两张图片，孩子们观察线条在形状上有什么不同？（粗细变化）

(2)出示图片，孩子们观察线条在方向上有什么不同？

(3)出示图片，孩子们观察线条在颜色上有什么不同？

3. 小组合作：给岳麓山上的景物穿上漂亮的新衣服，做一个条纹装饰画吧！

环节三：展示成果，升华情感

1. 展示作品，师生评价：孩子们把作品贴在展示区，并描述为什么给岳麓山上的景物穿这样的衣服，想表现岳麓山什么特征。学生投票选出人气最高的作品。

2. 小结课堂，拓展延伸：在道德与法治课上，我们明确了要为美丽的岳麓山创作美篇的任务。课堂是教学的主阵地，但绝不是唯一阵地。请孩子们课后自主将我们创作的美文，加上美妙的旋律，用上美术课上学习的条纹创作方法，小组合作完成岳麓山的宣传美篇，争当家乡的代言人吧！

教学示例六：展示美篇　多样评价

【教学目标】

1. 引导学生将课余时间创作的麓山之章、麓山之歌、麓山之画，以及麓山之旅照片、小组合作制作成的美篇大胆自信地展示。

2. 更深入了解家乡代表景点，培养学生热爱家乡的情感。

3. 感受各科知识在生活中的现实用途，提高综合探究的兴趣和发现问题的能力。

4. 对家乡有主人翁意识和责任意识，乐于且学会宣传家乡。

【教学重点】

引导孩子们将创作的麓山之章、麓山之歌、麓山之画，以及麓山之旅照片、小组合作制作成的美篇大胆自信地展示。

【教学难点】

引导学生用发展、全面的眼光，从不同角度，用多种方法去评价。

【教学过程】

环节一：展示美篇，多样评价

1. 展示美篇：孩子们，你们利用课余时间，小组合作将我们创作的麓山美文，加上了美妙的旋律，用上了美术课上学习的条纹创作方法，完成了麓山宣传美篇，现在请各组派代表上台来播放展示制作的美篇。

2. 多样评价：商讨制定评价标准——根据美文的内容、音乐旋律的节奏、绘画的条纹和色彩搭配、排版的合理，分为五颗星、四颗星、三颗星三个等级。

(1)自我评价，并说说评价理由。

(2)生生互评，并说出评价理由。

(3)教师评价，并说出评价理由。

环节二：总结活动

本次跨学科专题整合活动圆满结束，学生在活动中积极主动，团结合作，展示了良好的精神风貌和团队凝聚力。通过活动，学生更进一步感受了麓山美景以及历史文化，更近距离了解了自己的家乡，并为宣传家乡做出了自己的贡献。

（案例供稿：常洁　吴红梅　曾雪琪　刘宇　高斯晨　易浪　师裕雯）

案例五　绮丽宇宙探险家

学科：语文、美术、科学
年级：三年级

一、确定主题

（一）研究缘起

作为“白鹤七节”之一的白鹤科技节，是无数“小白鹤”心中最期待、最向往的校园活动之一。新的一年，科技节即将开启，本届科技节的主题为“探寻宇宙奥秘，科技逐梦未来”。提起宇宙，学生觉得它是神秘的，是浩瀚无垠的，是令人向往的。为了让小白鹤们做好本届科技节的准备，在科技节中体会到乐趣，博才白鹤小学三年级教师决定成立跨学科研究团队，尝试跨学科实践，设置“赢取科技节门票”的情境，引导学生了解地球，探索太空，想象宇宙。三年级的师生们围绕着“绮丽宇宙探险家”这一主题，开启了科学与想象的探索之旅。

（二）研读课程标准

随着教育改革的不断深化，课程整合已成为提高教育质量、促进学生全面发展的重要手段。为了更有效地实施课程整合，我校对各学科的课程标准进行了深入研读。经过仔细研读，深化理解课程标准，我们了解到各学科对本学段的教学要求。部编版三年级下册语文课程标准要求学生具备独立识字的能力，大量积累词汇，能够用书面或者口头表达观察所得，感受大自然的美好，激发学生追求理想，崇尚科学以及对于生活的热爱；科学学科要求让学生经历人类对地球运动的探究过程，基于可观察到的现象和事实，运用相对运动、参照物、模拟再现等原理和方法进行推理、论证，不断地利用已知探究未知的方法，最终认识地球运动（自转和公转）的模式；而美术学科引导学生运用多种材料和工具，进行绘画和简单制作，培养学生空间知觉、形象记忆、想象创造等能力。

（三）研读教材

年级组教师们通过一起研读三年级下册各学科的教材，了解到语文课本上有课文《宇宙的另一边》，科学课本上有《太阳、地球和月球》单元，美术课本上有《彩色的梦》，它们都围绕地球和想象的主题内容，经过深入了解其中的学习目标和研究探讨，我们确定了绮丽宇宙探险家这个主题。通过科学课《探寻美丽家园——认识地球》一课，科学老师带领学生理解地球和太阳、月球的形状，运用模拟实验的方法收集证据，推理、证明地球是球形的观点，加深对地球的理解。语文老师带领学生学习《思维遨游太空——宇宙的另一边》，学生反复诵读，通过品读，抓住重点词句，理解课文内容，并且能够将生活和想象结合，组织语言，进行想象力训练。接着整合美术课中《彩绘宇宙之梦》来绘画心目中宇宙的形象，引导启发学生的想象力，创作充满个性、有想象力的星空世界。

二、框架搭建

"绮丽宇宙探险家"课程内容框架表

教材	课题	相关知识点	课标要求
三年级科学（教科版）	《地球的形状》	初步经历人类认识地球形状的探索过程，知道地球和太阳、月球一样，都是一个球体	能尝试用模拟实验的方法验证地球是个球体的结论
三年级语文（部编版）	《宇宙的另一边》	能够将生活和想象结合，组织语言，进行想象力训练	引导学生主动进行探究性学习，通过想象宇宙的另一边，激发学生的想象力和创造潜能；鼓励学生在阅读中走进作者描绘的想象世界，感受想象的神奇，从而培养学生的想象力和创造力
三年级美术（湘教版）	《彩色的梦》	发散学生的创意思维，了解点、线、面在绘画中的重要作用	通过观察、欣赏激发学生的想象力，学会运用点、线、面的表现手法在刮蜡纸上展现充满个性、有想象力的宇宙世界

三、课程实施

"绮丽宇宙探险家"课程实施框架表

阶段	类型	教学内容	课时安排	授课教师
第一阶段	前置课程	了解宇宙、月食、日食、地球自转的知识	1课时	黄利平
第二阶段	主体课程	科学：探寻美丽家园——认识地球	1课时	黄利平
		语文：思维遨游太空——宇宙的另一边	1课时	佘东仪
		美术：彩绘宇宙之梦——彩色的梦	1课时	刘湛
第三阶段	后拓课程	"我与宇宙"科技展览会	1课时	综合实践活动教师

四、教学示例

教学示例一：宇宙初探（前置课程）

为了让学生可以理解宇宙的基本概念，以及基本的天文情况，在系统地上课之前，让学生们分成小组，选择本小组感兴趣的问题，并进行初步的调查与探索，通过网上查阅资料，翻阅书籍，交流探讨，采访他人，实地探访等方式合作解决问题。

问题清单：

1. 月食现象是怎么形成的？

2. 日食现象是怎么形成的？

3. 地球上陆地面积与海洋面积分别是多少?

4. 地球自转一周走的距离大约是多少?

调查完成后，小组汇报员进行分享展示，教师从汇报内容、合作参与、汇报表现等三个方面进行点评，也可以鼓励学生自评或互评。

教学示例二：探寻美丽家园——认识地球

【教学目标】

科学概念目标：

1. 理解地球和太阳、月球一样，都是一个球体。

2. 知道地球是一个液态水十分丰富的星球。

科学探究目标：

1. 运用模拟实验的方法收集证据，推理、证明地球是球形的观点。

2. 能耐心观察地球仪和世界地图，整理记录陆地和海洋的相关信息。

科学态度目标：

1. 积极参加模拟实验，乐于分享自己的实验心得。

2. 倾听不同的观点，收集证据，不断修正自己的认知。

科学、技术、社会与环境目标：

1. 了解技术的进步可以不断让人们更好地认识自然现象，发现更多的自然规律。

【教学重点】

模拟实验探究月食的成因，理解“地球投射在月球的影子上总是圆形”。

【教学难点】

通过观察地球仪和世界地图，整理记录陆地和海洋的相关信息。

【教学准备】

教师：多媒体课件、船模、手电筒、乒乓球，地球仪。

小组：地球模型、船模、手电筒、学生活动手册等。

【教学过程】

环节一：创设情境，揭示课题

1. 本次校园科技节的入场券需要同学们通过三关考验，同学们有信心吗？现在就让黄老师带领大家来到绮丽宇宙冒险家活动的第一站——探寻美丽家园。

2. 在茫茫的宇宙中，有一颗星球正畅游在太阳系的第三轨道上，大家认识它吗？(地球)

3. 地球对于人类，既是熟悉的家园，也是一颗神秘的宇宙星球。从古至今，人类从未停止对它的探索，

4. 今天我们一起走近地球，共探地球。(板书：地球)

环节二：模拟实验，观察地球

1. 地球的形状猜想

(1)一开始古人猜测天是圆的地是方的，在没有高科技的年代，观察是人类认识世界的一种方法，天空有弧度，似乎是圆的，大地是平的。观察到的现象可以作为猜想的依

据，那么地球真的就成了“天圆地方”了吗？

(2)学生学会质疑，纷纷提出自己的想法。要验证猜想，我们需要寻求更多的证据来支撑。(预设：学会质疑，主动寻求证据。)

2. 验证猜想

材料准备：帆船模型，地球仪，手电，白纸，小方块，小球。

(1)给学生提供各种材料，分小组讨论支持猜想，引导学生需要用模拟实验验证猜想。

(2)小组活动，合作实验，并填写好学习单。

(3)观察后讨论：通过模拟实验，你们发现了哪种现象符合我们的生活实际？(预设：学生通过实验观察，验证地球是球形的。)

3. 观察地球仪

(1)师：历史上有一位伟大的探险家——麦哲伦为了验证地球是一个球体，组织船队开始了一次环球航行，最终向世人证明了地球真的是一个球体。

(2)请小组合作，沿着麦哲伦环球航行的路线仔细观察地球仪，说一说你都发现了什么？

(3)学生分享观察后的结果。

(4)教师小结：地球有绿色的平原、棕色的山峰，平原比较低矮、山峰高耸入云，还有丰富的水资源等。

(5)在课前老师布置各个小组展开调查，同学们了解到地球上陆地面积与海洋面积分别有多少。不难发现，地球上的海洋面积是远远大于陆地面积的，因此，人们也常把地球称为“水的星球”。

环节三：课堂总结，思维拓展

1. 通过今天的学习，我们认识到地球是一颗水资源丰富的蓝色星球，是我们赖以生存的家园，随着时代进步，将来同学们对地球的探索将更加深入。

2. 拓展：地球之外的宇宙世界更是神秘莫测，同学们可以在课后多多阅读相关知识，打开思绪，继续让思维遨游在宇宙太空中吧！

教学示例三：思维遨游太空——宇宙的另一边

【教学目标】

1. 学生反复诵读，通过品读，抓住重点词句，了解宇宙都有哪些秘密。

2. 能够将生活和想象结合，组织语言，说一说宇宙的另一边还会有哪些秘密，体验大胆想象的乐趣。

【教学重点】

抓住重点词句，了解宇宙都有哪些秘密。

【教学难点】

能够将生活和想象结合，组织语言，说一说宇宙的另一边还会有哪些秘密。

【教学过程】

环节一：情境导入，发现“秘密”

恭喜大家成功通过第一关的考验，离我们取得探险证又近了一步。其实我们生活的地球在浩瀚的宇宙中只是沧海一粟，今天就让我们乘坐“白鹤号”一同前往宇宙的另一边，来看看宇宙的秘密吧！

1. 分析课文。

请你们仔细阅读，想一想，在这篇文章里有哪些地方让人感到神奇呢？

2. 朗读指导。

师：你们真是一群善于思考的孩子，看看，这些神奇吗？我们来比比看，看谁能读得更有趣。

评价：声音整齐洪亮，你们的朗读让我非常向往宇宙的另一边了。

3. 进阶思考。孩子们，对比我们宇宙的这一边与那一边，你发现了什么？

是的，你看事物真是一针见血。这一边是现实，而另一边则是孩子的想象！（板书）

4. 发现规律。那这些一件件现实与想象的事物又有什么规律呢？

像你们说的那样，这些事情都是相同或相反的。

5. 课文梳理。作者到底写了哪些相同或相反的事呢？

环节二：小组合作，编织想象

1. 这么多事情都和什么有关呢？

你们看，虽然作者的思维遨游在宇宙中，但是他的奇思妙想都是和生活、学习相关联的，我们在遨游太空的时候也要像作者这样进行有规律的联想哦！（板书）

(1)让我们一起坐上想象的过山车去看看宇宙的另一边吧！

课件出题：

宇宙的这一边有博才白鹤小学，宇宙的另一边有____________________。

宇宙的这一边有岳麓区图书馆，宇宙的另一边有____________________。

宇宙的这一边有____________________，宇宙的另一边有____________________。

评：孩子们的奇思妙想让我看到了宇宙另一边的丰富多彩。

(2)宇宙的另一边还有什么呢？我想请孩子们将你的金点子记下来吧。拿出学习单，从任务里选择一个你最感兴趣的类型写下来吧！我们花三分钟的时间写，三分钟的时间组内按照学号从小到大的顺序进行轮流发言，请组内的汇报员待会将小组的奇思妙想整理好分享给大家。（学习单分三类描述，场景、生活、心情）

学生评价。（评价标准：事情相同或相似、紧扣生活或学习、表达大方又得体）

(3)能力升级。

要真在宇宙的另一边生活的话会是什么样子的呢？再给你们三分钟时间，写一写你的宇宙生活吧。

当我走出家门，挤上公交，去湖南省博物馆看辛追夫人的时候，宇宙的另一边______________________________。

(4)汇报展示。

评价：浩瀚的宇宙因为有你们奇妙思维的点缀而变得多姿多彩。

环节三：深入探究，发掘奥秘

1. 作者的想象是怎么来的呢？

日常生活中，多观察；多积累。

2. 作者的思维无拘无束地遨游在太空里，就在他继续游荡时……(播放音频)

3. 思维回来了，他们在上语文课，还是一节作文课呢。我们来琢磨下，小作者要怎么写作文呢？你们看他的结构可是很清晰的，谁发现了他的写作构思奥秘呢？

4. 这么奇妙有趣的构思，乃至这篇文章是作者什么时候想出来的？

5. 你看他在上课走神的时候，可以幻想出宇宙有这么多奇妙的有趣的事物。我们知道宇宙无穷无尽大，那你在睡觉的时候想象的宇宙是什么样子的？阅读故事时候的想象呢？阅读《西游记》时的想象呢？

6. 宇宙无穷无尽大，用你们奇妙的思维去点缀去想象吧！在进入下一关之前，请你先选择一个想象的开关，将自己想象的宇宙的另一边写出来吧！

教学示例四：彩绘宇宙之梦——彩色的梦(美术)

【教学目标】

1. 引导学生通过观察、记忆、欣赏，了解宇宙的特点，在视频、图片的启发和相互交流中激发学生的联想与想象力。

2. 指导学生用刮蜡画或砂纸画的表现形式，创作富有个性特点和形式美感的宇宙世界作品。

3. 通过教学活动引导学生发现和体验美的存在，提高审美能力，培养爱国主义情感。

【教学重点】

启发学生进行联想与想象，创作充满个性、有想象力的宇宙世界。

【教学难点】

引导学生用刮蜡纸表现想象中的宇宙画面。

【教学准备】

课件、刮蜡纸、绘画工具、范作、美术学科网。

【教学过程】

环节一：情境导入

通过星空氛围灯、星空背景视频、音乐，让学生在视觉和听觉的双重感受下激发学生的学习兴趣。

环节二：讲授新课

学前分享：宇宙中都有些什么呢？

(一)探索宇宙

1. 交流宇宙知识

(1)欣赏图片：探寻浩瀚的太空(星团、黑洞、人造卫星、空间站、宇宙飞船、宇航员、太阳系……)，讲解宇宙各天体的特点以及作用。

(2)如果让你飞到宇宙星空中，你觉得会发生什么有趣的事情？学生组内讨论并回答。

2. 欣赏作品

(1)从古至今人类从未停止对宇宙的向往，中国古代最著名的宇宙起源故事是《盘古开天辟地》，提问学生与宇宙相关的历史典故。(出示《嫦娥奔月》、《牛郎织女》画作……)

(2)观察小王子插图。

学生欣赏作品并回答观察到了什么。

师：那在同龄人笔下的星空又会是什么样子呢？（出示多个富有创意的宇宙主题绘画，带领学生欣赏的同时发散学生创作思维。）

每个人都有自己的宇宙梦，通过刚刚的这么多作品的欣赏，大家现在脑海中的宇宙梦有没有比刚上课时的更丰富多彩呢？（学生思考并回答，教师引出绘画第一步，大胆想象。）

（二）学习刮蜡画的表现方法。

今天老师带来了一种新颖的创作方式(出示刮蜡纸)，这是什么？

生：刮蜡纸。

1．刮蜡画介绍。

师：刮蜡画要用到刮蜡纸来完成创作，老师手里拿的就是刮蜡纸，你们看到它是什么颜色的？

生：黑色。

师：老师用硬的物体在上面刮一刮，你们看到了什么？

生：彩色。

师：是的，刮蜡纸原本就是一张彩色的纸，在表面喷涂了一层黑色的软蜡，用任何坚硬的物体都可以在上面刮出美丽的刮蜡画。

2．合作探究。

小组讨论：下面哪一幅效果最好，为什么？（要求：对以下三幅作品进行分析，说一说哪幅的效果最好，并找一找其他两幅作品的缺点。）

生：小组讨论并汇报。

教师总结：第一幅线条单调，没有主体，没有背景；第二幅黑色刮掉太多了；第三幅效果最好，运用点线面相结合，主体突出，添画了细节。引出绘画二、三步，突出主体、装饰细节。

3．刮蜡画技法。

师：如何具体用点线面来表现星空中独有的物体呢？

星团——点；流星——线；星体——面。

4．教师示范。

观看示范步骤，并讲解。

环节三：创作实践

师：请选择你喜欢的方式，创作一幅美丽的星空联想图。注意构图饱满，突出主体，合理运用点、线、面；巧妙使用工具，注意保持环境卫生，下面开始创作吧。

教师巡回指导。

环节四：作品展评

布置“星空展览馆”，自评、互评、师评、总结。

师：同学们充分发挥了想象力和创造力，创作出了这样缤纷奇幻的星空。

环节五：总结提升

师：同学们创作出了这么多绚丽多彩、充满梦幻的宇宙，令人无限向往，不过我们的宇宙现在正在面临一个比较棘手的问题。通过视频了解一下，原来我们浩瀚的宇宙内存在这么多具有危险性质的垃圾，老师希望在将来同学们能够通过自己的努力将宇宙垃圾清理干净。课后，你们可以想象设计一些清理宇宙垃圾的小工具。将你们的宇宙梦真实地呈现出来，到时候老师一定要去你们的宇宙中做客，让我们带着梦想上路。最后恭喜同学们顺利通过第三关，课后可带上你们的成果在科学老师处领取科技节入场券。本节课的内容到此结束，下课！

教学示例五："我与宇宙"科技展览会

【教学目标】

分工合作，完成科技展。

【教学准备】

老师：准备布展场地，桌子，红布，KT板，胶带。

学生：每组认领的任务；展览时各区域的宣传板；各区域讲解员。

【教学过程】

环节一：任务分工，前期宣传

分为十二个学习小组，四个任务：

任务一：修改完善有关科技展览会的广播稿，并利用中午时间去广播室播报。（二个组）

任务二：设计邀请函，并组内推选一名宣讲员携带科技展品去各班宣讲，发送邀请函。（四个组）

任务三：布置展会。将科技作品进行设计摆放，固定好作品位置。（三个组）

任务四：制作展览时所需的科普大海报。（三个组）

环节二：奇思妙想，共同交流

1. 提供宇航员立牌，供学生合影留念。

2. 设置互动环节，准备互动火箭模型，让学生可以观察、触摸模型，了解其构造和原理。

3. 设置"我对宇宙向往满满"立牌，提供便利贴和笔，邀请参观学生写下自己对宇宙的疑问与想法。

（案例供稿：刘星星　蒋承雨　佘东仪　刘湛　黄利平）

案例六　心有所“薯”劳动至美

学科：综合实践、美术、科学、数学、劳动

年级：四年级

一、确定主题

综合实践活动是一门侧重跨学科研究性学习的课程。跨学科课程整合面向的是学生综合素养的整体提高，这就离不开教师对课程标准的深入研读，对学生能力培养点的精准把握。新课程标准要求教育教学要坚持全面发展，育人为本；要面向全体学生，因材施教；要聚焦核心素养，面向未来；要加强课程综合，注重关联；要以变革育人方式，突出实践。

团队教师通过对课程标准的研读，发现四年级劳动、综合实践活动、科学等学科的课程标准都是以日常生产、生活劳动为活动内容，着力培养学生动脑、动手等综合实践技能，如简单烹饪、种植养护、物体浮沉、火山喷发、设计装饰等。于是，我校就紧扣土豆发展历史、栽培技术、种类辨认、营养价值、美味研发、玩偶制作、模拟实验等诸多项目确定主题为“心有所‘薯’劳动至美”。

二、搭建框架

“心有所‘薯’劳动至美”课程内容框架表

领域	模块	主题	项目内容	负责人	课程
人与自然	溯源求新	“薯”你最有“名”	1. 土豆别名及由来 2. 土豆伴侣知多少——菜地好邻居；餐桌好搭档 3. 土豆天敌知多少	杨娟娟 唐倩	综合实践活动
	辨识明理	“薯”你最有“容”	1. 了解土豆主要价值 2. 了解土豆品种分类 3. 辨识土豆形态特征 4. 了解土豆食用禁忌 5. 制定土豆变身计划	杨娟娟 唐倩	综合实践活动
	种植养护	“薯”你最茁壮	1. 了解土豆种植历史 2. 学习土豆栽培技术 3. 了解土豆地理分布 4. 考察土豆生长环境 5. 分享土豆种植故事 6. 了解土豆病虫防害	姜颖林	研学实践

续表

领域	模块	主题	项目内容	负责人	课程
人与自然	科学研究	“薯”你最奇妙	1. 火山喷发 2. 非牛顿流体 3. 土豆发电 4. 土豆沉浮实验	易阁婷 凡婷 吕作香	科学
	艺术休闲	“薯”你最可爱	土豆玩偶	师裕雯	美术
		“薯”你最好玩	1. 平衡鸟游戏 2. 搭高游戏 3. 不倒翁游戏	易阁婷 凡婷 吕作香	科学
	产品研发	“薯”你最美味	依托科学配比，让美味发生	黄思柳	数学
			初加工——趣用土豆泥	李丹	劳动
			深加工——妙用土豆淀粉	程训谦	劳动
	推广应用	“薯”你最会藏	土豆的存储	程训谦	劳动
		“薯”你最有“范”	土豆产品包装	师裕雯	美术
		“薯”你最有“才”	土豆产品科学定价	黄思柳	数学
			土豆产品宣传	—	—
			土豆产品销售	—	—
		“薯”你最长情	感恩一路有您之“土豆变变变”	—	—

三、课程实施

“心有所‘薯’劳动至美”课程实施框架表

阶段	类型	教学内容	课时安排	授课教师
第一阶段	前置课程	了解土豆的基本信息：由来、价值、种类、特征等信息	1 课时	综合实践活动教师

续表

阶段	类型	教学内容	课时安排	授课教师
第二阶段	主体课程	了解物体重心，了解平衡鸟的原理，利用土豆切块，制作一个土豆平衡鸟	40 分钟	易阁婷
		在土豆美食的材料搭配现实情境中，掌握“比”的读写方法，理解“比”的意义	40 分钟	黄思柳
第二阶段	主体课程	掌握土豆美食的制作方法和技巧，使用合适的工具制作土豆泥，激发美食制作的兴趣	40 分钟	李丹
		学习制作土豆粉、土豆芋圆及相关美食	40 分钟	程训谦
		了解茶席设计并布置一个有意境的茶席，提升学生对中国传统茶文化的兴趣和鉴赏力	40 分钟	师裕雯
第三阶段	后拓课程	进行土豆初加工、创意加工	1 课时	综合实践活动教师

四、教学示例

教学示例一：“薯”你最好玩

【教学目标】

1. 科学观念：了解物体的重心，明确物体的重心越低，物体就越稳定。

2. 科学思维：分析平衡鸟的特点，并推理出平衡鸟平衡的秘密。

3. 探究实践：通过制作平衡鸟，学会判断物体重心位置。

4. 态度责任：通过教学活动让学生了解到生活中的物体蕴藏着科学的智慧，科学无处不在，并时刻对我们的生活产生影响。

【教学重点】

了解平衡鸟的原理。

【教学难点】

分析平衡鸟的特点，制作一个平衡鸟。

【教学准备】

课件、切块土豆、牙签、玩具平衡鸟。

【教学过程】

环节一：前置课

前置课学习单	
 平衡鸟	分析结构 1. 平衡鸟有什么特点？为什么可以平衡？ 2. 平衡鸟大概可以分为几个部分？

环节二：激趣导入

1. 同学们，在前置课的学习中，我们已经认真观察了平衡鸟的特点，你们想不想拥有一个平衡鸟？想不想利用丰收的土豆来做一个平衡鸟？

2. 出示土豆平衡鸟视频，学生认真观察。

3. 提问：你发现这个土豆平衡鸟有什么特点？为什么可以立在牙签上呢？

环节三：探究制作一个平衡鸟

1. 出示材料。（3 个土豆块、3 根牙签、1 个底座）

2. 茶席布置布局合理，方便使用。

3. 利用以上材料制作一个平衡鸟，并使它立在底座的牙签上

4. 讲述：如果你快速做出了土豆平衡鸟，请你帮助同组的同学；如果你暂时没有思路，也可以再次观察老师的成品。

环节四：成果展评

1. 学生分享自己制作的平衡鸟，并说说能快速制作成功的秘诀或失败的经验。

2. 成果展评细则如下表：

“薯”你最好玩成果展示评价表

评价项目	评价内容	评价分值			自评	互评	师评
		1—2分	2—4分	5—6分			
制作前	认真观察、发现平衡鸟的特点	观察不够认真，说不出平衡鸟的特点	观察较认真，发现平衡鸟的2—3个特点	观察认真，善于发现，能说出平衡鸟的全部特点			
制作中	小组合作、安静有序	组内没有合作，独自钻研	组内两两交流，交流成效较低	同组互帮互助，确保每个人都能完成作品			
制作后	整理材料、成果分享交流	整理材料速度慢，只有1—2人成功制成平衡鸟	整理材料速度适中，有2—3人成功制成平衡鸟	整理材料速度快，全组人都成功制作出了平衡鸟			

环节五：总结拓展

在科学上，我们还可以利用土豆淀粉开展非牛顿流体、土豆泥火山、土豆电池等实验，期待我们下一次的探索之旅！

教学示例二：“薯”你最有料

【教学目标】

1. 情境与问题：在现实情境中，感受“比”在日常生活中的广泛应用，进一步体验数学的应用价值。

2. 知识与技能：让学生初步了解“比”的概念。

3. 思维与表达：在美食活动中让学生运用“比”解决实际问题。

4. 交流与反思：使学生在数学活动中进一步体会数学与生活的联系，发展应用意识和实践能力。

【教学重点】

掌握比的读写方法，理解比的意义。

【教学难点】

理解生活情境中“比”的意义。

【教学准备】

学习单、课件。

【教学过程】

环节一：回顾导入

师：同学们，咱们小农场的土豆丰收啦！为了科学规范并最大化地利用我们挖的土豆，今天我们就来举办一个以土豆为主题的茶宴。在准备美味的前置课程中，同学们在食材搭配上遇到了一些问题，老师收到了一些同学求助的漂流瓶，让我们看一看吧！（课件呈现）

漂流瓶1：我做的土豆芋圆一煮就散了，有的伙伴做的口感非常好，到底放多少红薯和土豆淀粉呢？

漂流瓶2：我们组想做1000克薯饼，需要准备多少克土豆呢？

师：老师今天就和同学们一起来探究土豆美食中的材料搭配问题(板书课题)，解决这样的问题需要用到数学中关于"比"的知识，那什么是"比"呢？今天我们就一起来学习。

环节二：探究学习

1. 研究红薯和淀粉的比(1∶2)，感知"倍数关系"。

(1)呈现学习材料，认识比。

师：老师了解了一下同学们在做土豆芋圆的时候，红薯和土豆淀粉的用量也会涉及"比"(板书：红薯、土豆淀粉)，看看这份一煮就散的芋圆，红薯和土豆淀粉的质量的比是多少比多少呢？(出示图片)

生：红薯和土豆淀粉的比例是1∶2。(板书：1∶2)

(2)自主理解"1∶2"。

师：那这个"1∶2"是什么意思呢？要符合1∶2，这位同学分别取了多少克红薯和土豆淀粉呢，请你将你的猜想写在学习单的第一题。(1分钟)

反馈学生写的质量。

师：请同学们来说一说。

生：红薯取1000克，土豆淀粉取2000克。(学生一致同意，老师板书)

生：红薯取500克，土豆淀粉取1000克。(同上)

生：土豆淀粉取500克……

师：他土豆淀粉取500克，有谁知道他红薯会取多少？

生齐答：250克。

(3)自主发现倍数关系。

师：请大家观察黑板，现在这里有三种不同的取法，你觉得它们是否都符合1∶2的比例？

学生独立思考后回答。

生：符合，因为不管是哪种取法，土豆淀粉的质量都是红薯的2倍，红薯的质量都是土豆淀粉的一半。

师：你的回答真精彩！真是个善于思考的孩子。所以，这里的取法能够列举完吗？(不能)看来，只要满足淀粉的质量都是红薯的2倍或者红薯的质量都是淀粉的一半，就满足1∶2的要求。这也就是说，1∶2实际上就在反映红薯和土豆淀粉的什么关系？

生齐答：倍数关系。(板书"倍数关系")

师：通过对红薯和土豆淀粉的质量比的研究，我们认识了"比"具有这样的特点(指向黑板)，它反映了一种倍数关系，具体的数量可以发生变化。

2. 研究红薯和淀粉的比(1∶1)。

师：但是红薯和土豆淀粉按1∶2搭配，做出来的芋圆很容易散。老师这还有一位同学做的，他说这样放比按1∶2放做出来的好一些(课件呈现)，不会散。它是按1∶1放的，谁能告诉我按1∶1是什么意思？

生：红薯500克，土豆淀粉500克。

生：红薯和土豆淀粉的质量要一样。

环节三：学生创作

师：这样做出来的芋圆还可以，但是为了让同学们能够做出更美味的芋圆，老师也查阅了很多资料，并且通过实验我发现在同样的条件下红薯和淀粉的质量是1∶1.2时（板书：红薯∶土豆淀粉＝1∶1.2），芋圆做出来口感更加有弹性。（课件）假如现在请你帮老师按这个比取一些红薯和淀粉，质量要符合1∶1.2，又该怎么取呢？

1. 学生活动要求：请组长拿出小组学习单，小组同学讨论后在百格图上打勾表示所取的红薯和土豆淀粉，并完成填空。（三分钟）

2. 教师巡视，搜集学生素材，再请学生上黑板摆一摆，并说明理由。（预设：1.2可以分成1和0.2，0.2就是十分之二，把1000克平均分成10份，每一份是100克，取其中的两份，就是200克，1.2相当于12份，所以是1200克，1200也是1000的1.2倍。）

环节四：成果展评

“薯”你最有料成果展示评价表

评价项目	评价内容	评价分值			自评	互评	师评
		1—2分	2—4分	5—6分			
活动前	明确问题	小组成员不能够根据情境描述要解决的数学问题	小组成员能描述情境中的数学问题	小组成员能够明确要解决的数学问题，并理解其数学本质			
活动中	分析、解决问题	不能提出自己的想法，小组思路简单	能分析数学问题，并给出结果	能详细分析数学问题，并展示解决问题的过程			
活动后	反思与拓展	只有结果，不能用数学语言描述自己发现的问题	能够描述自己解决问题时的经验	能迅速整理思路并且举一反三，进行归类总结，提出新的思考			

1. 小组进行汇报。
2. 其他同学进行补充或提出自己的想法。
3. 教师根据学生汇报情况，进行点评。

环节五：总结拓展

温度/℃	180	180	180
时间/分钟	20	20	20
薯饼：土豆＝1∶1.2			
薯饼质量	1000 克	500 克	
土豆质量			900 克

师：如果我想做 500 克薯饼呢，需要多少克土豆？请你写在学习单上。那有 900 克土豆可以做多少克薯饼呢？请大家课后思考这个问题。

总结：数学与生活是密不可分的，我们要学会用数学的眼光观察世界，会用数学的思维思考世界，更要会用数学的语言表达世界。同学们，经过刚才的学习，老师相信你们已经对美食材料中的比有了一定的体会，在接下来的环节中希望你们能够将他们充分运用到美食制作当中，那么掌声有请“薯”你最美味环节中的两位指导老师！谢谢。

教学示例三：薯泥小“食”光

【教学目标】

1. 劳动观念：通过观看视频，结合生活经验，提炼出制作薯片的方法，激发美食制作的兴趣。

2. 劳动能力：能就地取材，使用合适的工具制作土豆泥，在操作过程中，能适当进行调料的选择，使食物的口味更多样。

3. 劳动习惯和品质：在操作过程中能做到安全使用劳动工具，规范制作流程，小组内团结协作，完成薯泥小食的制作，能将课堂上学到的薯片制作方法举一反三。

4. 劳动精神：在学会制作美食之后，能将薯泥小食和其他食材进行合理搭配，实现美味升级，同时通过品尝劳动成果，体会到劳动带来的乐趣。

【教学重点】

通过土豆美食的制作让学生体会到劳动的乐趣，享受成功的喜悦。

【教学难点】

掌握土豆泥制作的方法和技巧，能制作精致的土豆美食。

【教学准备】

课件、教学视频、食材、工具、烤箱、空气炸锅、平板电脑。

【教学过程】

环节一：回顾导入

师：通过课前调查，我们搜集到了许多土豆制作的小零食，发现原来看似不起眼的土豆背后竟然藏着这么多美食制作攻略。刚才数学课上黄老师指导了大家制作土豆美食的配比计算方法，相信大家已经迫不及待想要制作土豆小食了，接下来我们可以动手做起来啦！（板贴）

环节二：探究学习

1. 学习自制薯片。

观看自制薯片视频，梳理出自制薯片的步骤。(PPT)

生：制作土豆泥，撒黑胡椒粉、裱花袋挤出土豆泥，压成薯片。

师：看来大家的学习能力都很强。说得很完整。那谁能说一说，要把土豆压成泥，有哪些方法呢？

生：用勺子压，用机器打成泥，用擀面杖锤。

师：大家的方法可真多，不愧都是家里的劳动小帮手，而且我发现，大家用的工具都不一样，李老师觉得这种就地取材的办法值得推荐。

师：我观察到视频中给薯泥加入了黑胡椒粉，那如果想尝试更多口味的薯片，你们有什么办法吗？

总结：我们可以根据自己的口味，选择不同的调料，这样，我们的薯片口味也会更丰富。(PPT)

2. 引导营养均衡。

师：口味更多样了，你们还有没有其他办法，让我们的小“食”光在营养均衡方面也来一次升级呢？

生：我们可以选择含有不同营养成分的食物进行搭配。

师：看来大家都是生活中的美食家呀，李老师也一样，今天李老师也给大家带来一个我很喜欢的美食搭配。(播放水果塔塔的视频)

怎么样？是不是操作简单又营养均衡？

别急，今天我们也有机会为自己定制营养均衡的小“食”光。

环节三：现场制作

1. 创作活动要求。

(1)各小组通过观看平板电脑中提供的小视频，选择自己组感兴趣的薯泥小食制作，也可以发挥小组创意，制作出有特色的创意小食。

(2)小组成员要进行合理的分工安排，每位成员都要参与劳动。

2. 成果展评细则。

薯泥小“食”光成果展示评价表

评价项目	评价内容	评价分值			自评	互评	师评
		1—2分	2—4分	5—6分			
制作前	明确分工、材料充足	小组成员分工不够明确，只准备了部分材料	小组成员有口头分工，准备了工具及制作材料	小组分工细致，成员之间默契配合，制作工具和材料充足			

续表

评价项目	评价内容	评价分值			自评	互评	师评
		1—2 分	2—4 分	5—6 分			
制作中	成果丰富、口味多样、营养均衡	不能完成分配给自己的任务，小组成果简单	能完成 1 种成果，成果比较精美	成果有 2 种及以上口味，成果精美，注意营养搭配			
制作后	整理场地、创意取名	整理场地速度慢，成果名称没有创意	整理场地速度适中，成果名称比较有创意	整理场地速度快，食材、工具分类打包，成果名称有创意			

3. 教师巡视，并结合具体情况现场指导。

环节四：成果展评

1. 分组将劳动成果展示给同学们看，将组内的小食名称、特点等方面说给大家听。
2. 教师根据成果情况，及时点拨、鼓励。

环节五：总结拓展

1. 分享收获的快乐。

引导学生分享劳动过程的趣事、得到的收获以及自己的感受。

2. 解锁更多技能。

师：土豆不仅可以制作美味的小食，同时也是餐桌上的常客。可这些都只是土豆的初加工，为了更好地储存土豆，我们还有同学课前探究了提炼土豆淀粉，实现土豆的深加工，比如，制作成土豆条、土豆粉芋圆等，可是在尝试制作的过程中遇到了一些小麻烦，今天这节课我为大家邀请到了程老师来指导大家怎样利用土豆淀粉制作可口的美食。

附：小组成果展示评价表

薯泥小“食”光成果展示评价汇总表

——	明确分工、材料充足			成果丰富、口味多样、营养均衡			整理场地、创意取名		
	自评	互评	师评	自评	互评	师评	自评	互评	师评
第 1 组	5	5	6	4	4	5	6	5	5
第 2 组	6	5	6	4	4	3	5	5	6
第 3 组	5	5	6	5	5	4	6	6	6
第 4 组	6	5	6	5	4	5	5	5	6
第 5 组	6	5	6	5	4	5	5	6	5
第 6 组	6	5	6	5	5	5	6	5	6

续表

<table>
<tr><td rowspan="2">——</td><td colspan="3">明确分工、材料充足</td><td colspan="3">成果丰富、口味多样、营养均衡</td><td colspan="3">整理场地、创意取名</td></tr>
<tr><td>自评</td><td>互评</td><td>师评</td><td>自评</td><td>互评</td><td>师评</td><td>自评</td><td>互评</td><td>师评</td></tr>
<tr><td colspan="10">评价汇总分析：
1. 学生参与度高。制作前每个组都能在烹饪工具和食材上做好充分的准备，小组分工细致，大多数学生都积极参与了土豆美食的制作过程，在活动中表现出了浓厚的学习兴趣和热情。
2. 技能掌握良好。学习到了多种土豆美食的制作方法，如压制土豆泥、制作薯片、薯饼等，还尝试从营养均衡的角度进行不同食材的搭配，不仅丰富了学生的味蕾体验，还使学生掌握了基本的烹饪技能，能够独立完成至少一道土豆美食的制作。只是对于动手能力较弱一点的学生，老师还需要提供更多的指导和帮助。
3. 成果展示精彩。班级成果丰富多彩，彰显出他们积累了丰富的创造力和想象力。课后的整理工作井然有序，劳动观念和品质在这样的活动中得到培养和提升。</td></tr>
</table>

教学示例四："粉"你没商量

【教学目标】

1. 学会制作土豆粉，并做一款特色土豆粉美食。

2. 学会制作土豆芋圆，并制作土豆芋圆米酒、土豆芋圆奶茶。

【教学重点】

1. 学会将土豆淀粉揉搓成面团。

2. 学习制作土豆粉、学习制作土豆芋圆。

【教学难点】

将土豆淀粉按照比例和顺序加开水，和成淀粉面团。

【教学过程】

环节一：回顾导入

师：同学们，土豆除了可以直接加工制作美食，它还是一种神奇的材料，你敢相信吗？看(出示土豆粉、土豆芋圆等土豆淀粉制作的美食图片)，对土豆进行再次加工，我们将得到土豆淀粉，它将化身美食达人让土豆美味再升级。

明确任务，用土豆淀粉制作土豆美食。

环节二：探究学习

1. 案例展台。

展示土豆粉、土豆芋圆的制作过程，梳理制作土豆粉、土豆芋圆的制作步骤。

生：将土豆淀粉按比例倒入开水搅拌、加入干淀粉揉捏成团、用压粉器压入沸水中。

师：是的，整个制作流程讲述得比较清晰，这里也要注意加入干淀粉这个环节，要边加边揉捏，不要一次性全部加入，避免结块或者没有韧性等问题。另外，也要提醒大家，按揉至不粘手、提起来有延展性、不断开成团就成功了。那关于土豆芋圆，谁来总结？

生：首先是对紫薯、红薯、芋头的处理，去皮后蒸制软糯；接着将红薯、紫薯、芋头抓成泥，加入土豆淀粉揉捏成团；放入锅中蒸三分钟，再次揉捏面团，搓成条状、切成丁，撒上一层土豆淀粉就可以了。

师：是的，你讲解得很细致，相信你们小组做出的产品一定是最美味的。老师也要提醒大家，第二次蒸制后面团变硬，大家可要费点力气揉捏均匀哦。通过观看视频和讲解大家发现土豆粉、土豆芋圆制作过程中都有和面、揉面团的环节，面团的成功与否是决定土豆粉和土豆芋圆是否能成功的关键。

环节三：学生创作

1. 创作空间

土豆粉、土豆芋圆做好了，你想吃什么口味的呢？一起讨论可以做哪些味道的配方。

2. 实践平台

准备好食材，向食堂申请场地，我们行动起来吧！

环节四：成果展评

1. 交流驿站

小组分享制作经验、经历，总结制作方法，形成制作说明书，讲述制作过程的困难、趣事。

2. 成果秀场

展示本组成果，邀请他人品尝。

3. 评价花园

填写成果评价卡通过自我评价、同学评价、老师评价、家长评价，进行综合评价。

“粉”你没商量劳动素养评价表

评价项目	评价内容	评价分值			自评	互评	师评
		1—2 分	2—4 分	5—6 分			
劳动能力	劳动技能掌握水平	能够按照制作步骤逐步完成土豆粉或者土豆芋圆的制作	能够熟练掌握各项劳动技能，能够完成土豆粉和土豆芋圆的制作	能够熟练完成土豆粉和土豆芋圆的制作，并根据个人口味进行配料搭配			
劳动习惯和品质	劳动安全意识和卫生习惯	各项材料能够准备充分	能够安全使用各类设备，并及时进行收拾整理	劳动耐心细致，劳动场景干净整洁			
劳动精神	小组合作能力	小组任务单独完成	进行小组任务分工，能够基本完成任务，但任务分配不合理	能够很好地完成自己的任务，并主动帮助他人，遇到问题能够想办法解决			

环节五：总结拓展

查找资料，了解土豆粉、土豆芋圆常用的包装保存方式，了解保存时长，尝试对产品进行包装。

附：小组成果展示评价表

“粉”你没商量成果展示评价汇总表

——	劳动技能掌握水平			劳动安全意识和卫生习惯			小组合作能力		
	自评	互评	师评	自评	互评	师评	自评	互评	师评
第 1 组	6	6	6	5	3	4	5	6	6
第 2 组	5	6	6	5	5	5	6	4	6
第 3 组	5	3	6	5	5	4	6	5	6
第 4 组	6	5	6	6	3	4	6	6	6
第 5 组	6	6	6	4	5	4	6	5	6
第 6 组	6	4	6	6	4	4	5	6	6

评价汇总分析：

1. 劳动技能能够基本掌握。由于前期准备得比较细致，学生认真学习了土豆粉和土豆芋圆的制作方法，又重点强调了制作过程中的难点，整个制作过程中有小组的合作和教师的指导，因此所有的劳动技能都能掌握，并在小组的合作下有所创新。

2. 劳动卫生习惯需要强化。在活动过程中学生大多关注于自己的分工任务，为了完成任务忽视了卫生习惯也导致食材浪费较多，建议增加活动时长，增强卫生习惯意识。

3. 小组合作能力充分展示。各个小组分工明确，在活动过程中有很强的团队意识和奉献精神，大部分同学能够很好地完成自己的任务，并主动帮助他人，遇到问题能够想办法解决。

教学示例五：“薯”你最有韵

【教学目标】

1. 审美感知：了解茶艺茶席的基本构成元素、茶席设计的艺术表现形式，丰富学生的审美体验，提升审美情趣。

2. 艺术表现：运用各种材料、媒介，布置出有意境的茶席，通过作品表达自己的情感。

3. 创意实践：综合运用多学科的知识，将茶席设计与生活实际结合起来，提升学生的实践能力和创造能力。

4. 文化理解：了解茶席设计的传统文化背景，提升学生对中国传统茶文化的兴趣和鉴赏力。

【教学重点】

了解什么是茶席设计，并掌握茶席设计的基本构成元素。

【教学难点】

布置一个有意境的茶席。

【教学过程】

环节一：回顾导入

师：一个优秀的茶席设计离不开人、茶、器、物、境这五个元素，刚才我们制作了茶点和摆件，前四个元素我们已经具备，这个“境”怎么营造呢？今天我们化身小小茶艺师，一起来布置这个有韵味的空间吧！

环节二：探究学习

师：我们已经学习了茶席设计的基本原理，并绘制了设计图，老师挑选了两张有特点的设计稿，请同学们一起来点评一下吧，请大家从构图、色彩、主题等维度说说它的优缺点。

（学生小组内交流、讨论、分享。）

生：图1构图饱满，但主次不够明确，主题不够突出，等等。图2氛围营造得很好，充分表达出了国风主题，但构图不够饱满，画面有些空。

师：这两张作品都有我们值得学习地方，同时也有一些小问题。我们的设计在构图饱满的基础之上应选择合适的器具来进行位置的安排，考虑造型的选择和色彩的搭配与主题相呼应。其他小组也绘制了设计图，我们就不一一点评了，希望同学们在以后的设计过程中可以扬长避短，使画面更加完善。

环节三：学生创作

师：有了设计图还不够，如何将设计图在三维的空间中呈现出来呢？这也是非常重要的。接下来就是我们的布置环节了，今天的布置是有评价标准的，首先，茶席布置布局合理，方便使用。其次，茶席布置满足实用性的同时能兼顾空间美观和谐。最后，在此基础上能表现一定的主题，并和同学们分享你们的设计理念。接下来的时间交给你们。

环节四：成果展评细则

“薯”泥最有韵成果展示评价表

评价项目	评价内容	评价分值			自评	互评	师评
		1—2分	2—4分	5—6分			
活动前	对茶艺基本知识的掌握	了解部分茶席的基本构成元素，分工不够明确	了解茶艺的基本构成元素，小组有基本的分工	了解茶席的基本构成元素，并能根据不同的意境选择不同的物品，小组分工明确细致			
活动中	茶席设计的布置	能选择合适的材料布置简易的茶席	能够选择合适的材料布置符合基本元素的茶席	能合理选择和利用综合材料布置出实用又美观的茶席			

续表

评价项目	评价内容	评价分值			自评	互评	师评
		1—2 分	2—4 分	5—6 分			
活动后	成果分析及交流	能向同学简单介绍本组作品	能够客观评价本组和他组作品，向同学分享本组的创意和经验	能够客观评价本组和他组作品，发表自己的见解，向同学分享经验和成果			

运用希沃拍照投屏的方式，展现小组作品，小组代表上台介绍茶席设计。学生互评，再投放二维码，请老师们对各组的作品进行投票，最终推选出“最佳创意奖”和“最佳人气奖”，实现自评—互评—师评。

环节五：总结拓展

师：我们从一个土豆、一杯茶、一方空间延伸对美的感知，土豆可以有多种“变身”方式，茶事活动也能变得实用又美观，如何合理地选择和利用生活中的材料布置出有意境茶席呢？生活中不缺乏美，怎样让平淡的生活变得有滋又有味呢？值得同学们深思。

五、课程总结

（一）价值与意义

1. 探究意识与实践能力培养

“心有所‘薯’劳动至美”课程的构想、确立、实施都旨在引导学生关注生活实际，融合各学科的优势，深耕综合实践课堂教学，激发学生自主探究意识。土豆课程的开发与落地，并不仅仅是理论知识的学习，而是旨在引导学生通过查找资料对“土豆”进行溯源求新、辨识明理，了解土豆的别名与由来、主要价值、品种分类、食用禁忌等，在此基础上尝试种植养护土豆，体会种植的不易与收获的快乐。有了前期收集整理资料的铺垫，学生在后续的土豆课堂上进一步体验利用土豆研发产品、艺术休闲的别样乐趣，培养学生的实践能力。由点及面，引导学生关注到生活中其他食物，从而激发学生自主探究意识。

2. 教学能力与素养提升

一堂精彩且优质的课是鲜活的、有生命力的，是生生思维碰撞的所在，亦是学有所得、学以致用之所在。本次学校开展的“心有所‘薯’劳动至美”课程活动之课例展示，取得了初步成功，也得到了各兄弟学校教师的一致好评。团队成员在课例设计、实施的过程中不断探索、反思、总结。其一，教学目标具体化。确立教学目标时切忌假大空，应根据本节课的教学内容明确具体的教学目标，让学生通过一堂课的学习获得相关技能、方法、知识点等。其二，教学重难点的针对性突破。在上课之前，教师应充分了解学生的学情，预设学生存在的疑难点，然后才能有的放矢地实施教学活动，“放”的部分让学生自主完成，难的部分教师应引导学生逐步突破。其三，灵活把握课堂，精准把控时间。课堂上学生上台体验、实操机会较多，教师要灵活处理突发情况，精准把控课堂时间。

作为教师，应不断夯实课堂教学，提升个人教学能力。课堂教学设计不可拘泥于本节课，应跳出固化圈，站在本学科的整体高度，有针对性地明确具体的教学目标与重难点，前期准备工作落实到位，精细化打磨教学实施过程，准确把握活动时间并充分预留机动时间。

3. 教育路线新探与发展

传统的课堂教学以教师讲授为主，学生被动接收。而本课程在设想开发阶段就充分尊重学生的主体地位，教师充当课程任务的发布者、实践活动的组织者、知识学习的点拨者，而学生则是任务的自主完成者、实践活动的参与者、知识点的归纳总结者与获取者。课堂上教师充分激发学生的好奇心与探索意识，引导学生主动参与课堂实践活动，激发学生的探究心理，从而促进学生综合素养的全面提升。以“薯泥小‘食’光”课堂教学为例，要求学生通过观看视频、结合生活经验等方式，自主提炼出制作薯片的方法。依据方法制作“薯泥美食”，并且能将课堂上学到的薯片制作方法举一反三，运用到生活中其他美食的制作，养成良好的观察生活的习惯。纵观整个课堂，教师将学生分成几个制作小组，每个学生的参与度都很高，课堂活动丰富多彩，不仅提高了学生的积极性，让学生通过品尝劳动成果，体会劳动的乐趣，还让课堂活动更具实践性，让每个孩子都动起来。

4. 实用性与商业性并存

生活中最为常见的食物之一——“土豆”也能成为学生在综合实践课程中去探究的对象，学习知识离不开生活实际，从生活中来，到生活中去。本课题以土豆为相关课程研究对象，具有较强的实用性，为综合实践课程的开发与进步提供引子，起到抛砖引玉、水到渠成的作用。学生通过土豆课堂的学习，自主研发土豆美食产品，科学定价、包装设计、宣传推广，使土豆产品具有商业价值。

（二）研究成效

1. 开发美食与创新：通过土豆课程的学习，引导学生跳出固有思维，探索土豆作为原材料的更多可能性，挖掘并总结美食制作的方法与技能，有效创新制作工艺技能，实现土豆“大变身”。

2. 科学配比与研发：土豆美食的制作与研发离不开科学的方法与技艺，土豆课程之“比”的学习以及劳动课堂“薯泥美食”都借力于科学配比及食材用量的研发，打破固有常规，具有科学性与安全性。

3. 智慧推广与创收：通过美术层面的产品包装设计与数学层面的科学定价，可以提升土豆产品的美观性与价值性，学生自主设计产品推广方案，实现利益创收，体会劳动带来的切实效益与快乐。

4. 助力农产品：土豆产品可作为茶点之一，挖掘与之搭配的其他食物，推广茶文化。土豆课程不局限于课程本身，而是旨在以滴水穿石之力，由此及彼，向开发周边产品，实现利益最大化，助力农产品的方向迈进。

（案例供稿者：杨娟娟　凡婷　程训谦　李丹　黄思柳　师裕雯　易阁婷　唐倩　吕作香）

案例七　凝滞时间的标本师

学科：语文、科学、美术、英语
年级：四年级

一、确定主题

部编版小学语文四年级下册有一篇名为《琥珀》的课文，作者根据一块琥珀，就能推测出发生在几万年前的故事情节。一块小小的琥珀，就像凝滞了时间的标本师，把千万年前的记忆生动地呈现在我们面前。学生在预习《琥珀》一文时，对琥珀产生了浓厚的兴趣，不但提出了“琥珀能包裹住大的动物吗”“琥珀为什么能保存千万年还不坏”“琥珀是什么颜色的”等问题，还提出了“琥珀标本贵吗”“商城里卖的琥珀也是松脂滴落形成的吗”“现在还能产生琥珀吗”等与生活密切关联的、充满趣味的问题。而这些问题涉及科学、美术等多个学科，仅凭语文学科教学难以解决学生的疑惑。恰逢学校美术组打算近期举办琥珀标本展活动，邀请四年级学生投稿、协助办理。要解决学校和学生这些问题，就需借助语文、科学、美术等多个学科，深入探寻琥珀的凝滞时间之秘，因此，教师团队商讨出以“凝滞时间的标本师”为主题，开展跨学科整合专题课程。

二、框架搭建

“凝滞时间的标本师”课程内容框架表

教材	课题	相关知识点	课标要求
四年级语文（部编版）	《琥珀》	了解琥珀的形成过程，掌握故事的六要素；学会借助故事六要素，发挥想象，创编琥珀故事	注重学生的语言积累、思维发展和审美体验；通过多形式教学活动，激发学生学习兴趣和积极性，培养学生自主学习能力和合作精神
四年级科学（教科版）	《制作标本》	了解琥珀能保存上万年的原理；会按比例调制树脂材料，掌握制作琥珀标本的步骤和方法	创设情境，引导学生深入探究科学知识，激发科学兴趣与好奇心；学会收集资料，学以致用，掌握标本制作技能，注意制作安全；小组合作，开展实践活动，培养科学探究精神和创新意识
四年级美术（湘美版）	《花团锦簇》	使用丙烯颜料创作色彩背景，巧用“涂、画、剪、贴”等多种技法进行创意想象，注意“点、线、面”的合理搭配，完成琥珀标本展板	引导学生小组合作，尝试多种美术工具和材料，多种技法，在绘画创作过程中的运用，并在绘画创作中体验美术创作和团队合作带来的乐趣

三、课程实施

"凝滞时间的标本师"课程实施框架表

阶段	类型	教学内容	课时安排	授课教师
第一阶段	前置课程	综合实践：课前预习，准备材料	20 分钟	曾雪琪
第二阶段	主体课程	语文：以文为例，创编故事	40 分钟	付沁
		科学：探秘琥珀，制作标本	40 分钟	刘婷
		美术：挥洒颜料，创意展板	40 分钟	钟佳佳
第三阶段	后拓课程	英语：展示成果，创新评价	30 分钟	刘梦莹

四、教学示例

教学示例一：前置课程——课前预习　准备材料

【活动目标】

1. 引导学生做好课前预习，大胆质疑，提出问题，完成课前预习问题单，培养学生养成良好的预习习惯。

2. 引导学生课前自主收集有关琥珀知识的资料，培养和提升学生信息收集和归纳的能力。

3. 引导学生小组合作，讨论交流、商讨需要准备的制作琥珀标本以及绘制琥珀标本展板需要的材料。

【活动重点】

引导学生预习课文，提出问题，完成课前预习问题单，自主收集有关琥珀知识的资料。

【活动难点】

引导学生小组合作，讨论交流，商讨确定并准备制作琥珀标本以及绘制琥珀标本展板需要的材料。

【活动过程】

活动一：课前预习，完成预习问题清单

1. 引导学生预习《琥珀》课文内容，大胆质疑，提出问题。

2. 分小组合作将提出的问题收集、归类，完成课前预习问题清单。

课题	提问角度	提出的问题
琥珀	课文内容	
	写作方法	

活动二：小组合作，商讨确定材料单

1. 讨论交流：制作琥珀标本将需要一些什么材料？

2. 汇总讨论结果

需要的材料：昆虫标本、树叶标本、水晶聚酯 AB 胶、滴管、模具、搅拌棒、量杯等。

3. 讨论交流：制作琥珀标本展板将需要一些什么材料？

4. 汇总讨论结果

需要的材料：泡沫板、丙烯颜料、水彩笔、剪刀、各色卡纸、制作好的琥珀标本等。

5. 分小组填写物料准备单，交给课代表汇总物料准备单。

采购项目	需要准备的材料	需要的数量
制作琥珀标本		
制作琥珀标本展板		

活动三：收集制作琥珀标本的动植物素材

1. 学生分小组到校园里寻找适合制作琥珀标本的动植物素材，如昆虫、树叶等。

2. 各组将收集的动植物素材进行整理和挑选。

挑选要求：完整、不重复、有创意或特色。

活动四：采购制作琥珀标本和展板需要的材料

根据已完成的材料单，分小组采购。

教学示例二：语文——以文为例　创编故事

【教学目标】

1. 学生课前预习，自主提出不懂的问题，并尝试小组合作解决。

2. 能借助故事六要素，条理清晰地介绍琥珀的形成过程，理解作者推理的依据，感受作者思维的严密性。

3. 小组合作学习创编有新意的琥珀故事，体会文章语言的文艺性。

【教学重点】

能借助故事六要素，条理清晰地介绍琥珀的形成过程，理解作者推理的依据，感受作者思维的严密性。

【教学难点】

以文为例，小组合作学习创编有新意的琥珀故事，体会文章语言的文艺性。

【教学过程】

环节一：创设情景，激趣导入

1. 创设情境，谈话导入：孩子们，今天老师带领大家参观古生物博物馆，去探秘远古生命的秘密。你看，这透明的琥珀里，安静地躺着两个小生物——苍蝇和蜘蛛，它们在窃窃私语，仿佛在诉说着什么。让我们乘坐时光穿梭机，穿越到几万年前的那片森林，解开远古时代的秘密。

2. 出示标本，师生共赏：教师相机出示美丽珍贵的琥珀艺术品，供学生欣赏。

3. 出示邀请函：刚好我们学校美术组近期要举办一次琥珀标本展活动，我们四年级组师生收到了邀请函。

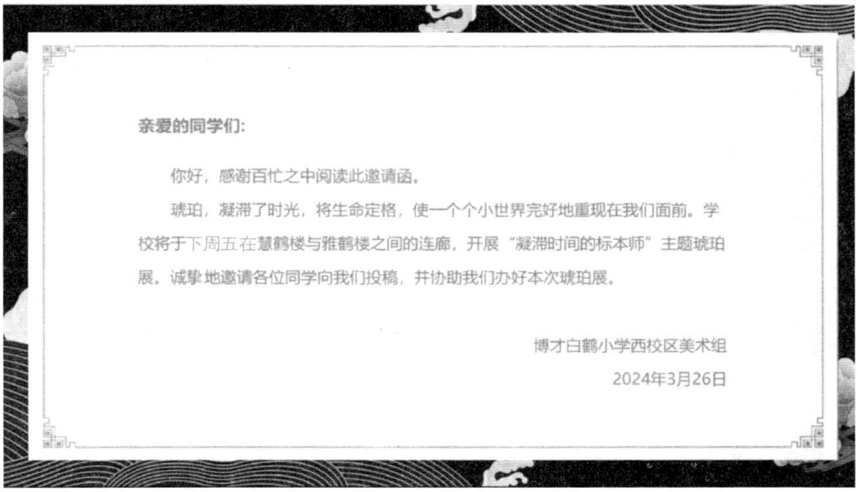
亲爱的同学们：

你好，感谢百忙之中阅读此邀请函。

琥珀，凝滞了时光，将生命定格，使一个个小世界完好地重现在我们面前。学校将于下周五在慧鹤楼与雅鹤楼之间的连廊，开展“凝滞时间的标本师”主题琥珀展。诚挚地邀请各位同学向我们投稿，并协助我们办好本次琥珀展。

博才白鹤小学西校区美术组

2024年3月26日

4. 引出问题：要成功举办琥珀标本展需要做一些什么准备呢？

5. 交流概括：种类多样的琥珀标本、吸引人的琥珀故事、创意美观的琥珀展板。

6. 引出新课：琥珀是怎样形成的呢？我们怎样才能创编出吸引人的琥珀故事呢？让我们一起走进课文《琥珀》。

环节二：学习课文，梳理方法

1. 检查预习，梳理问题。

课前大家预习了课文，完成了预学问题清单，提出了很多有价值、值得思考的问题。老师帮大家梳理、归纳成以下问题。(出示预学问题单)

课题	提问角度	提出的问题
琥珀	课文内容	1. 琥珀是什么样子？它是怎么形成的？ 2. 几万年前的情景，科学家是怎么知道的？ 3. 这块化石发现后有什么价值？
	写作方法	作者用什么方法把几万年前的故事写清楚的？

2. 聚焦问题，合作解决。

(1)回顾解决问题方法：查资料、联系上下文、同伴互助。

(2)小组内讨论交流，合作解决问题。

(3)小组成员汇报，师生交流。

3. 品读语言，梳理方法。

(1)再读课文，圈画文中表示时间的词句读一读。

(2)梳理文中故事的脉络(故事的六要素)。

①时间：很久很久以前的一个夏日。

②地点：高大的松树上。

③角色：蜘蛛、苍蝇

④起因：蜘蛛想要去吃一只苍蝇。

⑤经过：老松树渗出的厚厚的松脂从树上滴落下来，将苍蝇和蜘蛛包在了里头。

⑥结果：松脂球变成了化石，成为了琥珀。

4. 借助要素，解说过程。

请“小小解说员”借故事六要素来解说琥珀形成过程，教师相机指导。

(1)对小苍蝇和蜘蛛动作的描述要生动；

(2)琥珀形成的阶段过程要清晰。

5. 小组汇报，师生评价。

评价任务	评价标准	完成情况
1. 小组合作	借助小组研究的表格和故事六要素进行解说	☆☆☆☆☆
2. 单元要素	在小组交流讨论的过程中运用解决问题的方法	☆☆☆☆☆

环节三：以文为例，指导品读

1. 教师谈话：怎样让琥珀形成的故事既精简又生动，让人一眼就能领会到琥珀的价值呢？

2. 品读语言，体会文中哪些句子写得生动形象。(生交流，师点拨)

描写苍蝇句子：抓动词，体会快乐悠闲的感觉。

描写蜘蛛句子：抓动词，体会小心翼翼和谨慎。

3. 总结：这是一篇文艺性说明文，语言非常科学严谨，还很形象生动。

环节四：小组讨论，创编故事

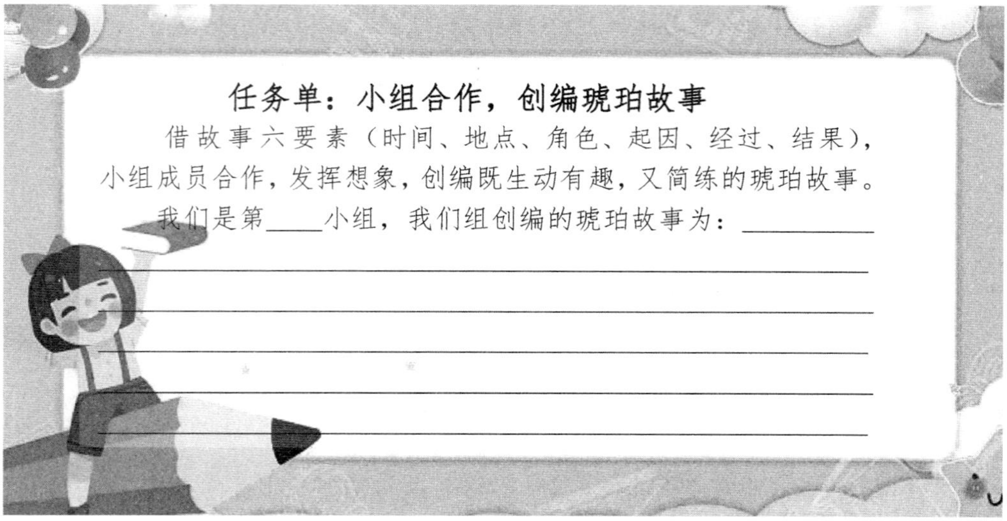
任务单：小组合作，创编琥珀故事
借故事六要素（时间、地点、角色、起因、经过、结果），小组成员合作，发挥想象，创编既生动有趣，又简练的琥珀故事。
我们是第____小组，我们组创编的琥珀故事为：

1. 出示任务单，小组展开讨论。

2. 组内交流分享创编的故事。

3. 学生小组合作，完成故事创编。

环节五：交流汇报，拓展延伸

1. 分组派代表交流汇报，展示成果。

2. 师生交流评价。

3. 学以致用，拓展延伸。

教师总结：同学们以文为例，学以致用，运用课文的表达方法，展开了丰富的想象，用团队的智慧创编了既生动有趣，又简练的琥珀故事，希望同学们积极参与学校美术组即将主办的琥珀标本展，参与琥珀故事投稿，争当琥珀小小解说员。

教学示例三：科学——探秘琥珀　制作标本

【教学目标】

1. 引导学生走进自然，寻找适合制作琥珀的动植物素材。

2. 通过小组合作探究，制作琥珀标本，引导学生乐于帮助学校解决问题。

3. 感受科学知识在生活中的现实用途，提高学生综合探究的兴趣和发现问题、解决问题的能力，提升学生的探究实践、小组协作能力。

【教学重点】

通过小组合作探究，制作琥珀标本，引导学生乐于帮助学校解决问题。

【教学难点】

通过小组合作探究，制作琥珀标本，提高学生综合探究的兴趣和发现问题、解决问题的能力，提升学生的探究实践、小组协作能力。

【教学过程】

环节一：引用情境，导入新课

师：近期学校美术组将进行一次琥珀标本展的活动，我们四年级组师生应邀参加，上节语文课我们创编了有趣的琥珀故事，有很多同学来询问老师：怎么做琥珀标本呢？带着疑问，让我们一起进入今天的课程——揭秘琥珀，制作标本。

环节二：合作分享，探讨新知

1. 学生分享自己对琥珀的理解和认识，引导学生回顾琥珀的形成过程。

2. 分发琥珀科普知识卡片，学生以小组为单位进行讨论，探究琥珀能够保存上万年的原因。

3. 邀请小组代表分享讨论结果，教师补充和点评。

4. 播放琥珀科普视频，让学生更直观地了解琥珀的形成和特性。

5. 学生分享观看视频后的感受和理解，检查学生的学习效果。

6. 教师根据学生的反馈，进一步强调琥珀的科学价值和意义。

环节三：交流讨论，探秘价值

1. 分组讨论：学生思考琥珀对人类的意义和价值，并讨论科学家通过研究琥珀可以了解到哪些信息。

2. 小组代表分享：每个小组选派一名代表，全班分享讨论结果。

3. 交流评价：师生共同评价总结讨论结果，强调琥珀在科学上的重要性和价值。

环节四：分工合作，制作标本

1. 材料准备，教师提问：制作琥珀标本需要哪些材料？引导学生思考。

2. 了解步骤：学生以小组为单位讨论制作琥珀标本的步骤及注意事项，教师详细讲解制作琥珀标本的步骤（备素材，根据创编的故事摆造型，调胶水，摆标本，倒胶水，等等）并播放示范视频。

3. 注意事项：提示制作过程中的注意事项，如避免胶水溅出、注意操作安全等。

4. 学生操作：学生以小组为单位进行实验操作，教师巡回指导，及时纠正学生的不当操作。

5. 记录标签：学生完成琥珀标本制作后，给琥珀标本贴上小标签。

环节五：课堂小结，拓展延伸

1. 课堂小结：总结本节课的学习内容和重点，强调琥珀的形成、价值和制作技巧。

2. 互动提问：教师提问学生对琥珀和制作琥珀标本的理解程度，鼓励学生积极回答。

3. 拓展延伸。

师：同学们，我们已经做好了琥珀标本，可怎样才能让这些琥珀标本更美观，让琥珀标本展吸人眼球呢？请同学们课后思考，下节美术课上我们一起来解决。

教学示例四：美术——挥洒颜料　创意展板

【教学目标】

1. 引导学生分工合作，运用多种技法进行创意组合。

2. 小组合作设计与制作琥珀标本展板，培养学生的主人翁意识和责任意识，引导学生乐于帮助学校解决问题。

【教学重点】

引导学生分工合作，运用多种技法进行创意组合。

【教学难点】

小组合作设计与制作琥珀标本展板，培养学生的主人翁意识和责任意识，引导学生乐于帮助学校解决问题。

【教学过程】

环节一：大胆想象，情境导入

师：上节课刘老师指导我们学习制作了琥珀标本，怎样让这些琥珀标本在我校琥珀标本展上变得更耀眼夺目呢？今天我们一起来运用我们手中的颜料，发挥我们的群体智慧，进行创意组合，美化琥珀标本，完成琥珀标本展板。

师：琥珀形成之初，在原始森林，在大自然中是最耀眼、最美丽的，请跟着老师一起做一回大自然的使者，把琥珀送回家，展现它真正的美！

引导学生自由发挥联想，想象琥珀故事的大自然场景。

环节二：组内分享，探讨元素

1. 组内交流：学生组内交流想象的琥珀故事中的大自然场景。

2. 组内分享：底板颜色和故事里的联系，你为什么选择这几种颜色搭配，你想创造一个什么样的场景呢？

3. 合作完成底板绘制：将底板用丙烯颜料进行绘制，不均匀涂色，每组完成两张底板，可以按照自己的故事背景进行绘制。（时间限制五分钟，快速涂抹）

环节三：观察比较，尝试技法

1. 观察比较：各种植物的形态特征。小组讨论绘画的步骤，并强调绘画细节。

2. 观察范作，比较两种绘画的方式，有什么不一样？

第一种：先用“面”画底色，再用“点”“线”绘画细节。

第二种：先用“线”绘画形状轮廓，再用色彩填充。

3. 表明仅有大树还不够丰富琥珀的背景，引导学生发现草丛、花朵、动物等也可以用来装饰。

4. 老师示范：边贴边讲解粘贴的位置，可以有前后遮挡关系。

环节四：小组合作，剪贴排版

1. 合作完成背景版贴：小组分工合作完成版贴背景制作，成员之间合理安排分工，绘画，剪裁（注意与造型留出一定的距离）、粘贴。

2. 合作完成琥珀标本展：将创编的琥珀故事和绘画元素，运用涂、画、剪、贴等多种方式，进行创意组合，注意排版合理、大小搭配、颜色亮丽。

3. 作品展示：各小组派代表将完成好的琥珀标本展，贴到黑板上来展示。

4. 小结全课。

师：同学们运用小组合作、交流探讨的方式，发挥想象，在语文课上完成了琥珀故创编事，科学课上完成琥珀标本制作，本节美术课圆满完成了创意排版，展现了一幅幅精彩的琥珀标本展，为我校的琥珀展做出了贡献，老师为优秀的你们点赞！

后拓课程英语老师将带领大家对我们的琥珀标本展进行成果展示，创新评价。

教学示例五：后拓课程：英语——展示成果　创新评价

1. Greeting.

2. Warm up.

①Let’s sing：Brown bear，what do you see?

Do actions together.

②Watch and answer.

Q：What can you see?

3. New words.

T：We can see more things in a show. Let’s go to the show!

(1)Watch and answer.

Look at the painting through a small hole，and answer：I can see...

(2)Let’s learn(amber，bug).

—Look at the pictures.

—Listen and repeat the new words.

—Read the words with phonics skills.

—Make a sentence: I can see...

(3)Flash cards.

—Make a sentence after seeing the flash cards.

4. Think.

T: We can see many beautiful things. So what do you think of the world we can see? Can you use a word to describe?

(1)Think.

Try to use an adj. to conclude(with teacher's help).

We can see a ________ world.

(2)Repeat the word: colourful.

5. Look at Peter's amber.

T: We can see Peter here. Look at Peter's painting.

(1)Look and answer (the covered picture).

Q1: What can you see in Peter's picture?

Q2: What colour is it?

(2)Listen and answer.

Q3: What can you see in Peter's amber?

(3)Listen and repeat.

(4)Think and conclude.

Conclude the structure of description:

6. Group work.

T: We can share our amber too. Let's have a group work.

(1)Make a mind map.

Think and make a mind map using the word bank.

(2)Fill in blanks.

Write and finish the worksheet.

(3)Share.

Practice the description in a group.

(4)Assess.

Assess for each group.

(Have teacher guide students to explain the reason)

——	**score**	**reason(原因)**
amber(琥珀作品)	☆☆☆☆☆	It's ____________
show(展示环节)		He/She can ________ . He/She can't ________ .

⑤Think.

We can make a colourful world.

学生自主练习：尝试描述评价其他小组的琥珀标本作品。

(案例供稿：吴红梅　曾雪琪　余忠萍　付沁　刘婷　钟佳佳　刘梦莹)

案例八　探究温度对绿豆种子萌发的影响

学科：英语、科学、数学、语文
年级：五年级

一、确定主题

在探求研究主题时，五年级组的老师发现部编版小学语文五年级下册的教材明确要求学生在“学习搜集资料的基本方法”的基础上“学写简单的研究报告”，并提供了一篇名为《关于“李”姓的历史和现状的研究报告》的范例。研究报告是一种兼具说明性、科学性的体裁，对于五年级的学生而言写起来有一定的难度。

要帮助学生撰写规范的研究报告，就需要不同学科的老师合作研讨。翻阅其他学科课本时，教师团队发现英语、科学、数学课本中都有与研究调查相关联的内容。如果能将各学科课程有机融合，借多学科之力，便能有效帮助学生完成资料的搜集与报告的撰写。

回顾以往的教学经验，教师团队发现科学课程中“绿豆种子的萌发实验”能激发学生探索自然奥秘的欲望。基于这一学情，再结合各学科课程目标，五年级组的老师们决定以“探究温度对绿豆种子萌发的影响”为主题开展同学段跨学科整合活动，引领学生从不同的学科角度展开对自然的探索。英语课上，学生掌握开展调查研究的基本步骤，制订并分享小组的调查计划；科学课上，学生设计对比实验方案，并按照方案开展实验，观察不同温度下绿豆种子的萌发情况；数学课上，学生绘制折线统计图，并借助折线统计图对实验数据进行分析；语文课上，学生搜集、整理有关内容和资料，仿照书本示例，完成研究报告的撰写。

本次跨学科主题教学活动有效加强了各学科课程之间的关联，带动了课程综合化实施，强化了课程的协同育人功能，真正实现了培养学生学习能力、探究能力、创造能力、实践能力，从而提升综合素养的总目标。

二、框架搭建

“探究温度对绿豆种子萌发的影响”课程内容框架表

教材	课题	相关知识点	课标要求
五年级英语（湘少版）	*We are going to do some research*	掌握研究绿豆发芽的调查步骤，能够制订并分享小组的调查计划	能够借助图片、图像等，理解常见主题的语篇，提取、梳理、归纳主要信息；围绕相关主题和所读内容进行简短叙述或简单交流，表达个人的情感，态度和观点

续表

教材	课题	相关知识点	课标要求
五年级科学（教科版）	《温度对绿豆种子萌发的影响》	能够使用对比实验的方法设计“温度对绿豆种子萌发的影响”实验，并结合自己的实验计划开展实践研究，探究绿豆种子萌发所需条件的过程	理解科学探究的一般过程和方法；提出科学问题，并针对科学问题进行合理猜想与假设；制订计划并搜集证据，分析证据得出结论；对结果进行解释与评估；准确表达观点，反思探究过程与结果
五年级数学（人教版）	《折线统计图》	理解折线统计图的特点与作用，发展学生的数据分析观念	经历收集、整理和表达数据的过程，会用条形统计图、折线统计图表达数据，并作出简单的判断；形成数据意识和初步的应用意识
五年级语文（部编版）	《综合性学习：学写研究报告》	能围绕主题内容搜集资料，并展开调查研究，写简单的研究报告	初步学习查找资料、应用资料的基本方法，获取、整合有价值的信息，解决与生活和学习相关的问题，学写简单的研究报告；学习通过口头表述和多种形式的书面表达，分享观察自然、探索科学世界的所见所闻、所思所感

三、课程实施

“探究温度对绿豆种子萌发的影响”课程实施框架表

阶段	类型	教学内容	课时安排	授课教师
第一阶段	前置课程	英语 *We are going to do some research*	20分钟	李堆钟
		科学《温度对绿豆种子萌发的影响——实验设计》	20分钟	谢佳倩
第二阶段	主体课程	科学《温度对绿豆种子萌发的影响——汇报数据》	10分钟	谢佳倩
		数学《折线统计图》	10分钟	李海香
		语文《综合性学习：学写研究报告》	20分钟	刘娅雯
第三阶段	后拓课程	研究成果展：开设专栏展示研究过程及成果（班级、校级、电子展览）	1课时	综合实践活动教师

四、教学示例

教学示例(一) 英语——创设情境，制订计划

【教学目标】

1. 能听懂、会读单词 mung beans。
2. 掌握研究绿豆发芽的调查步骤，能够制定并分享小组的调查计划。

【教学重难点】

1. 重点：掌握研究绿豆发芽的调查步骤，能够小组合作制订调查计划并分享。
2. 难点：会读短语 mung beans。

【教学过程】

环节一：Greeting.

环节二：Warm up.

1. Look and say.

Q：What are they?

2. Listen and repeat the new word "mung beans".

Q：Do you like mung beans?

环节三：Presentation.

Do you know the process of their sprouting?

1. Watch a video.

Q：What kind of environment do mung beans grow in?

2. Q：How do we do the research?

Review the steps of doing some research.

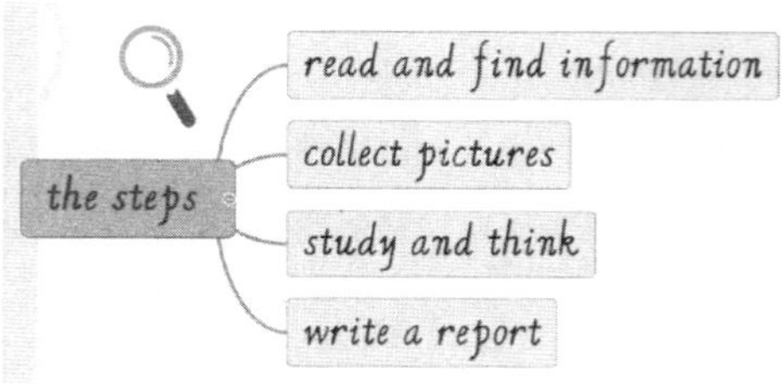

(1)At first, we are going to read and find information.

Q：Do you know some ways of finding information?

We can...

(2)Next, we are going to collect pictures.

Enjoy the pictures of mung beans' sprouting.

(3)And then, we are going to study and think.

(4)At last, we are going to write a report.

环节四：Production.

1. Group work.

We are going to do some research about mung beans. Please make a plan.

My group is going to do some research about mung beans.

First，(　　　) is/are going to ________ .

Then，(　　　)is/are going to collect ________ .

And then，we are going to ask ______________ .

Next，(　　　)is/are going to find the answer.(括号表示组员人名)

Lastly，we're going to study，think and write a report together.

It is going to be fun.

2. Show time.

环节五：Make a summary.

教学示例(二) 科学——实验设计，探究实践

【教学目标】

1. 科学观念：通过对绿豆种子萌发所需条件的探究，认识到植物种子发芽需要一定的条件。

2. 科学思维：用对比实验对变量进行控制，引导学生形成严谨的科学思维。

3. 探究实践：能够使用对比实验的方法设计“温度对绿豆种子萌发的影响”实验，并结合自己的实验计划开展实践研究，探究绿豆种子萌发所需条件的过程。

4. 态度责任：在探索绿豆种子萌发实验中，能意识到植物生长需要的环境，从而意识到保护环境的意义。

【教学重难点】

1. 重点：能够科学地设计对比实验，研究温度对绿豆种子萌发的影响。

2. 难点：经历设计“温度对绿豆种子萌发的影响”实验的过程，设置对比实验中的公平条件。

【教学过程】

环节一：聚焦课题，导入新课

师：上节课英语老师带同学们掌握了调查绿豆种子萌发的调查步骤，那你们知道为什么绿豆种子能发芽吗？绿豆种子萌发需要什么条件呢？带上这些问题，让我们一起探究今天的课程《温度对绿豆种子萌发的影响》。

环节二：提出问题，做出假设

1. 学生分享生活中种植种子的经历，说说自己的经验。

2. 讨论种植过程中出现的问题，引导学生思考绿豆种子萌发需要什么条件，填写记录单。

3. 学生代表分享，其他学生进行补充。

4. 通过讨论学生知道了影响绿豆种子萌发的因素有许多。本节课以“温度”为例，进行探究，引导学生对“温度对绿豆种子萌发的影响”做出假设。

环节三：实验设计，交流讨论

1. 针对“温度对绿豆种子萌发的影响”做出的假设，学生以小组为单位进行实验设计讨论，填写实验记录单。

1. 影响种子发芽的因素

2. 实验计划

研究的问题	
预测	
相同的条件	
不同的条件	
实验的方法	

2. 小组代表分享讨论结果，学生对分享内容进行补充、提问。

3. 教师针对学生的“相同的条件、不同的条件、实验的方法”进行详细讲解。引导学生思考怎样增加实验的公平性。

4. 教师强调实验过程中的注意事项，如注意安全等。

环节四：探究实践，验证猜想

1. 学生通过实验设计对实验操作有了一定的了解，课后进行实验探究。完成实验记录单，收集、整理实验数据。

绿豆种子发芽和温度关系实验的记录表

日期	**种子变化/发芽数**		
	0℃～9℃（低温）	20℃～29℃（常温）	40℃～49℃（高温）
月　　日			
月　　日			
月　　日			

续表

日期	种子变化/发芽数		
	0℃～9℃(低温)	20℃～29℃(常温)	40℃～49℃(高温)
月　　日			
月　　日			
月　　日			
月　　日			

2. 学生分享实验记录。观察并思考数据是否存在问题以及原因，为下节课做准备。

教学示例三数学——整理数据，对比分析

【教学目标】

1. 在具体情境中认识折线统计图，知道折线统计图的特点，能绘制折线统计图。

2. 通过观察、比较条形统计图与折线统计图的联系与区别，体会折线统计图在表示数据变化趋势方面的作用。

3. 借助折线统计图进一步发展数据分析观念，感受与现实生活的联系，体会在生活中的应用价值。

【教学重难点】

1. 重点：理解折线统计图的特点与作用；会用折线统计图表示数据并能读懂图意、分析问题。

2. 难点：根据折线统计图的特点进行分析和预测，发展学生的数据分析观念。

【教学过程】

环节一：聚焦课题，导入新课

师：同学们，课前我们已经完成了绿豆种子发芽和温度关系实验的记录表，老师这里收集了几个同学的作品，我们一起来看看。

师：以第三张图片为例，除了用统计表表示绿豆发芽数外，我们还可以用什么表示？根据学生的回答出示条形统计图。(明确条形统计图能直观的表示出数量的多少。)

环节二：初识统计图，感受特点

思考一：除了用条形统计图进行统计以外，你还有其他办法将这些信息清晰地表示出来吗？(激发学生用统计表以外的方法表示出信息，引出折线统计图。)

思考二：条形统计图刚刚变窄了，现在你还能看出哪一天绿豆发芽总数最多，哪一天绿豆发芽总数最少吗？(学生经历条形统计图与折线统计图的变形的过程。)

思考三：把这些点连起来会是什么样的？(学生经历条形统计图与折线统计图的变形的过程。)

小结：像这样的统计图我们叫作折线统计图。今天我们就来学习折线统计图。

环节三：绘制统计图，呈现数据

1. 抓住关键，认识点线

思考：刚才折线统计图是从哪里变来的？怎么变的？(学生经历条形统计图与折线统

计图的变形的过程，通过观察、比较条形统计图与折线统计图的联系与区别。）

2. 作品反馈

思考：仔细观察这张折线统计图，图中的点和线分别表示什么？第（　　）天到第（　　）天绿豆发芽的数量增长最快？（学生通过观察体会折线统计图的特点与作用。）

3. 举一反三

把不同温度下绿豆发芽的数据在同一张统计图中表示出来，认识复式折线统计图。

环节四：分析统计图，得出结论

1. 小组代表分享讨论结果，学生对分享内容进行补充、提问，并从图中体会一下绿豆发芽数量的整体变化情况。

2. 根据统计图呈现结果，得出实验结论：室温温度(20～29℃)下绿豆种子的发芽率更高。

3. 比较条形统计图和折线统计图，体会折线统计图的优势——不仅仅能从点看出数量的多少，更能从线反映出数据的变化情况。

环节五：了解生活中的折线统计图

教学示例四语文——仿照示例，撰写报告

【教学目标】

1. 能围绕“温度对绿豆种子萌发的影响”这一内容搜集资料、展开调查。

2. 能仿照课本上的范例，写简单的研究报告。

【教学重难点】

重难点：能仿照课本上的范例，写简单的研究报告。

【教学过程】

环节一：回顾学习，发布任务

在前几节课的学习中，我们一起走近了一种可爱的小植物——绿豆，共同探秘了绿豆种子的萌发过程。现在，就让我们将各个学科的力量融合起来，一起来撰写《关于温度对绿豆种子萌发的影响的研究报告》。

环节二：学习报告示例，了解四大板块

1. 观察书本示例，找一找，一份研究报告包含哪些板块？

2. 根据书本示例，师生共同梳理、制定研究报告框架。

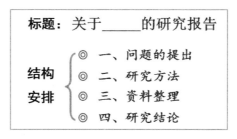

标题： 关于_____的研究报告

结构安排
- ◎ 一、问题的提出
- ◎ 二、研究方法
- ◎ 三、资料整理
- ◎ 四、研究结论

环节三：明确写作要点，撰写研究报告

1. 每一部分具体怎么写？学生结合批注，圈画、整理撰写要求。

板块	要求
问题的提出	要写出研究的目的
研究方法	要列举研究中用到的方法
资料整理	把整理过的资料有条理地呈现出来，可以用图表的方式
研究结论	对资料进行简要的概括和分析，要把自己得出的结论表达清楚

2. 仿照示例，根据实际情况，撰写板块一。

(1)思考：怎么才能写清研究的目的？观察书本示例是从哪几个方面进行说明的。

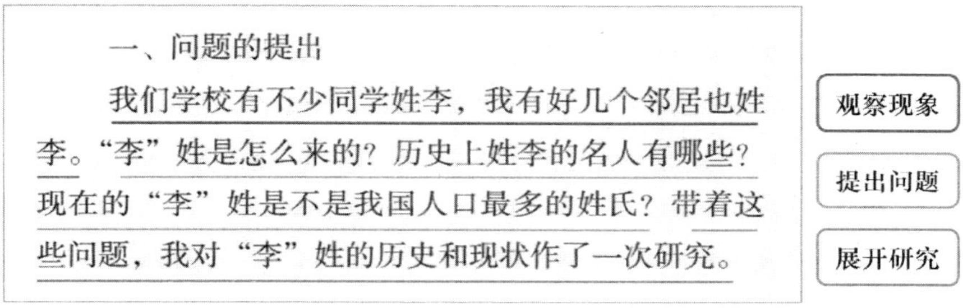
一、问题的提出

我们学校有不少同学姓李，我有好几个邻居也姓李。“李”姓是怎么来的？历史上姓李的名人有哪些？现在的“李”姓是不是我国人口最多的姓氏？带着这些问题，我对“李”姓的历史和现状作了一次研究。

(2)学生动笔撰写第一部分：问题的提出。注意，写研究报告要使用说明性文字。

3. 仿照示例，根据实际情况，撰写板块二。

(1)出示书本示例，回顾：我们之前学习了哪些搜集资料的方法？(查找图书、网络搜索、请教别人)在这次的活动中，我们可以继续用这些方法，搜集更多的资料。

(2)考考你：以“绿豆种子萌发调查”为主题，说说可以用哪些方法搜集相应的资料。

预设如下。

生 1：可以通过网络搜集更多有关绿豆种子的图片或视频，了解绿豆种子是怎么变化的。

生 2：可以查找图书了解更多的植物生长资料。

生 3：可以请教学校的科学老师。

(3)仿照示例，根据实际情况，撰写板块三与板块四。

我们在科学课上进行了对比实验，在数学课上进行了数据分析，下面就请你们把实验数据和结论分析记录在研究报告上吧！

环节四：形成最终报告，总结课程收获

师：经过四门小课程的学习，我们的研究报告终于完成啦！看着自己手中的报告，同学们心中有没有涌上满满的成就感呢？老师想，在这样一堂别开生面的跨学科整合课程中，各位小小研究员们一定都有不少的收获，把你的收获和大家一起分享一下吧！

(案例供稿：李堆钟　谢佳倩　李海香　刘娅雯　吕作香　谢强莲)

跨学科跨学段整合案例

案例一　亲近自然　探秘植物

学科：综合实践活动、劳动、科学、美术、少先队活动
年级：一至六年级

一、确定主题

（一）研读课标。《义务教育课程方案》指出我们要优化课程内容结构，设计跨学科主题学习活动，加强学科间相互关联，带动课程综合化实施，强化实践性要求。同时，我校还要加强学段衔接，合理安排不同学段内容，体验学习目标的连续性和进阶性。我校团队从“人与自然”“人与自我”“人与社会”和“人与文化”四大学习领域开发综合课程，“亲近自然　探秘植物”就是基于同一主题内容，根据不同学科课程的性质和育人价值做好整体规划与分工协调的跨学段跨学科课程案例。

（二）分析资源。随着我校“魅力本草”专题课例的深度开展，我校已经走出了一条明确的中草药研究路径。我校在校园内建立“三园两廊”劳动场景，实现了种养结合与立体种植。我校还与校外优质基地合作，开辟了将近两亩的实践场地。周边的晚安樱花园、农趣谷、洋湖湿地公园等资源都为我校进一步探秘植物创造了良好的教育环境。

（三）明确主题。各学科教师通过研读学科课程标准，立足于培养学科核心素养，同时结合学科教材编排，经过反复研讨，最后确定分别从艺术创造、农林科技、生态环保三个模块，融合综合实践、劳动、科学、美术、数学、语文学科，带着学生进一步亲近自然探秘植物，并形成了贯通低、中、高学段的“植物爱创造”“种植有讲究”“植物善环保”主题系列。

“亲近自然　探秘植物”学段主题确立一览表

学段	相关课标要求	学习模块	学段主题
低学段	综合实践：充分发挥学生的主动性和积极性，鼓励学生自主选择活动主题，积极开展活动，在活动中发展创新精神和实践能力	艺术创造	植物爱创造
	劳动：参与简单的手工制作活动，初步学会规范使用相应工具。能在家庭烹饪劳动中进行简单的食材粗加工，掌握日常简单烹饪工具、器皿的使用方法和注意事项。初步具有科学处理果蔬、制作饮品的意识和能力		
	科学：通过观察，了解植物是多种多样的，每一种植物的各个部分在形状、大小、颜色等方面都具有自己的特征		
	美术：观赏周围自然事物，感受其形状美、色彩美，尝试用不同的工具、材料、线条、形状等，按照自己的想法表达自然事物		

续表

学段	相关课标要求	学习模块	学段主题
中学段	综合实践：注重学生在实践性学习活动过程中的感受和体验，摆脱单一地接受学习的方式，亲身经历实践过程，体验实践活动，实现学习方式的变革	农林科技	种植有讲究
	劳动：初步体验简单的种植生产劳动，能规范地使用常用劳动工具。初步形成关爱生命、尊重自然，遵循植物生长规律和季节特点进行科学劳动的观念		
	科学：通过种植植物，认识到种子萌发、植物的生长需要适宜的环境因素，知道植物可以通过多种方式进行生长、繁殖		
	美术：帮助学生学会运用造型元素、形式方法，用绘画的方式表达所见、所闻、所感		
高学段	综合实践：通过实践，增强探究和创新意识，学习科学研究的方法，发展综合运用知识的能力。通过研究性学习活动，形成一种积极的、生动的、自主合作探究的学习方式	生态环保	植物善环保
	劳动：主动参加校园卫生保洁和环境美化等劳动，积极参加社区环保、公共卫生维护等力所能及的公益劳动，增强公共服务意识，初步形成社会责任感		
	科学：了解科学技术对人类生活方式和生产方式的影响以及人类的生活和生产可能对环境造成破坏；知道节约资源和保护环境的重要性		
	美术：引导学生运用不同的工具、媒介，以及所习得的美术知识、技能和思维方式，创作或平面或立体的美术作品，提升创意表达能力与环保意识		

二、框架搭建

各学段虽然有不同的学习模块和学习主题，但其内容是相互渗透的，低年级依托辨识明理、种植养护、产品开发、宣传推广等学习内容来探秘植物，中年级在此基础上增加土壤改良，高年级则突出对生态环保的研究。各学段都有量身定制的小主题，符合学生身心发展特点，同时在教学设计中也考虑学习活动的难易程度。如种植有讲究主题，结合教材内容，低年级的实践活动为“种下一颗籽”，中年级将有机肥料制作和种植树苗相结合，到高年级就可以研究植物杀虫剂和种植共生植物，逻辑清晰，由易到难。通过将各学科课程融合贯通的方式，同时联动家庭、社会、基地等教育资源，丰富主题课程框架，实现了从总课程内容体系到分年级课程内容体系的全面建构，课程目标的螺旋上升。

在完成主题课程框架的基础上，团队成员还分年级明确了每一课的课时、参与学科、授课教师，制定了五个单元的教学计划，并撰写每一节课的教案，明确目标和细化内容。

“亲近自然　探秘植物”主题课程框架一览表

探究专题	实施年级	探究主题	小主题
亲近自然 探秘植物	低年级	植物爱创造	初探增见识
			培育有技巧
			培育初体验
			环创巧构思
			美食知多少
			美食我创造
			美食巧包装
			美食大拓展
	中年级	种植有讲究	有机肥料揭秘
			有机肥料制作
			种植有技巧
			感恩活动参与
			种植美校园
			美食有创新
			产品宣传有妙招
	高年级	植物善环保	生长环境细探究
			分析需求制方案
			植物养护多方式
			植物环创我设计
			成果加工趣实践
			植物加工作品展
			感恩活动我参与

“亲近自然　探秘植物”主题课程体系一览表

教学单元	整合教材	主题课程	课时	授课学科
确定研究方向	主题确定与分解	主题确定课	1课时	综合实践活动
		主题分解课	1课时	综合实践活动
自制有机肥料	科学四下第三单元《观察土壤》《比较不同的土壤》	揭秘土壤	1课时	科学
	劳动体验	自制有机肥料	1课时	劳动
种植养护	科学四下第一单元《种植凤仙花》	植物的种植方法	1课时	科学
	美术二上《五彩树》	描绘、创作植物	1课时	美术
	劳动《种植体验》	种植植物	1课时	劳动
	美术四下《植物写生》、五下《巨匠童心》	设计盆景(植物疏密、穿插、遮挡)	1课时	美术
	劳动《盆景制作》	制作与养护盆景	1课时	劳动
产品开发	科学四下第一单元《种子里孕育着新生命》	植物贴画	1课时	科学
	劳动《家务劳动》	美食制作	1课时	劳动
	数学四下《条形统计图》	复式条形统计图	1课时	数学
宣传推广	美术四下《生活标志设计》、四上《花儿朵朵》	环保海报设计	1课时	美术
	语文《口语交际》	设计宣传语	1课时	语文
	感恩教育	感恩行动	1课时	少先队活动

三、课程实施

以中年级的“种植有讲究”主题为例来介绍具体的教学过程。在充分考虑学段特点的基础上，中年级的探秘植物专题增加了通过自制有机肥料来改良土壤的单元内容，因此在确定研究方向之前，需要引导学生搜集有机肥料的相关知识，为课程开展做铺垫。

第一单元：确定研究方向

第 1—2 课时：综合实践课——主题确定与主题分解

综合实践课上，教师引导学生汇报通过多种方式了解到的关于有机肥料的信息，包括用厨余垃圾自制有机肥料、农家肥料，以及有机肥料在提高土地生产力方面的作用等，学生对动手制作有机肥料产生了浓厚的兴趣。在主题分解课上，教师团队通过资料分享、头脑风暴，提出问题、梳理整合，最后规范表述，确定了以下几个活动小主题：探究有机肥料的奥秘，制作有机肥料，利用有机肥料开展种植活动，宣传推广有机肥料。同时教师团队注重合作，在探究的过程中，积极与其他学科的老师讨论交流教学方法，以便让整合活动开展更顺利，研究更深入。

第二单元：自制有机肥料

第 3 课时：科学课——揭秘土壤

在确定了“亲近自然　探秘植物”这个主题后，教师团队随即展开了教学活动。要种植一株植物，首先要知道植物适合生活在什么样的环境、什么样的土壤中，土壤中所含物质不同，种植的植物要有所不同。科学课上，教师带领学生观察了几种不同的土壤，通过实验、对比、分析等方式，学生知道了土壤是一个由矿物质、有机物质、水分、空气和微生物等组成的复杂体系，也知道了不同的土壤各种微量元素的含量也不相同。

第 4 课时：劳动课——自制有机肥料

在前几个课时中，教师带领学生探究了土壤和有机肥的奥秘，了解了有机肥料如何有助于提高土壤的肥力，促进作物生长，如何自己动手制作有机肥料是这一课时要回答的问题。

劳动课上，教师带领学生体验了有机肥料的制作过程。学生将课前在学校食堂里收集的厨余垃圾进行分类，然后将厨余垃圾、秸秆、草木灰等按照一定的比例混合好，放置桶内，再用铲子进行搅拌。学生将制作好的有机肥料在班上进行展示，分享他们在制作过程中的发现和体验。通过课程引导，学生自制了一份份养护植物的有机肥。

第三单元：种植养护

第 5 课时：科学课——种植方法

有机肥料的制作为学生尝试种植植物提供了原料，但种植之前的准备也是必不可少的，学生需要更深入地了解种植方法。在科学课堂上，教师带来了土壤、植物等材料，在教师讲解了步骤和原理之后，学生学到了土培、水培，不同植物不同的种植方法。原来，植物的种植方法多种多样，需要根据具体情况选择最合适的方法。

第 6 课时：美术课——创作植物

植物包含根、茎、叶、花、冠、枝、干等结构，那如何能快速制作并辨认出所制作的植物？如何创作出具有新意的植物样式？为解决以上问题，美术课上，教师带领学生先是认识基本的植物结构以及不同地区植物的多样性和特异性，接着，学生以剪纸的形式自我探索出适合表现不同种类树木、植物的剪法和技巧。他们把一张张平平无奇的手工纸，剪裁成各式各样的剪纸作品。为了让自己的作品特色鲜明，加入了吹画技法。最后学生带着好奇的目光观察着一幅幅吹画作品，并且在一次次的尝试中掌握了色彩搭配的技巧，吹画力气的大小、缓急，都能给画作带来不一样的视觉体验。

第 7 课时：劳动课——种植植物

劳动课上，学生在老师的带领下准备好健康并无病虫害的芦荟苗、排水性良好的土壤、透气性好且底部有排水孔的花盆或容器。学生将准备好的土壤填充至花盆中，确保盆底有一定的土层，使芦荟的根部有足够的生长空间。然后将芦荟苗小心取出，检查根部是否健康。如果有长根，可以稍微修剪，让其更容易适应新的生长环境。紧接着，在土壤表面留出适当的空间，将芦荟苗小心植入土壤中，确保植株垂直生长。植入芦荟后用喷壶或轻柔的水龙头均匀地浇水，直到水从底部排水孔流出。最后，将种植好的芦荟放置在充足阳光的位置，保持良好的通风。通过这节课，学生成功将一株株芦荟种植好。

第 8 课时：美术课——设计盆景

怎么才能制作一盆魅力十足的盆景呢？许多设计师以绘画的方式，设计着盆景的外形、组合等样式。在本次美术课上，教师引导学生以线描的形式描绘出盆景景观的外形特征，边描绘边观察不同角度下各花、叶之间的关系，掌握自然之美的法则：高低、疏密、大小、构图、穿插、遮挡等关系。让学生在观察过程中，培养并锻炼他们的观察、动手实践能力。

第 9 课时：劳动课——制作盆景

完成了盆景的初步设计后，学生就可以动手制作自己的个性化盆景了，他们都设法把自己设计的盆景变成现实中的一道靓丽风景。

劳动课上，教师带领同学们根据芦荟的生长需求挑选合适的土壤和健康且叶片饱满的芦荟。然后，学生在教师的指导下选择适合制作芦荟盆景的容器。在选择容器时，教师鼓励同学们重复利用废品。学生团队协作，进行芦荟和器皿的布局设计，尝试不同的搭配和摆放方式。接着，学生根据芦荟的高度和形态的协调性合理安排芦荟的位置，接着使用小工具、土壤、鹅卵石等材料进行装饰，并对芦荟盆景的细节进行处理。这节课让学生在动手中学到知识，培养审美意识，提高团队协作和创造性思维的能力。

第四单元：产品开发

第 10 课时：科学课——植物贴画

如何让植物来装扮我们的生活呢？秋天的时候，一阵风刮过，空中飞舞着许多的叶片。这些叶子颜色、大小、形状各不一样，不失为艺术创作的好材料。于是学生在课后开展了充满创意和艺术感的活动——制作植物贴画。运用植物的树叶、种子等搭配使用，创作出一幅幅富有生机的贴画，为生活增添了一份自然之美。

第 11 课时：劳动课——产品制作

植物用处非常大，它们可以通过学生的巧手变成一道道色香味俱佳，令人垂涎欲滴的美食。在劳动课上，教师以芦荟为主题，带领学生制作芦荟蜂蜜柠檬饮料。首先，学生将新鲜芦荟叶洗净，用刀或勺子去除芦荟叶的外皮，得到透明的芦荟胶，再将芦荟胶切成小块备用。接着，学生将芦荟块和柠檬汁放入搅拌器中，搅拌成细腻的混合物，再将混合好的芦荟和柠檬汁中加入适量的蜂蜜和清水搅拌均匀。最后将混合好的芦荟蜂蜜柠檬饮料倒入装有冰块的玻璃杯中，一杯杯清爽可口的夏日饮品就制作完成了。

芦荟还可以制作成其他各种各样的美食，为了能更丰富地体验美食的制作过程，教师布置了一项特殊的实践作业：以芦荟为主题制作其他的美食。通过实践作业的引导，一道道美味可口的芦荟美食就能成功地制作出来。

第 12 课时：数学课——统计、分析数据

学生已经把自己养护种植的植物制作成各种美食，那什么美食才最受欢迎呢？

我们从色、香、味、营养价值等角度设计问卷调查，整理并统计数据。

学生之前学习过用表格统计整理数据，统计表有它的优势。但数据分析起来没有那么直观、方便。本节课教师会给学生讲解关于“条形统计图”的知识，它能把数据通过很多条柱状的图形体现出来，形成条形统计图的。从条形统计图上观察，学生可从非常直观地知道每一项的具体数量，并一眼能看出最多、最少、平均等数据。借此，学生依据条形统计图获得信息、分析数据的能力能得到有效提升。

第五单元 ：宣传推广

第 13 课时：美术课——海报设计

本节美术课中，教师引导学生观察并总结出海报设计的三大元素：图形、文字、色彩。以层层递进的方式，通过展示名家作品、小组合作探索，总结并掌握图形设计的创意方法：同构、置换、正负形、渐变等，同时还有字体设计、制作步骤等内容。达到提高学生思维、协作、探索的能力。

第 14 课时：语文课——宣传推广

经过科学课、劳动课的知识积累，学生制作出了美味的、营养价值高的、受大众欢迎的健康美食。当然，通过美育活动，学生也为其加入了更多的美的元素，例如精心设计的宣传海报。接下来，学生就要通过语文课学习“设计宣传语”，来推广美食，其背后蕴含着综合性课程价值。

课前，教师分组收集学生喜欢的、趣味性强的、便于传播广告语或者宣传语。课上，教师先汇报交流各组的课前预学成果，然后引导学生从修辞、诗歌诗词、巧用谐音等几个方面了解宣传语的特点，进行宣传语设计的展示。最后通过投票选出学生最喜爱的宣传语，便于之后美食进社区推广。

第 15 课时：少先队活动——感恩教育

丰富的主题课程学习不仅让学生学到了知识，在一次次动手实践中学生更是锻炼了能力，收获了成长，也逐渐感知到劳动者的不易。在少先队活动课上，学生纷纷真诚地表达自己的感受，并表示要把自己的劳动成果献给自己最敬佩、最喜爱的人。例如送到父母工作的地方、送到严寒下坚守城市每个角落的清洁工人手中。他们用行动表达感恩，传递更多的正能量。

四、教学示例

此次教学活动主要呈现的是四个详细的教学设计，以下为详细介绍：

教学示例一：瓜果飘香

【教学目标】

1. 科学观念：通过观察一棵植物，知道植物具有根、茎、叶等基本结构，并能识别其他植物的根、茎、叶结构。

2. 科学思维：通过对植物结构的比较、分析，能概括出植物各个结构的特征，尝试使用科学词汇描述观察到的信息。

3. 探究实践：在观察植物外部形态过程中，能利用多种感官，并用画简图的方式记录观察结果。

4. 态度责任：愿意倾听，乐于表达和分享；体会植物是有生命的，要爱护植物。

【教学重点】

知道植物具有根、茎、叶等结构。

【教学难点】

能概括出植物各个结构的特征，尝试使用科学词汇描述观察到的信息。

【教学过程】

环节一：揭示课题

以“小小植物学家”去植物园游玩为导入。在游玩过程中学生发现了一株不认识的植物，为解决这一问题，学生决定认真观察这株植物，并通过查资料的方式进行辨别。

环节二：观察一棵植物

1. 整体观察植物。

拿出教师准备的一盆大的菊花，学生观察并描述菊花的整体形态。在学生的交流中呈现植物的结构：根、茎、叶。

2. 观察植物的茎和叶。

(1)为了观察得更仔细，让学生近距离观察这棵植物的茎和叶。学习观察方法：用眼睛看、鼻子闻、用手摸，并强调观察过程中的注意事项：要轻轻摸，在确保安全的情况下才能闻和摸。观察颜色、形状、软硬、气味等方面。

环节三：画一棵植物

在进行了观察后，学生分小组将观察到的内容进行汇报，教师带领学生整理汇总。为了更好地进行辨别，请学生将植物的各个部分画出来。

播放用科学记录单记录植物的视频，请学生边看边学习画植物的顺序、方法。在观看后，再次强调边观察边画，顺序是：茎→叶→根。

画完后，学生展示科学记录单。教师引导学生相互评价，围绕科学记录的真实性进行研讨和评价。

环节四：小结

教师整理汇总学生的观察结果并提供资料。让学生根据自己观察到的结果与资料进行对比，发现观察到的植物是菊花。

1. 小游戏：植物我会拼。

教师给每个小组提供两种植物的拼图，让学生小组合作完成拼图并找出根、茎、叶。

2. 视频播放：生活中需要观察大树时，我们可以怎样去观察？

环节五：拓展延伸

课后大家去校园里找找植物，用今天的方法去观察它。

教学示例二：盆景设计

【教学目标】

1. 通过学习，了解植物种类的特征，学会用“线”表现盆景植物的设计方法，掌握高低、穿插、疏密、构图等绘画技法。

2. 通过小组合作探究、自主探索，培养学生的团结协作的能力和独立自主的能力。

3. 培养学生热爱自然的情感，善于观察、用适合的方式描绘自然的能力。

【教学重点】

了解植物种类的特征，学会用“线”表现盆景植物的设计方法。

【教学难点】

学会如何用线表现盆景植物的前后、穿插关系，以及了解不同姿态的呈现方式。

【教学准备】

盆景植物、多媒体(视频、作品图片)、白色卡纸、针管笔、马克笔、教师范作。

【教学过程】

环节一：激趣导入

以长沙第一届“星城工匠杯”盆景设计大赛为情境进行导入。盆景设计大赛分为两轮，第一轮在各大中小学校进行初选，入选的选手可以获得丰厚的礼品并进入复赛。鼓励学生积极参与，从而激起学生兴趣。

教师顺势展示其他省份盆景设计获奖作品，激起学生好奇与疑问，从而导入新课，解答学生的困惑，展示“小盆景、大知识”的文化特色。

环节二：新课讲授

1. 常见的盆景设计植物种类、结构。

教师展示不同种类、不同样式的盆景。请学生从不同角度观察其特征、结构。

学生回答，教师总结，并进行盆景知识的科普。

盆景是中国优秀传统艺术之一，是以植物和山石为基本材料在盆内表现自然景观的艺术品。它以植物、山石、土、水等为材料，在盆中典型、集中地塑造大自然的优美景色，达到缩地成寸、小中见大的艺术效果。同时以景抒怀，表现深远的意境，犹如立体的、美丽的、缩小版的山水风景区。

盆景一般有树桩盆景和山水盆景两大类。盆景是由景、盆、几(架)三个要素组成的，它们是相互联系、相互影响的统一整体。人们把盆景誉为“立体的画”和“无声的诗”。

2. 以画代稿，设计盆景。

播放林鸿鑫大师盆景设计视频，请学生边看边总结大师的设计思路和注意要点。

学生回答，教师总结。林鸿鑫大师的盆景设计分为两步。第一步，以画代稿。以线稿的形式设计盆景的外形、穿插等关系。第二步，创作。根据设计的稿件进行创作，并适当做出相应的调整。

3．展示作品，总结步骤。

教师展示若干张盆景成品和设计稿，让学生之间相互讨论它们的相同点。学生回答，教师总结。

第一步，以画代稿的过程中，构图设计很重要。盆为辅，植物为主，突出植物特点和美感为主要目的。盆子的选取应与植物特性相同，大小适中。

第二步，创作。盆中植物摆放过程中应遵从自然法则：错落有致，有高有低、有疏有密、有穿插关系、遮挡关系，彰显植物的自然美。

4．自由探索，攻克难点。

教师利用多媒体展示真实植物，引导同学们仔细观察植物枝叶的姿态、特征，给五分钟时间尝试动手描绘对象。描绘过程中尝试攻克难点，并总结方法技巧。时间到后教师请学生分享解决难点的方法。

学生展示作品，提出难点所在，教师请学生讲述攻克难点的方法后，教师总结并补充。植物真实在于同一株植物，不同部位的枝干生长方向、粗细、结疤各有不同，叶片角度、大小各具特色。这就是抓住植物自然之美的基本要求。

教师展示图片，以小组为单位讨论，进一步引导学生观察并提问，不同部位枝干的相同点是什么，不同角度、大小的叶片有什么区别，小组代表汇报成果。

树是向阳而生，一般枝条都是45°向上生长。树干上端比下端稍细，树干线条不是光滑的笔直的。树干有分枝，树干连接分枝、分枝与分枝之间的部分需加粗，分枝与分枝之间可相互交叠，呈现遮挡、前后关系。

不同视角下的叶片，描绘方式各有不同。以常见叶片造型为例，常见叶片形态有正面、微侧、微翻转、叶面前侧翻转等(见下图)，描绘方式为：

(1)确定叶脉走向。

(2)根据叶脉，使用“C”“S”型画出叶片的外轮廓。

(3)补全需连接部分。

(4)擦除被遮挡部分线条。

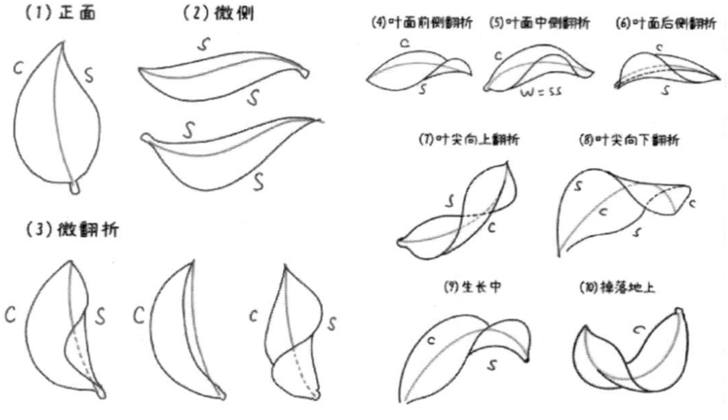

5．教师示范

(1)教师以“竹节海棠”作为示范，引导学生观察并感受叶子的坚挺，曲折。

教师边画边讲解：首先画出叶片的外轮廓，然后画出叶脉的形态。注意线条要生动流畅。接下来画出枝干，并用弧线画出枝干上的结构。由于时间关系教师把接下来的作画步骤展示出来，这样竹节海棠的植物写生作品就完成了。

(2)教师完成范画并提问：植物的前后关系是怎么表现的？线条是如何运用的？

欣赏范画虎皮兰，前面叶子上的花纹用曲折线表现。前面的叶片线条画实、画重，后面线条画虚、画轻，这就是绘画中的近实远虚的画法。遮挡关系的描绘，先画前面叶片，再画后面的叶片，擦去被遮挡的部分。技法能大大增加画面的空间感。

(3)教师展示不同植物种类的写生作品，请学生总结并回顾，自然之美，美在植物的形态特征、美在构图饱满、美在疏密有度、美在枝与枝之间的穿插、美在“每一片树叶各有不同”。在描绘过程中需仔细观察，掌握盆景“生命力”来源的根源，从而设计出自己的盆景。

6. 播放大师绘画视频，引导学生思考、总结画家是如何表现植物的。

君子兰叶子很长，画家将这一特征强化，描绘过程中使其叶子更长，同时花与叶之间有穿插、遮挡、疏密的关系。

环节三：艺术实践

请以线描的方式为长沙第一届“星城工匠杯”设计一幅盆景。要求：注意线条的疏密、高低、曲直、遮挡关系等，表现植物的自然美。

环节四：展示评价

以班级为单位投票选出“最有希望出征的作品”，并请一位学生说一说选出它的理由。请本作品小匠人说一说自己的创作思路及不足。教师做最后的总结。

环节五：小结拓展

师：中国五千年的历史，有着数不尽的奇珍异宝，这些让世人惊叹的作品背后都是一位位匠人的辛劳付出。今天你们也体会了一回“盆景匠人”的日常生活，希望大家日后在生活中多用你们发现美的眼睛去发现中国更多元的一面。同时预祝大家能成功制作出盆景，并获得参赛名额。

教学示例三：芦荟盆景制作

【教学目标】

1. 劳动观念：学生通过收集制作芦荟盆景的资料、访问调查、探究学习、实践体验、分享评价等过程，深刻体会博大精深的盆景文化。

2. 劳动能力：学生通过实践操作，能合理运用工具来装饰和制作芦荟盆景。学生能初步掌握芦荟盆景制作的步骤和方法。

3. 劳动习惯和品质：提高学生的动手实践能力，安全规范的意识，养成爱种植、勤养护、有始有终的习惯和品质。

4. 劳动精神：不断挖掘学生的劳动能力和种植养护潜能，形成在劳动过程中认真钻研、勇于创新、体会劳动快乐的精神，从而真切领悟到“幸福生活是靠自己勤劳的双手创造”的真谛。

【教学重难点】

1. 重点：掌握芦荟盆景的制作步骤和养护方法。

2. 难点：掌握合理布局的方法，达到各元素协调共存。

【教学过程】

环节一：课前预学

1. 组建团队。组内进行人员分工，策划活动方案，撰写调查表内容，制定计划进度。

2. 查阅芦荟的相关书籍，收集并了解芦荟的品种、生长环境、功能、用途、特性等资料。

3. 根据所掌握的资料，制定符合访问地点、人群的调查问卷。

如访问花匠，询问芦荟在培育前适宜的温度、湿度；移栽时，所需土质的比例及施肥要点；移栽后，芦荟施肥、浇水的周期等。访问花店老板时，询问不同样式的花盆销售数量，装饰配件的销售情况等。

4. 学生在家长的指导下进行初次实践、体验。

环节二：合作探究

1. 教师揭示本节主题和目标。

师：亲爱的同学们，大家好！今天我们将一起探索一个既有趣又实用的课题——芦荟盆景的制作。

2. 教师出示多媒体照片及相应简介，展示各样式精美的芦荟盆景示例，引导学生观察、分析、讨论、总结。

师：同学们，你们是否也想拥有一盆属于自己的芦荟盆景呢？那么，就跟随我们的课程一起，学习制作漂亮的芦荟盆景吧！

3. 请各小组派代表分享课前预学成果。

4. 教师展示并分发种植工具模型，学生认识并进行体验。

5. 各小组自主学习探究，分享观看芦荟盆景制作和养护的视频及资料。成员对各自的调查访问表进行总结梳理，完善学习单上的制作步骤、养护方法两栏。

6. 师生总结并分享芦荟盆景制作的步骤以及养护方法。

芦荟盆景的制作步骤如下。

(1)选择容器：选择大小合适、形状美观的容器，确保透气性良好。

(2)准备土壤：选择最适合芦荟的生长土壤。

(3)选择芦荟植株：挑选健康、叶片饱满的芦荟，注意避免有病虫害的植株。

(4)移植：确保芦荟的根系不受损伤并放入容器中。

(5)装饰与固定：利用小石子、小木片等装饰物，为盆景增添美感。同时，确保芦荟稳固。

环节三：实践体验

1. 教师出示并解读“评价标准表”。

2. 教师讲述实践前的安全注意事项。

注意事项：

(1)避免使用尖锐工具和有毒的材料。

(2)制作完成后，注意工具的摆放和教室卫生。

3. 分组实践：每组领取所需的材料，开始制作芦荟盆景。

教师指导：教师在学生实践过程中巡回指导，解答学生的疑问，纠正操作中的错误。

创意发挥：鼓励学生发挥自己的创意，制作出与众不同的芦荟盆景。可以是小型的、大型的，或是具有特殊造型的。

4. 给盆景取一个独特又贴切的名字。

环节四：分享与评价

1. 作品展示：邀请各组代表上台展示自己的作品，分享设计理念和制作过程中的心得体会。

2. 评价：学生进行自评和互评，学习他人的优点，提出改进建议。教师对学生作品进行评价，指出亮点和需要改进的地方。

3. 奖励与鼓励：对表现优秀的小组或个人进行奖励，鼓励大家继续努力。

环节五：课堂小结

1. 教师引导学生进行活动总结，回顾本节课的学习内容和经验。

2. 学生分享自己制作芦荟盆景的收获。

教学示例四：植物养护方法多

【教学目标】

1. 让学生掌握环保养护植物的方法，例如除草、浇灌、修剪、病虫害防治等。

2. 让学生通过查询资料、合作探究，掌握科学养护方法。

3. 使学生通过学习探究，认识到合作学习的重要性，渗透环保意识。

【教学重点】

学习科学环保的养护方法。

【教学难点】

把科学养护知识落实于实践。

【教学课时】

1 课时

【教学准备】

PPT、口罩、手套、纸巾、除虫药等。

【教学过程】

环节一：问题导入

展示学生前期课程汇报精彩片段集视频。教师可与学生一边观看，一边点评。播放结束后，教师问题导入：学生学会了观察植物，还学会了做盆景设计。还有一个环节特别重要，那就是环保养护。通过“环保养护有什么作用”这一问题，引出本节课的课题：植物环保养护的方法。

环节二：新课教授

1. 课前预学。

课前，教师给实践小组下发学习任务单(内容包括：组名、组长、组员、分工、收集方式、植物环保养护方法等)，让学生通过喜欢的办法或者不同的方式收集植物养护的环保方式方法并做好详细的记录。

2. 课中分享。

学生们在课堂上分组分享收集途径及课前了解并收集了常用的环保养护方法。

分享内容预设：询问有经验的人、网络查询、书籍查询等。除草、浇灌、修剪、病虫害防治等，并重点详细分享具体内容。

3. 多元评价。

多种方式评价学生的预学成果。包括：小组自评、组间互评和教师评价。

环节三：课程总结

1. 教师引导学生进行活动总结，回顾本节课的学习内容和经验。

2. 教师补充不完善之处(如果方法收集不完整，教师可适当补充，或者引导学生课后继续自主拓展学习)。

环节四：作业布置

将学到的科学养护方法运用在芦荟种植中，并做好记录。

五、课程总结

(一)研究成效

本次专题活动在统一主题下，结合新课程标准，通过跨学科整合的综合实践、劳动、美术、科学等活动，取得了丰硕的研究成效。

对于学生而言，劳动不仅是一种技能，更是一种生活态度。新课程标准强调劳动教育的实践性和综合性，让学生在亲身体验中感受劳动的乐趣和意义。在植物主题的探究中，学生们学会了观察、思考和创新，他们亲手种植、养护植物，感受生命的奇迹，也体验到劳动带来的成就感。同时，他们也在实践中提高了解决问题的能力，培养了团队合作精神。

对于教师而言，新课程标准倡导跨学科整合，促进教师专业成长。在课题研究中，教师们不断拓展自己的知识领域，将不同学科的知识融会贯通，为学生提供更为丰富的学习资源。同时，教师们也在实践中提高了自己的教学水平和组织能力，培养了开放、创新的思维方式。

在学校层面，新课程标准注重学校特色发展，提升学校品牌影响力。通过植物主题的课题研究，学校不仅丰富了课程内容，还打造了自己的教育特色。这不仅提升了学校的整体教学质量，还增强了学校的文化底蕴和品牌形象。

(二)价值意义

1. 多方开发，资源丰富。我校形成了优质的校内外人力资源库和素材资源库，并定期参与到研究项目相关活动中，开发了多场地劳动教育资源，包括校外基地场景及校内三园两廊等劳动场景。

2. 联动育人，成果丰富。将学校、家庭、社会课程资源有效整合，开展联动育人综合实践活动。同时将劳动教育、校外劳动基地长主题常态应用、多方联动，跨学科学习等综合运用，促进了研究过程和成果的丰富多样性。

3. 成果推广，形成范式。在课程推进过程中，前置、研学、后拓课程的设计主线鲜明、任务综合、难易恰当，体现了课程共建、资源共享、亲子共育等特点，开发了可复制、易操作的合作模式，具有较好的借鉴意义。

(案例提供：李丹　谢佳倩　李堆钟　彭依涵　全翠婷　常洁)

案例二　绿色生态未来构建者

学科：科学、综合实践活动、劳动、数学、语文、道德与法治、音乐、美术、少先队活动

年级：一至六年级

一、主题确定

在全球范围内，环境问题日益严峻，气候变化、生物多样性和环境污染等问题对人类社会构成了前所未有的挑战。面对这些挑战，新时代对可持续发展的需求愈发迫切。“绿色生态未来构建者”正是在这样的背景下应运而生，该教学活动旨在通过教育引导学生认识到保护环境保护的重要性，激发他们的环保意识，并培养他们成为能够为可持续发展做出贡献的构建者。

生态教育是一个复杂的话题、大专题，需要整合多个学科，学生才能全面理解环境系统的复杂性，学会从不同角度分析问题，并运用创新思维寻找解决方案。我校根据学生的年龄特点、学校及周边教学资源，各学科的课标和教材后，分学段确定了以下小主题。

一、二年级：探生灵奥秘，亲自然和谐

三、四年级：分垃圾类别，建绿色家园

五、六年级：护水之源远，节流之点滴

我校希望通过这种由浅入深、循序渐进的教育主题，学生能够在不同年级阶段建构起全面的生态环保概念。在一、二年级，学生通过“探生灵奥秘，亲自然和谐”的活动，培养对自然生物的好奇心和亲近感，学习生物多样性的重要性，从而打下对生态环境尊重和保护的初步认识基础。进入三、四年级，“分垃圾类别，建绿色家园”的活动让学生实践垃圾分类和资源回收，理解循环经济和可持续发展的概念，培养环保行为和创新解决问题的能力。到了五、六年级，“护水之源远，节流之点滴”的活动进一步引导学生关注水资源的珍贵，学习水环境保护和节水措施，深化他们对生态系统相互依存关系的理解。这一连贯的教育过程不仅帮助学生逐步建立起从个人到社会、从地方到全球的环保视野，而且促进他们在知识、技能、态度和价值观上均衡发展，形成负责任的环保行动者，为未来的绿色生活和社会可持续发展做出贡献。

二、框架搭建

一、二年级《探生灵奥秘，亲自然和谐》课程内容框架表

教材	课题	相关连接点
语文(一年级)	《笋芽儿》	学生通过阅读《笋芽儿》，学习如何观察和描述生物的生长过程，培养对自然现象的敏感性和语言描述能力
科学(一年级)	《植物》单元	学生学习植物的基本结构和功能，了解不同植物对环境的适应性，探究校园内植物种类及其生态价值

续表

教材	课题	相关连接点
美术(一年级)	《动物世界》	结合美术课程，学生绘制校园内观察到的动植物，通过艺术形式表达对生物多样性的认识和欣赏
数学(一年级)	《分类与比较》	学生学习如何对观察到的动植物进行分类和比较，使用数学概念来分析生物多样性
音乐	结合身体律动学习节奏和模仿动物行为	学生通过模仿动物行为和自然界的声音，增强对生物特性的理解和表达
道德与法治(二年级)	《环境保护》单元	学生学习基本的环境保护知识，讨论人类活动对生物多样性的影响，培养保护环境的责任感
综合实践活动	《总结交流课》	学生参与校园生物多样性调查，记录和分析数据，提出保护建议，并将结果以报告或展览的形式呈现

三、四年级《分垃圾类别，建绿色家园》课程内容框架表

教材	课题	相关连接点
综合实践活动(四年级)	《主题确定、分解、活动策划课》	学生确定垃圾分类的项目主题，分解任务，并策划相关的活动
数学(三年级)	《分析数据图表》	学生学习如何通过问卷调查收集数据，并使用图表分析学校和家庭的垃圾产生情况
科学(三年级)	《食品包装袋上的信息》	学生研究食品包装上的信息，了解可回收和不可回收材料，以及它们对环境的影响
美术(三年级)	《设计和制作》	学生设计创意的垃圾分类箱，将科学课上学到的知识应用到美术设计中
科学(四年级)	《点亮小灯泡》《花、果实和种子》《面包发霉了》《温度与气温》	结合不同科学课题，学生探究垃圾分类后的处理方法，如堆肥化和回收利用技术
音乐	音乐创作	学生创作有关垃圾分类和环保的歌曲或快板，用于宣传推广活动
少先队活动(四年级)	《绿色生活设计大赛》	学生设计减少垃圾产生的创意方案，如使用可循环材料的手工制作，减少一次性用品的使用
综合实践活动	《总结交流课》	学生展示他们的研究成果、设计作品和实践活动。收集反馈，讨论如何改进垃圾分类的实施策略

五、六年级《护水之源远，节流之点滴》课程内容框架表

教材	课题	相关连接点
科学（六年级）	《水的循环》	学生学习水循环的科学原理，了解蒸发、凝结、降水等过程
科学（六年级）	《水资源分布》	学生研究全球和本地的水资源分布，了解水资源短缺的现状和原因
数学（六年级）	《统计与概率》	学生收集和分析校园用水数据，使用统计方法评估水资源使用效率
语文（六年级）	《水的故事》	学生阅读和撰写关于水的故事，提升对水资源价值的认识和表达能力
美术（六年级）	《环保主题绘画》	学生创作以水资源保护为主题的艺术作品，提高公众环保意识
劳动（六年级）	《简易水循环系统制作》	学生设计和制作简易的水循环系统模型，如雨水收集器、小型滤水装置等
道德与法治（六年级）	《水资源保护法规》	学生学习水资源保护的相关法律法规，了解公民的权利和义务
综合实践活动	设计制作课	学生参与跨学科团队，设计校园水循环管理系统，包括雨水收集、废水处理和再利用等

三、课程实施

一、二年级《探生灵奥秘，亲自然和谐》课程实施框架表

阶段	类型	教学内容	课时安排	学科类别
第一阶段	前置课程	通过故事、视频、访问等形式，了解生物多样性的重要性和校园生态的现状	1课时	少先队活动
		分组进行校园动植物观察，记录种类、数量和习性	1课时	科学
第二阶段	主体课程	练习描述观察到的动植物	1课时	语文
		学习植物知识，如植物是活的、植物的器官等	1课时	科学
		绘制动植物图画	1课时	美术
		对观察数据进行分类和统计	1课时	数学
		讨论环境保护的重要性	1课时	道德与法治
		通过律动和节奏表达对自然的理解	1课时	音乐

续表

阶段	类型	教学内容	课时安排	学科类别
第三阶段	后拓课程	组织“校园生物多样性展览”，展示学生的观察记录、艺术作品、数学统计和环保倡议	1 课时	综合实践活动
		和家人一起研究本地濒危物种的保护现状	——	家庭教育
		探讨如何通过社区参与来加强生物多样性的保护	——	社区实践活动

三、四年级《分垃圾类别，建绿色家园》课程实施框架表

阶段	类型	教学内容	课时安排	学科类别
第一阶段	前置课程	了解学校、家庭、社区垃圾分类现状，通过问卷调查研究，包括分类意识、分类习惯等	3 课时	综合实践活动
		对学校、家庭和社区产生的垃圾进行统计分析	1 课时	数学
第二阶段	主体课程	介绍项目目标和驱动性问题，激发学生的参与兴趣。学生分组确定垃圾分类主题，策划活动方案	2 课时	综合实践活动
		DIY 垃圾分类标准	1 课时	科学
		学生设计和制作垃圾分类箱，将科学知识融入设计	2 课时	美术
		学生研究不同材料的分类和处理方法	3 课时	科学
		在环保教育基地开展实践活动，如堆肥工作坊、回收材料艺术创作等，让学生亲手实践	—	基地实践活动
		垃圾分类宣传推广，各小组自选方式，如绘制海报、快板表演等	1 课时	美术、音乐
		举办“绿色生活设计大赛”，鼓励学生设计和实施减少垃圾产生的创意方案，如使用可循环材料的手工制作、减少一次性用品的使用等	1 课时	少先队活动
		学生展示他们的研究成果、设计作品和实践活动。收集反馈，讨论如何改进家庭和社区垃圾资源利用的实施策略	1 课时	综合实践活动
第三阶段	后拓课程	与社区合作，开展环境美化活动，如种植绿化带、创建社区花园等，让学生参与设计和实施	——	社区活动
		每个家庭制定一个垃圾资源环保利用行动计划，包括减少垃圾产生的具体措施，如使用环保袋、减少一次性用品等	——	家庭亲子活动

五、六年级《护水之源远，节流之点滴》课程实施框架表

阶　段	类　型	教学内容	课时安排	学科类别
第一阶段	前置课程	家庭水循环观察日记：学生与家庭成员一起记录家庭用水和排水情况，观察节水措施的效果	——	家庭实践活动
		收集校园用水数据，学习如何使用统计图表来分析用水量和浪费情况	1课时	数学课
第二阶段	主体课程	介绍水循环的科学原理，讨论水资源的重要性和全球水资源短缺问题	2课时	科学课
		分析本地水资源分布，研究水资源短缺对生态系统和人类社会的影响	1课时	科学课
		阅读和讨论关于水的文学作品，提升对水资源价值的认识	1课时	语文课
		设计和制作简易的水循环系统模型，如雨水收集器	3课时	劳动课
		社区水资源调研：学生参与社区水资源调研，访问水务部门，了解社区水资源管理和保护措施	——	社区实践活动
		环保教育基地参观：安排学生参观当地的环保教育基地或水处理厂，了解水处理技术和水资源管理	——	基地实践活动
		学生团队实施校园水循环系统设计方案，如建立雨水收集系统	1课时	综合实践活动
		在教师指导下，学生参与实际的水循环系统安装和调试	1课时	劳动课
		学习水资源保护的相关法律法规，准备校园宣讲材料	1课时	道德与法治课
		学生撰写并发表关于水循环和水资源保护的倡议书或公开信	1课时	语文课
		创作以水资源保护为主题的艺术作品，准备用于宣传活动	1课时	美术课
		校园水循环系统设计大赛：举办设计大赛，鼓励学生团队设计创新的解决方案，并在学校中展示	1课时	少先队活动课
第三阶段	后拓课程	评估水循环系统实施后的效果，讨论改进措施	1课时	科学课
		组织学生进行项目反思，总结经验教训，提出改进建议	1课时	综合实践活动
		学校与社区合作，开展节水项目，如雨水收集系统建设、废水处理设施改进	——	学校社区联动实践活动

四、教学示例

接下来以三、四年级《分垃圾类别，建绿色家园》为例，展示具体的教学过程。基于三、四年级的课程实施框架，我校设计一个名为“绿色家园建筑师”的跨学科项目活动，并将“如何有效地在我们的校园内实施垃圾分类，并推广到家庭和社区”作为驱动性问题。本项目旨在通过学生的主动探究和实践，深入理解和参与垃圾分类、垃圾处理的实践活动，让学生了解垃圾分类处理的重要性和实际操作方法。培养学生的环保意识、创新思维和团队合作能力。鼓励学生将垃圾分类处理的概念推广到更广泛的社区。

（一）前置课程

多学科课堂——了解垃圾分类现状

学生将综合实践课堂上学习到的实地考察、问卷调查等方法和在数学课上学习到的数据对比方法加入探究活动中，分为四个部分，能让探究更加深入。

1. 实地考察，学生更加了解垃圾的危害，明白垃圾分类的重要性。
2. 收集资料，学生绘制垃圾分类手抄报，加深垃圾分类现状的理解。
3. 问卷调查，学生了解普通民众对“垃圾分类”的理解。
4. 对比分析，学生对比分析中国原来、中国现行、日本、澳大利亚、英国的垃圾分类标准及效果，明确我国垃圾分类处理的优点和不足。

（二）主体课程

1. 综合实践活动课堂——主题确定和活动策划

新学期刚开始，综合实践活动教师引导学生调查周围垃圾给我们生活造成了诸多不便和危害，从而确立了探究的主题“绿色家园建筑师”。接着，教师指导学生分解出了四个小主题：自己动手做垃圾分类标准、设计和制作垃圾分类箱、垃圾分类处理、垃圾分类宣传推广。各小组就自己研究的小主题制定探究活动策划表，明确探究内容、活动准备、人员分工等，带着目的和计划进入到接下来的探究活动中。

2. 多学科课堂——自己动手做垃圾分类标准

明确了垃圾分类的现状后，学生通过讨论，一致认为最先应该做的是找到适合的垃圾分类标准，只有清楚分类标准，才能解决其他的困境。为此，少先队活动课上，教师带着学生对教室和家里的垃圾种类和数量进行了调查统计。

学生对教室及家庭垃圾统计的结果没有头绪，从中看不出有用信息。数学老师将此作为步道数学的素材开展了数据统计和分析的教学活动。经过教师的指导，学生得出了简洁明了的数据统计结果。接着教师带着学生对数据进行分析，绘制了饼状图、柱状图。学生绘制完分析图后发现手绘不是很精准而且用时较长，因此，有学生提出：可不可以用电脑绘制数据分析图呢？之后，学生可能会去向信息老师求助开展相关的指导课。

结合数学课上的分析结果，如何确定分类标准？科学课上，教师指导学生通过感官“看、听、闻、摸”，使用工具和实验的方法去充分地对垃圾进行观察，再结合各国垃圾分类标准，尝试使用不同的分类标准对教室和家庭垃圾进行分类，自己动手做出教室和家庭垃圾分类标准。经过小组汇报交流，最后将教室垃圾分类标准定为：可回收垃圾、其他垃圾。将家里垃圾分类标准定为：厨余垃圾、可回收垃圾、其他垃圾、有害垃圾。

3. 美术课堂——设计和制作垃圾分类箱

分类标准确定完毕后，那原来的单一垃圾桶就已不再适用。美术课上，学生决定自制垃圾分类箱。经历了从桶的选择到分类图绘制的全过程。在一代垃圾分类箱制作完后，有学生发现根据数据统计，可回收的垃圾占到76%，因此他们提出垃圾分类箱的大小设置有问题，应该将可回收垃圾箱做大一些，第二代垃圾箱的大小就是根据数据统计结果重新设计的。此时，有学生发现可回收垃圾种类很多，后期还要进行“二次分类”，工作量很大。因此，有学生提出：是否可以将可回收垃圾箱内部用板子隔开，制作成“二次”分类箱，经过不断完善第三代垃圾箱就诞生了。

4. 科学课堂——垃圾分类处理

垃圾分类好了，该怎么针对性地处理呢？科学课上，学生以小组为单位，进行实验探究。如喝过的牛奶盒清洗一下再回收，降低二次回收利用的难度。有害垃圾处理——电池探究，将班级内的电池收集起来打包送到专业的处理机构，防止电池对环境的污染。有的学生非常好奇地提出：专业处理机构是如何对废电池进行处理呢？还有的学生提出：像废弃电子产品及化妆品等有害垃圾又该如何处理呢？这些问题将是学生们接下来的探究新方向。

碎玻璃如何处理才能避免对人的伤害？学生尝试将碎玻璃用透明胶缠绕，贴上标签后再丢弃，实验证明，可以大大降低对垃圾处理者的伤害。有学生提出：废弃的医疗用品也有可能对人体造成伤害，这些垃圾又将如何处理呢？

生活中厨余垃圾，如何处理更好呢？学生尝试进行堆肥处理，将垃圾变成肥料，此外还有什么方法呢？学生通过查阅资料，询问等方法发现厨余垃圾还可以制作酵素，但酵素该如何制作呢？这个问题现在我们和学生正在积极探究和尝试。

5. 多学科课堂——垃圾分类宣传推广

为了让更多的人了解垃圾分类，加入垃圾分类的活动中来，让我们探究的内容被更多的人了解。少先队活动课上学生首先收集宣传推广的12个金点子，之后通过小组讨论、查阅资料、访问等方法排除了一些开展难度大的活动，确定了校园广播、景区宣讲、快板表演、海报宣传等五种宣传推广方式。接着孩子们找到语文老师、美术老师、音乐老师来指导自己小组的宣传活动。推广活动受到了大家的一致肯定。

6. 多学科课堂——总结交流展示

为了进行更好地总结交流，形成基本的解决方案和策略。少先队活动课上举办“绿色生活设计大赛”，鼓励学生设计和实施减少垃圾产生的创意方案，如在探究活动某环节中表现最棒的小组可以奖励设计和组织一个科学吉尼斯节的挑战项目。这个项目中，学生充分发挥了自己的想象力和创造力，设计了垃圾分类大王、垃圾处理大王的挑战赛等。此外，我校还开展了“文明扫墓，环保过清明”“校园植物名片制作大赛”“废衣变美包”“绿色生活设计大赛”等系列环保德育活动，鼓励学生设计和实施减少垃圾产生的创意方案，对学生进行环保情感教育，同时对表现突出的学生进行肯定和奖励，让每一个努力的学生都有展示的舞台。

综合实践课上，学生展示他们的研究成果、设计作品和实践活动。收集反馈，讨论改进家庭和社区垃圾资源利用的实施策略，并以小组的形式设计社区和家庭实践活动计划。

（三）后拓课程

1. 绿色社区共筑计划

学生参与设计社区花园，利用美术课程学科中学到的知识进行“垃圾变废为宝材料应用”，引导学生探索使用废旧物品作为园艺装饰或工具，如利用废弃轮胎制作花坛，旧瓶罐作为花盆，鼓励学生创作与垃圾资源利用主题相关的壁画或雕塑，装饰社区花园和绿化带。利用科学课程学习的内容，将厨余垃圾变成社区植物环保肥料等。

2. 家庭垃圾资源环保利用行动计划

每个家庭制定一个垃圾资源环保利用行动计划，包括减少垃圾产生的具体措施，如环保购物计划：鼓励家庭使用环保袋，减少塑料袋的使用，并在购物时选择环保包装的产品；一次性用品替代方案：引导家庭成员减少一次性用品的使用，如使用可重复使用的水瓶和餐具；家庭堆肥计划：教授家庭成员如何利用厨余垃圾进行堆肥，将有机废弃物转化为植物肥料；废物再利用创意大赛：举办家庭废物再利用创意大赛，鼓励家庭成员发挥创意，将废弃物转化为有用的物品或艺术品；等等。

教学示例一　综合实践活动课：如何设计调查问卷

课时：3 课时

【教学目标】

1. 指导学生掌握调查问卷设计原则、技巧和本领。

2. 掌握调查问卷设计方法，能小组合作设计一份简单、规范的问卷。

3. 在设计问卷中，提高学生合作精神、探究能力。培养学生团结合作、尊重他人、分享成果的优良品格。

【教学重点】

掌握调查问卷设计方法，能小组合作设计一份简单、规范的问卷。

【教学难点】

在设计问卷中，提高学生合作精神、探究能力。

【教学准备】

PPT、记录单、彩笔、卡纸。

第一课时

【教学过程】

环节一：激趣导入

师：同学们，对于小主题“垃圾分类我能行”，在我们周围还有很多人也在探究这个主题，比如说湖南大学的哥哥姐姐们。我这里就有一份他们设计制作的调查问卷，他们想要通过这份问卷了解岳麓区垃圾分类的情况。你们也来帮帮他们，填写这份问卷吧！

学生填写问卷。

环节二：问卷结构

师：问卷都有哪些内容？

生：有题目、问题、选项、祝福语、调查说明等。

师：小结问卷的一般结构由标题、导语、问题、结语构成。其中问题包括题干和选项，有些问题是多选有些是单选，要说明。

师：如果用 1 到 3 颗星来标明设计各部分的难度，1 星难度最小，3 星难度最大，小组讨论，确定各部分的难度！

生：标题和结语 1 星，导语 2 星，问题 3 星。

环节三：明确主题

师：我们四个小主题，哪个小主题最适合用调查问卷的方法进行研究，为什么？

生：调查社区与学校垃圾排放现状，因为如果一个一个去问太麻烦，用问卷就能快速知道大家的想法。

师：那这节课，就以“调查社区与学校垃圾分类排放现状”为主题设计调查问卷，但是这个主题要同时调查社区和学校，设计一份问卷可以吗？

生：不可以，分别设计一份，可以先设计调查社区的。

师：好，那么这节课就以“调查社区垃圾分类排放现状”为主题设计一份问卷。

环节四：设计标题、导语和结束语

师：你们刚刚都认为标题和结语难度很小，接下来请各小组设计标题和结语。

学生设计标题和结语并汇报交流。

师：那导语该怎么设计，请挑战！

学生设计导语并汇报交流。

师：看看设计标题、结语、导语时要注意什么？

学生讨论交流。

师：小结注意事项。

标题：标题醒目，突出意图，内容精炼，简单易懂。

导语：(1)简短的自我介绍；(2)精练的调查内容；(3)简洁的调查目的；(4)对被调查者的希望；(5)真诚的致谢表达；(6)保护隐私的强调。

结语：真诚的致谢结尾。

师：那设计最难的问题时要注意什么？

学生小组讨论汇报。

教师小结设计问题的注意事项。

问题：紧扣主题不偏离、通俗易懂好理解、避免歧义乐回答、慎用开放式题型、数量适宜 10 个为佳、由易到难需排序。

选项：紧扣题干、穷尽互斥、少用其他。

第二课时

【教学过程】

环节一：发现新问题

师：上节课，我们明确了设计问题的注意事项，现在请同学们设计问题！

学生设计问题并汇报。

师：大家设计的问题太多太乱，该怎么处理呢？

环节二：设计小法宝

师：老师给大家一个法宝，可以从以下三个角度来设计问题，分别是垃圾分类排放的行为、垃圾分类排放的态度、垃圾分类排放的效果。针对三个角度，分别可以设计哪些方面的问题呢？

小组讨论汇报。

环节三：明确设计方向

垃圾分类排放的行为——居民：家里垃圾桶的组成、分类排放的情况、排放前垃圾处理的情况、哪类垃圾排放最多、是否会提醒身边的人分类排放等。社区：设施设备的变化（垃圾桶的种类和数量、排放地等）、宣传教育活动等。

垃圾分类排放的态度——长沙市实施垃圾分类排放政策了解情况、您和家人对垃圾分类排放的看法、分类排放的必要性、分类排放遇到的困难、提高分类排放能力的方法等。

垃圾分类排放的效果——排放量的变化、社区环境的变化、参与分类排放居民人数的变化、分类排放后经济收益情况等。

环节四：课后拓展

师：接下来，请各组派一名代表抽签，抽到后，请各小组课后查找资料，根据抽到的角度设计三个自认为最好的问题。下节课，带着问题过来，我们再一起选出最合适的九个问题，完成整份调查问卷的设计吧！

第三课时

【教学过程】

环节一：回顾导入

师：课后大家查找资料，根据自选角度设计了三个自认为最好的问题。这节课，我们就一起从大家设计的十八个问题中选出最合适的九个问题，完成整份调查问卷的设计吧！

环节二：三字秘诀

师：首先，有请“垃圾分类排放行为”的小组进行汇报！

学生两个小组进行汇报。

师：大家看看，六个问题中有没有类似的？有没有选项不全的？有没有表述不清的？

学生小组观察交流汇报。

师：小结调整问题的“三字秘诀”。删字诀。当我们发现类似或相同问题时，可以删除一些，保留一个。如果用一个字来概括这个方法，可以用什么字？改字诀。描述不清的问题改一改，变得更加精练，更扣主题。添字诀。选项要尽量全，可以添加补充。

师：现在请各小组利用“三字秘诀”去修改和完善问题，三分钟，开始。

师：接下来，有请选择“垃圾分类排放的态度”的小组进行交流，说说你们的修改历程吧！

学生两个小组进行汇报

师：六个问题一起看，你们还发现其他问题了吗？

学生利用三字秘诀再次提出修改建议。

师：接着，有请选择“垃圾分类排放的效果”的小组进行交流，聊聊你们的修改故事吧！

学生两个小组汇报修改的内容及原因。

环节三：问题排序

师：接下来，我们确定九个终极问题。请设计相同内容的两组一起讨论交流，两组共选出最合适的三个问题，并写到纸条上。

学生两个小组讨论交流，确定三个问题。

师：问题设计好了，怎么安排他们的出场顺序呢？

生1：按设计问题的角度分类排序。

生2：可以根据由易到难的顺序，容易填写的问题“垃圾分类排放行为”排在前，接着“垃圾分类排放的态度”，而最难填写的“垃圾分类排放的变化”这一问题放在最后。

生3：简单的放前面。也就是问题设计得容易理解、很常见、字数又比较少、选项又比较简单，总之容易回答的就为易，反之为难。

师：根据由易到难的原则，调整好问题的顺序。

学生调整问题的顺序。

师：所以设计问卷还有最后一个秘诀“调”。

环节四：课堂小结

师：删、改、添、调虽然只是四个字，但是在真正的实施过程中却不简单，建议同学们多练习，多对比，多思考，争取问卷中每个问题都是精华！说到精华，我们设计的这九个问题就是的，但是仔细观察，还少了一个什么类型的问题？

生：最前面还少了一个基础性问题，像性别、年龄等。

师：那老师再加一个基础问题，凑齐十个问题。

环节五：课后拓展

师：在这里，余老师隆重地宣布，“社区垃圾分类排放现状”的问卷终于新鲜出炉啦！让我们把掌声送给自己！同时，我们还提炼出了设计问卷的四字秘诀：删、改、添、调，你们真棒！最后给大家布置一个挑战任务——根据设计调查问卷的方法去设计一份“学校垃圾分类排放现状”的问卷，期待各小组精彩的问卷哦！

教学示例二　美术课：设计和制作垃圾分类箱

【教学目标】

1. 使学生理解垃圾分类的重要性和实际操作。
2. 培养学生的创新设计能力、问题解决能力和动手实践能力。
3. 增强学生对数据的分析能力，并能够根据数据调整设计方案。

【教学重点】

1. 垃圾分类箱的创新设计和实用性考量。
2. 数据分析在垃圾分类箱设计中的应用。

【教学难点】

1. 学生如何根据垃圾统计数据合理调整垃圾分类箱的设计。

2. 垃圾分类箱的“二次分类”功能设计。

【教学准备】

1. 制作材料(纸板、塑料板、布料等)。

2. 制作工具(剪刀、尺子、胶水、胶带等)。

3. 垃圾分类相关的教学图片和数据表。

4. 统计软件或工具。

【教学过程】

环节一：引入与背景介绍

师：同学们，我们每天都会产生垃圾，但你们知道如何正确分类吗？今天我们将动手设计和制作一个垃圾分类箱。

环节二：数据分析

师：让我们先来看看我们学校收集的垃圾数据，特别是可回收垃圾占比高达76%，这对我们的垃圾箱设计有何启示？

环节三：设计初代垃圾分类箱

师：现在，请各小组讨论并草拟你们的垃圾分类箱设计图，考虑不同类型的垃圾该如何分类存放。

环节四：制作初代垃圾分类箱

师：好，设计图已经完成，接下来让我们动手将设计变为现实。记得使用工具时注意安全。

环节五：反馈与改进讨论

师：每个小组的垃圾分类箱都很有创意，但使用后我们发现一些问题。请大家根据使用体验提出改进意见。

环节六：设计第二代垃圾分类箱

师：根据大家的反馈，我们发现可回收垃圾箱需要更大空间。现在，让我们设计第二代垃圾分类箱，特别是增加可回收垃圾箱的容量。

环节七：制作第二代垃圾分类箱

师：现在我们已经有了新的设计图，让我们开始制作。这次我们尝试实现“二次分类”功能，使垃圾箱更加高效。

环节八：作品展示与评价

师：各小组的第二代垃圾分类箱已经完成，现在请展示你们的作品，并分享你们的设计理念和改进点。

环节九：总结与反思

师：通过今天的活动，我们学习了如何将一个想法从设计变为现实，并根据实际情况进行改进。希望大家继续思考如何使我们的垃圾箱更加完善。

环节十：家庭作业

师：将你们的垃圾分类箱带回家，与家人一起使用，并记录下使用过程中的感受和新的改进意见。

教学示例三　科学课：厨余垃圾　堆肥变宝

【教学目标】

1. 通过学习与操作，让学生了解厨余垃圾如何转变为肥料。
2. 实践中培养一颗环保责任心，做一位环保卫士。
3. 培养学生团队协作能力、解决问题的能力。

【教学难点】

通过小组合作，观察厨余垃圾的实验过程，并亲手实践。

【教学重点】

培养学生爱护环境的习惯，树立保护环境的意识。

【教学准备】

堆肥桶、酵糠、厨余垃圾、口罩、手套、纸或者可以过滤的布或者纸。

【教学过程】

环节一：回顾旧知，激趣导新

1. 激趣导入。

师：出示维克多·雨果《悲惨世界》(节选)。

学生有感情地朗读文段，感受其情感，组内交流感受。

(1)回顾旧知

师：我们之前已经探究了学校和家庭的垃圾，初步将垃圾分为哪几类？

生：厨余垃圾、有害垃圾、可回收物、其他垃圾。

师：厨余垃圾包括哪些？我们该怎么处理？

生：瓜果皮、剩饭剩菜、枯枝落叶等，可以变成肥料等。

(2)教师导入课题

师：今天我们学习使用堆肥处理法将厨余垃圾变成开满鲜花的牧场，变成青青的草地，变成百里香的乐园。

环节二：城市对比，明确方向

1. 对比日本与长沙在厨余垃圾方面的做法。

教师播放对比视频。再提问：两者在处理厨余垃圾的做法方面有什么相同之处和不同之处。

生：我们和日本产生的厨余垃圾量基本相同，类型也相似，主要的不同是日本将厨余垃圾进行家庭专业处理的时间比较长，比如家庭堆肥处理。很值得我们借鉴和学习。

2. 了解家庭堆肥的好处。

师：家庭堆肥有什么好处呢？我们通过一段视频来了解。

生：通过堆肥处理后，垃圾就变成了肥料，可以用来养花，种菜。

3. 明确研究方向。

师：对于厨余垃圾，你觉得该怎么办？

生：积极开展专业的处理，比如从我做起，将身边产生的厨余垃圾进行堆肥处理，还可以将好的方法通过多种形式宣传出去。

环节三：掌握方法，实践操作

（一）引导学生掌握堆肥方法。

1. 展示本次实验所需的物品，并介绍其作用。

堆肥桶、酵糠、厨余垃圾（食堂的蔬菜剩余）、校园的枯枝落叶、口罩、手套、报纸或者可以过滤的布或者纸。

2. 教师演示实验过程。（PPT 出示图片）

步骤一：将我们的厨余垃圾处理成小块（家庭堆肥这些物质鱼骨头、玉米麸、汤水、肉类、油类等不能用于堆肥）。

步骤二：将可以吸水的报纸或者是过滤布放在堆肥桶的最下方。

步骤三：将切成小方块的厨余放到报纸上面，厚度为五厘米。

步骤四：在厨余垃圾上面撒上一层酵糠（可以用豆渣代替），要求酵糠覆盖厨余垃圾的75％以上的面积。

步骤五：按照步骤四的做法一直在堆肥桶里面一层厨余一层酵糠的方式进行，整个堆肥桶留 20％的空间。

步骤六：盖好堆肥桶的盖子，我们进行的是厌氧堆肥法，需要将堆肥桶密封。（注意每次增加厨余垃圾就需要铺盖一层酵糠，一定要记得盖严实。）

三个月后，自制肥料就已制作完成，可以为家里养的植物施肥了。

3. 出示操作小贴士。

（1）厌氧堆肥，在刚开始的十二周会产生肥液，记得要将肥液排出，可以收集起来兑水浇花。

（2）堆肥成功的秘诀：控制干湿比例，如果桶里太湿（有明显的水珠，开始长虫），就多加一点干物质比如酵糠、干树叶、木屑、米糠；如果太干了，就增加厨余垃圾的投放。

（二）学生实践操作。

1. 学生准备好实验工具。并检查实验工具是否齐全。

2. 学生观看操作步骤，小组合作完成家庭、学校厨余垃圾的堆肥实验。

3. 汇报此次实验的收获与感想。

4. 小组交流总结的堆肥实验小诀窍。

环节四：回归生活，畅谈感想

师：厨余垃圾堆肥给我们带来了什么？

师：你认为做这样的事情有意义吗？假如博才白鹤小学、长沙、全国都这样做，你觉得会变成什么样？厨余垃圾还可以怎么处理？

学生小组讨论。

组 4：厨余垃圾变废为宝实在是太有意义啦，生活不缺少美，只是缺少发现美的眼睛，你看，这样处理后，垃圾都变得超级美！

组 2：假如大家都有序地加入堆肥的活动中来，那我们每次经过垃圾站的时候就不会闻到让人发晕的臭味了，想想都很棒!

组 1：有些厨余垃圾还可以制作成酵素，可以做成洗碗酵素，还可以做成洗发酵素。

齐读结尾：维克多·雨果的《悲惨世界》(节选)。

(案例提供：余忠萍　常洁　杨娟娟　程训谦)

专题三　学校全学科课程的教学方法和实施路径

随着21世纪教育目标的不断变化，教育者越来越意识到单一学科教学模式的局限性。在当前教育改革的大背景下，全学科整合作为一种新型教学模式，通过跨学科的课程设计，可以打破学科之间的壁垒，促进学生知识、技能、价值观、综合素质的全面发展。从单一的学科教学向全学科整合教学转变，具体该如何实施？我校将原来零散的教学内容转变为一个个专题，将原来单一的课堂教学转变为一个个项目进行学习，相应的教学方法、实施路径也随之发生改变。一是重构课堂教学范式，将综合实践活动六种课型重构为前置课程、主体课程及后拓课程；二是丰富课程实施路径，建构以少先队活动课程、亲子课程、节日课程、研学课程、三点半课程、实践体验周课程为实施路径的校家社协同育人，学校全学科课程。本专题将探讨学校全学科课程的教学方法和实施路径，以期为更多的教育者和学校提供有益的参考和借鉴。

一、学校全学科课程实施基本范式

课程的深化势必带动教学方式的变革，传统的讲授式等教学方法并不能很好地实施学校全学科课程，我们重构课堂教学范式，以问题为中心，以主题式和项目式为主要学习形式，引导学生经历发现问题、解决问题、建构知识、运用知识的完整探究过程。

在具体实施时，我们将综合实践活动课程经历的长主题项目过程范式进行迁移，将原来综合实践活动六种课型主题确定课、主题分解课、活动策划课、阶段交流课、方法指导课、总结交流课重构为前置课程、主体课程、后拓课程，按照实践活动的自然流程和学生的认知发展规律来设计，形成了一个从启动到深入再到总结应用的闭环过程。

（一）开发前置课程

前置课程是学校全学科课程教学的第一个阶段，主要目的是为学生提供必要的跨学科视野，包括专题背景知识、技能和概念理解。在这个阶段，教师会引导学生采用多种方式去了解全学科整合项目的主题、目标、预期成果以及相关的理论知识，有效帮助学生建立起对即将进行的主体课程的基本认识和兴趣。

1. 前置课程优势

前置课程在教育过程中扮演着至关重要的角色，其意义可以从以下多个维度来理解：

知识铺垫。前置课程为学生提供了必要的基础知识和概念，帮助他们提前建立起对学习内容的基本理解。

激发兴趣。前置课程通过各种教学手段，如故事、游戏、多媒体等，激发学生的学习兴趣，为后续学习打下良好的情感基础。

培养能力。前置课程往往包含了培养学生观察、思考、沟通、合作等综合能力的活动，这些能力对于学生的全面发展至关重要。

促进理解。通过前置课程中的活动和讨论，学生能够更深入地理解即将学习的主题和概念，为深入学习打下坚实的基础。

增强参与度。前置课程通过各种互动和参与性强的活动，提高学生的参与度，使他们更加积极地投入到后续的学习中。

提高安全意识。对于某些需要特殊技能或存在安全风险的实践活动，前置课程中的安全教育是必不可少的，能够确保学生在实践活动中的安全。

情感态度培养。前置课程可以帮助学生建立起正确的情感态度和价值观，如对环境的关爱、对他人的尊重等。

家庭和社区的联系。通过对家庭亲子活动和社会实践的考察，前置课程能够加强学校教育与家庭、社区的联系，形成教育的合力。

满足个性化学习需求。前置课程可以根据学生的不同需求和兴趣进行个性化设计，满足不同学生的学习需求。

发展跨学科学习综合能力。前置课程常常涉及跨学科的内容，可以帮助学生建立起不同学科之间的联系，促进综合思维能力的发展。

打下终身学习的基础。通过前置课程的学习，学生能够培养自主学习的习惯和能力，为终身学习奠定基础。

促进教育公平。良好的前置课程设计可以帮助不同背景的学生获得平等的学习机会，缩小学习差距。

总之，前置课程是连接学生现有知识与新知识、单学科与全学科、理论与实践、学校与家庭社区的重要桥梁，对于增强学生的学习效果和促进其全面发展具有重要意义。

2. 前置课程类型

根据不同的教学目标和活动形式将前置课程进行分类，得到了以下一些适合小学生的前置课程类型：

课堂教学型。通过传统的课堂教学方式，教师向学生传授必要的理论知识和概念。例如，在科学实验课前，教师在课堂上介绍实验的基本原理和步骤。

亲子活动型。通过家长的积极参与，构建温馨的家庭学习场景，共同完成一系列妙趣横生的前置任务。以“笋芽儿”教学为例，这一前置课程巧妙地将课堂延伸至家庭与自然之中。家长利用闲暇的节假日，和孩子一起踏上亲近自然的旅程，深入竹林，跟孩子一起观笋、挖笋、画笋、尝笋，一次实践，胜于无数次的说教，教学不只在校园，知识也不只在课本。

实践考察型。安排学生参与社会实践活动，如参观博物馆、科技馆或工厂等，直观地了解相关知识。例如，在少先队活动课前，组织学生参观历史博物馆。

多媒体教学型。利用视频、动画等多媒体资源，激发学生的兴趣，帮助他们更好地理解抽象概念。例如，在科学课前，播放有关地球构造的动画视频。

互动讨论型。通过小组讨论或全班互动，鼓励学生分享观点，培养他们的沟通能力和批判性思维。例如，在语文课前，组织学生分享他们最喜欢的书籍。

情境模拟型。创造模拟情境，让学生在模拟环境中学习和体验。例如，在安全教育课前，模拟火灾逃生演练。

动手操作型。通过手工、绘画、拼图等动手操作活动，让学生在实践中学习。例如，在艺术课前，让学生尝试用不同的材料制作简单的手工艺品。

角色扮演型。让学生扮演不同的角色，通过角色来理解不同的视角和知识。例如，在语文课前，让学生扮演故事中的角色，体验故事情节。

问题探究型。通过提出问题，引导学生进行探究学习。例如，在数学课前，提出一个与日常生活相关的问题，让学生思考如何解决。

跨学科整合型。结合不同学科的知识和方法，为学生提供综合性的学习体验。例如，在环保主题课前，结合科学和美术，让学生了解如何用艺术表达环保理念。

户外体验型。安排学生参与户外活动，如远足、观察自然等，以增强他们的观察力和实践能力。例如，在科学课前，组织学生观察校园植物。

情感教育型。通过情感教育活动，培养学生的情感态度和价值观。例如，在道德与法治课前，通过讲述感人的故事，引导学生思考诚信和责任的意义。

这些前置课程类型可以根据全学科课程的具体需求和学生的实际情况进行灵活选择和设计，旨在为学生进入主体课程前奠定跨学科的知识基础、技能及思维方式，从而确保学习的连贯性和有效性。

3. 前置课程实施步骤

前置课程的实施是一个有组织、有计划的过程，旨在为学生即将参与的全学科主体课程或实践活动做好充分的准备。以下是实施前置课程的一般步骤：

第一步，需求分析。确定学生在即将参与的主体课程或实践活动中需要哪些跨学科的基础知识和技能。

第二步，目标设定。明确前置课程的教学目标，这些目标应该与主体课程紧密相关，强化单学科核心素养和凸显跨学科素养。

第三步，内容规划。根据教学目标，规划前置课程的内容，包括理论知识、技能训练、案例分析等。

第四步，教学准备。收集和准备教学所需的资源，如教材、多媒体材料、实验工具等。

第五步，教学设计。设计具体的教学活动和方法，确保它们能够有效地引导学生开展跨学科学习。

第六步，课程实施。按照教学计划进行教学，采用多样化的教学方法激发学生的学习兴趣。

第七步，学生参与。鼓励学生积极参与课程活动，通过互动、讨论、探究和实践等深化理解。

第八步，过程评估。在教学过程中进行持续地评估，以监控学生的学习进度和理解程度。

第九步，反馈与调整。根据评估结果和学生的反馈，及时调整教学方法和内容。

第十步，知识整合。帮助学生将新学的知识与他们已有的知识体系相整合。

第十一步，技能练习。提供机会让学生练习新学的技能，以确保他们能够熟练掌握。

第十二步，安全教育。如果主体课程或实践活动有安全风险，确保进行必要的安全教育。

第十三步，情感态度培养。在前置课程中融入情感态度教育，培养学生的价值观和责任感。

第十四步，家校联系。与家长沟通，争取他们的支持和参与，共同促进学生的进步。

第十五步，课程总结。在前置课程结束时进行总结，确保学生理解所学内容，并知道如何将这些跨学科的知识、技能、思维等应用到主体课程中。

第十六步，过渡准备。为学生从前置课程过渡到主体课程做好准备，包括心理准备和材料准备。

通过以上步骤，教师可以确保前置课程有效地为学生的主体学习活动做好准备，提高学习效率和质量。

（二）实施主体课程

主体课程是学校全学科课程教学的核心部分，学生在这个阶段将直接参与到实践活动中，进行实际操作、探索和研究。主体课程强调学生的主动参与和体验，通过实践活动来加深对跨学科专题的理解。鉴于传统讲授式教学在跨学科主体课程实施中的局限性，我们对综合实践活动的六大经典课型进行创造性迁移，分别是：主题确定课、主题分解课、活动策划课、阶段交流课、方法指导课、总结交流课，不同专题的全学科课程可以根据需求从六大课型中进行选择实施。

1. 主体课程优势

借鉴综合实践活动六大课型实施学校全学科课程后，有以下几个方面利于学生学习：

整合性。跨学科的实践活动有助于学生建立不同学科知识之间的联系，促进综合思维能力的发展。

全面性。六大课型覆盖了从启动到总结的全过程，确保学生在每个阶段都能得到适当的指导和支持。

参与性。学生在每个阶段都有参与的机会，这种主动参与有助于提高学习的参与感和投入度。

实践性。强调动手操作和亲身体验，有助于学生将理论知识与实践相结合，加深理解，实现知行合一。

反思性。通过总结交流，学生能够反思自己的学习过程和结果，培养批判性思维和自我评估能力。

合作性。全学科课程活动中的小组合作和交流有助于学生学习团队协作和沟通技巧。

个性化。学生在确定主题和参与活动时可以根据自己的兴趣和特点进行选择，满足个性化学习需求。

持续性。全学科课程探究实践活动的持续性，让学生有机会持续探索和深化某一领域，在后拓课程中继续研究，形成深度学习。

综上所述，六大课型的系统实施为学生提供了一个结构化、系统化、深度化的学习路径，有助于提升学习效果和培养跨学科的综合素养。

2. 主体课程类型

主体课程的类型以“植物善洗涤”全学科课程为例，具体介绍六大课型的实施过程和要点。在前置课程中，学生用多种方法收集常见洗涤剂的信息，如进入超市对常见洗涤剂种类、价格、成分等进行实地调查。

主题确定课。在主题确定课上，学生汇报了收集到的常见洗涤剂信息，发现部分洗涤剂中含有磷、荧光剂、增白剂等，可能会对环境造成一定的污染。如何将这些学生感兴趣的问题、难题变成主题，是主题确定课的难点。可以运用举例提问规范选题标准，具体标准如下：一是主题要有研究价值，能够贴近生活，有探究的意义；二是要考虑小学生的能力范围，可以利用的资源去调查、采访；三是研究的方式尽量多种多样，不局限于文献查找，也能运用问卷调查、实地考察等多种方式去探索。经过商榷，师生共同确定了“植物善洗涤”这一探究主题。

主题分解课。在主题分解课上，如何帮助学生找到切入点，思考提炼，形成小主题，这是一大难题。对此，可以给孩子提供辅助工具，第一步：整合，即在研读完所有的小问题后，找到相同或者相似的问题，合并在一起，变成一个问题；第二步：筛选，即排除能力范围外、离生活较远、研究意义不大的问题。引导学生学会选择、学会放弃，从而提高他们的综合分析、判断以及独立思考的能力；第三步：归纳，即找到同类型的问题，锻炼学生观察与思考的能力以及科学严谨的态度。师生共同合作，经过头脑风暴、分类整理，梳理出了“体验植物洗涤奥秘”“植物善洗涤解密探究”“植物洗涤产品开发研究”“植物善洗涤宣传推广”四个小主题，并对四个小主题进行逻辑排序，同步探究。

活动策划课。在活动策划课上，学生借助活动策划表进行梳理，策划表包括小组研究主题、小组信息、活动步骤、预期研究成果、展示方式、预计困难及解决办法六个内容。其中，最难的是如何合理有序地安排活动步骤，可以采取“明确梳理方法，安排合理有序”的策略。通过一系列问题来引导：我们一共做几件事情？应该怎样合理安排？先做什么？后做什么？有什么注意事项吗？这时，还可以借助思维导图等工具，帮助学生梳理脉络，从活动的准备阶段、实施阶段、总结阶段需要进行的活动出发，按顺序、有条理地列出活动步骤。

阶段交流课。在阶段交流课上，重点要解决两个问题，一是分享前期的研究成果，二是明确下一个阶段深化的方向。主要是三个环节：小组汇报，生生互评，教师总结。其中我们可以借助表达工具帮助学生更好地说、评、悟。评价标准设置为汇报时间适当、汇报内容详细、汇报形式多样、语言表达清晰，让各小组的汇报从内容、形式到表达都有据可依，条理清楚。

方法指导课。在方法指导课上，进行问卷调查方法指导、创意设计指导、资料搜集与处理指导等，难点是如何教会学生有效地学习与研究方法。解决的策略是让学生通过实践活动去自主分析、解决问题，并通过反思总结掌握方法。如上问卷调查指导课时，让学生先体验填写问卷，再进行分析，梳理总结设计问题的策略即删、改、添、调，避免教师过度主导。此外，教师在实施过程中需根据学生的实际需求和活动主题，灵活选择和调整指导内容。

总结交流课。主要包括四个内容，分别是展示实践成果、畅谈收获体会、完成反思评价、构思拓展活动，其难点在于让每个小组发现和展示各自的亮点。为此，在总结前，教师要善于跟踪观察，及时提炼各小组的经验和亮点作为正向引导。例如，教师根据参与小组活动时发现的特色，为孩子们提供了“团队合作”“深入实践”“卓有成效”“完美呈现”“最佳创意”五个奖项及其具体要求，帮助学生更好地挖掘本组特色，进行深入地汇报交流。

3. 主体课程实施步骤

主体课程的实施要经历一个主题或项目的全阶段。我校借鉴综合实践主题研究基本过程安排主体课程实施步骤。第一步，主题确定课是主体课程的起点，学生确定感兴趣的主题，为后续活动奠定基础，并激发他们的内在动机和参与热情。第二步，主题分解课将大主题细化为可操作的小任务，帮助学生全方位理解主题，更清晰地认识问题，学会将复杂问题拆解为简单问题。第三步，活动策划课是在明确了主题和子任务后，学生规划具体的活动步骤和方法，培养学生的组织能力和前瞻性思维，学习如何将想法转化为实际行动。第四步，阶段交流课是在专题的不同阶段进行交流，分享进展和反馈问题，有助于学生及时调整策略，从学习同伴中获得启发，增强合作能力。第五步，总结交流课是专题活动结束后，学生对整个主体课程的过程和结果进行反思和总结，能够帮助学生巩固学习成果，提炼经验教训，促进元认知能力的发展。不同专题的全学科课程可以结合内容的多少、探究的时长、学生的基础、研究的深度等，在整个过程中，穿插方法指导课。在专题活动中，学生需要掌握特定的方法和技能来完成任务，方法指导课能确保学生具备完成任务所需的技能，提高专题活动的成功率和学习效率。

根据需求对六大课型进行灵活选择和组合，可以经历一个完整的探究过程，也可选取部分课型对专题进行重难点突破。

（三）深化后拓课程

后拓课程是在主体课程结束后，为进一步加深学生对跨学科知识的理解、拓宽视野、提升能力而设计的课程，是学校全学科课程实施的最后一步。后拓课程旨在帮助学生对所学知识进行深化和拓展。这个阶段可能包括反思和总结活动、进一步研究探索、成果展示等。后拓课程有助于学生巩固学习成果，发展批判性思维和创新能力。

1. 后拓课程优势

后拓课程作为全学科课程实践的重要组成部分，具有其独特的优势，这些优势有助于提升学生的学习体验和教育成果，具体如下：

深化理解。后拓课程允许学生在完成主体实践活动后，进一步深入探讨和理解所学习的内容，从而加深对知识的理解。

巩固知识。通过反思和总结，学生能够巩固在实践活动中获得的知识和技能，加强印象。

培养反思能力。后拓课程鼓励学生对自己的学习过程和成果进行反思，培养批判性思维和自我评估能力。

促进创新思维。学生在后拓课程中可以探索新的想法和方法，激发创新思维和解决问题的能力。

增强实践能力。后拓课程通常包含更多的实践机会，帮助学生将理论知识应用到实际情境中，提高实际操作能力。

促进情感发展。在后拓课程中，学生可以通过讨论和分享，表达自己的感受和看法，培养情感态度和价值观。

提升沟通技巧。后拓课程中的小组讨论和成果展示等活动，有助于学生提升表达和沟通技巧。

促进跨学科学习。后拓课程常常涉及跨学科的内容，帮助学生建立不同学科之间的联系，促进综合思维能力的发展。

增强自主学习能力。后拓课程鼓励学生自主探索和学习，培养自主学习的习惯和能力。

提供个性化学习路径。后拓课程可以根据学生的兴趣和需求提供个性化的学习资源和活动，满足不同学生的学习需求。

促进家校合作。后拓课程可以设计家庭作业或亲子活动，加强学校教育与家庭教育的联系，形成教育合力。

增强社会责任感。通过社会实践活动，学生可以了解社会问题，培养社会责任感和公民意识。

提供展示平台。后拓课程为学生提供了展示自己学习成果的机会，增强他们的自信心和成就感。

促进终身学习。后拓课程培养学生的终身学习能力，为他们未来的学习和生活打下基础。

促进教育公平。后拓课程为所有学生提供了平等的学习机会，有助于缩小不同背景的学生之间的学习差距。

通过这些优势，后拓课程不仅能够提升学生的学习能力，还能够促进他们的个人成长和社会适应能力。

跨学科的真实任务，是提升学生掌握学习内容的获得感，增强在教学过程的参与感，从强调单一学科的积累知识走向学科融合的发掘和创造，经历认知到实践到应用再到形成新认知的完整闭环，向多元化和综合化方向发展，真正做到知行合一。

2. 后拓课程类型

根据需求，可以将后拓课程分为以下类型：

反思总结型。学生在完成主体课程后，通过写反思报告、讨论会或小组分享的方式，回顾整个活动过程，总结学习成果和经验教训。例如，完成一次社区服务后，学生撰写服务心得。

成果展示型。学生将主体课程的成果通过报告、展览、演示等形式向他人展示，成果可以是科学实验的结果、艺术作品、研究报告等。例如，学生在完成一个科研项目后，举办成果展示会。

深化研究型。在主体课程的基础上，进一步深入研究相关问题或领域。这可能包括更深层次的文献研究、实验探索或案例分析。例如，学生在完成一次历史主题的实地考察后，继续研究相关历史事件的更深层次影响。

技能提升型。针对主体课程中使用的技能进行进一步的训练和提升。例如，学生在完成一次摄影活动后，参加摄影技巧提升课程。

跨学科拓展型。添加新的学科，从新的学科视角对主体课程的主题进行更广泛地探讨。例如，学生在完成一次环保项目后，学习相关的经济学知识，探讨环保政策的经济影响。

社会实践型。将主体课程的成果或经验应用到更广泛的社会实践中，如参与志愿服务、社区发展项目等。例如，学生在完成一次关于老年人生活状况的研究后，参与到老年人关怀项目中。

创新应用型。鼓励学生将主体课程中获得的知识和技能应用于新的情境或问题中，培养创新思维和解决问题的能力。例如，学生在完成一次编程项目后，尝试开发新的应用程序。

情感态度培养型。通过主体课程后的反思和讨论，培养学生的情感态度和价值观。例如，学生在参与一次慈善活动后，讨论慈善的意义和个人责任感。

国际视野型。通过与国际学生或专家的交流，拓宽学生的国际视野。例如，学生在完成一次关于全球变暖的研究后，与其他国家的学生进行线上交流。

终身学习型。鼓励学生将主体课程中获得的知识和技能作为终身学习的基础，培养自主学习和终身学习的习惯。例如，学生在完成一次语言学习项目后，制定个人的语言学习计划。

职业规划型。帮助学生将专题课程与未来的职业发展联系起来，进行职业规划和探索。例如，学生在完成一次企业实习后，参加职业规划研讨会。

技术应用型。教授学生如何将主体课程中获得的知识与现代技术结合，提高技术应用能力。例如，学生在完成一次建筑设计项目后，学习如何使用建筑设计软件。

这些后拓课程类型可以根据学生的需求、兴趣和专题活动的特点进行选择和设计，以实现最佳的教育效果。

3. *后拓课程实施步骤*

后拓课程是全学科课程实施的重要组成部分，它通常在主体课程结束后进行，目的是通过反思学习过程帮助学生进一步深化理解、拓展知识和技能，并反思学习过程。以下是实施后拓课程的一般步骤：

第一步，成果收集。收集学生在主体课程中产生的成果，如报告、作品、数据等。

第二步，目标设定。根据主体课程的成果和学生的学习需求，设定后拓课程的教学目标。

第三步，内容规划。规划后拓课程的内容，可能包括深化理论学习、技能提升、进一步开展跨学科拓展活动等。

第四步，教学设计。设计后拓课程的教学活动，确保它们能够帮助学生进一步理解、应用和反思所学知识。

第五步，资源准备。准备所需的教学资源，如扩展阅读材料、在线课程、专家讲座等。

第六步，课程实施。按照教学计划进行后拓课程的教学，采用适当的教学方法和活动。

第七步，学生参与。鼓励学生积极参与后拓课程，通过讨论、展示、反思等活动深化学习。

第八步，过程评估。在教学过程中进行持续地评估，监控学生的学习进度和理解程度。

第九步，反馈调整。根据评估结果和学生的反馈，及时调整教学方法和内容。

第十步，知识深化。引导学生深入探讨主体课程中涉及的跨学科概念和理论，用融合的视角看待各学科，用跨学科的视野运用知识。

第十一步，技能提升。提供机会让学生练习和提升在主体课程中获得的技能。

第十二步，跨学科整合。探索主体课程与其他学科之间的联系，促进学生进行进一步的学习整合，培养学生的综合思维。

第十三步，情感态度培养。在后拓课程中融入情感态度教育，培养学生的价值观和责任感。

第十四步，家校联系。与家长沟通，争取他们的支持和参与，共同促进学生的进一步学习。

第十五步，成果展示。为学生提供展示主体课程成果的机会，增强他们的自信心和成就感。

第十六步，反思总结。引导学生进行反思总结，思考专题课程的意义、收获和改进空间。

第十七步，经验分享。鼓励学生分享自己的学习经验，和同学共同进步。

第十八步，课程总结。在后拓课程结束时进行总结，确保学生理解所学内容，并了解如何将这些知识应用到其他领域。

第十九步，后续学习指导。提供指导和资源，帮助学生规划后续的学习路径。

综上所述，后拓课程能够有效地帮助学生巩固和拓展在主体课程中的学习成果，促进学生的全面发展。

二、学校全学科课程实施指导策略

1. 前置课程指导策略

(1)整合学科核心概念

识别不同学科中的核心概念，并将其融合到前置课程中，以帮助学生看到不同学科之间的联系。如在环境科学主题的前置课程中，可以整合科学学科中的生态系统概念、气候模式和道德与法治学科中的可持续发展理念。

(2)设计主题学习活动

从前置课程开始，老师要明确项目主题，选取学生感兴趣的主题，设计包含多个学科元素的活动，并在前置课程中根据学生的实际反馈，进行适时调整。如在设计一个简易机器人的项目中，学生需要综合运用数学学科知识中的计算、科学学科知识中的机械原理、信息技术学科知识中的编程和美术学科知识中的设计等学科知识。

(3)促进学科间的对话

鼓励学生在不同学科之间建立联系，通过简单的对话、文字、绘画、手工等表达对跨学科的理解。如在讲授健康饮食的前置课程中，引导学生主动探究，通过提问、讨论和研究来使用科学、生命与健康学科中的营养学、生物学、化学和人体学解释食物是如何影响身体健康的。

(4)使用真实世界案例

学生使用能够理解的真实世界案例，展示不同学科如何共同认识、解释问题或现象，打破单一学科束缚，学会从跨学科的视角去看待问题，从而培养他们的跨学科思维能力。如选择与学生日常生活紧密相关的案例，使学生能够快速产生共鸣，理解学科知识的实际意义。又如通过案例展示问题可以从不同学科角度进行分析，鼓励学生思考各种可能性和解决方案。

(5)提供跨学科资源和工具

为学生提供适合他们年龄的跨学科学习资源和工具，如绘本、教育软件和简单的实验套装等。在“探索太阳系”的前置课程中，提供相关的绘本和教育软件，帮助学生了解行星的运动特征。

通过这些策略，教师可以在前置课程中有效地打开学生跨学科的视野，用跨学科的视角去收集项目相关知识和学习项目相关技能，帮助学生建立起跨学科的知识和技能系统，为更深入的学习和探究做好准备。

2. 主体课程指导策略

在进行主体课程教学时，借鉴综合实践活动的六种课型，每类课型都有其特定的指导策略，具体如下：

(1)主题确定课。鼓励学生提出自己感兴趣的问题或主题；利用头脑风暴，激发学生的创新思维能力；通过投票或小组讨论，民主确定最终的主题。

(2)主题分解课。引导学生理解主题的多维度和复杂性；分步骤展示主题分解的过程，确保每个子主题都清晰明确；鼓励学生提出自己的见解和建议，参与主题分解。

(3)活动策划课。引导学生思考活动的可行性和实际操作问题；教授基本的项目管理和时间管理技能；鼓励学生提出自己的创意和方案，并进行小组讨论和优化。

(4)阶段交流课。设定定期的交流时间，确保每个阶段都有反馈和讨论；鼓励学生分享自己的进展和遇到的困难，提供支持和建议；通过小组讨论或全班分享，促进学生之间的交流和学习。

(5)方法指导课。根据项目的需要，设计具体的技能训练和指导；提供示范和实践机会，确保学生能够掌握所需技能；鼓励学生在实践中不断尝试和改进，培养自主学习能力。

(6)总结交流课。引导学生反思整个活动过程，思考收获和不足；鼓励学生展示自己的成果，进行自我评价和互评；通过总结交流，提炼经验教训，为未来的实践活动提供参考。

3. 后拓课程指导策略

(1)巧设跨学科项目作业

设计深入的、一脉相承的项目作业，鼓励学生在后拓课程中发挥想象力和创造力，将多个学科的基础知识再次进行应用，发挥想象力，创造独特的作品或解决方案。如在“制作简易日晷”的项目中，学生综合利用科学学科中的“影子形成的原理”、数学学科中的“测量和绘制技能”，以及美术学科中的“制作技巧”，为学校量身定制一款计时日晷。

(2)注重批判性思维培养

通过讨论、辩论和反思活动，培养学生分析和评估跨学科信息的能力。如在“菇色菇香满校园”项目的后拓课程中，让学生开展调查，评估不同来源的蘑菇信息，形成自己的观点。

(3)鼓励创新和创造性表达

为学生提供机会，以创新的方式表达他们对跨学科主题的理解，如艺术、设计或写作。如在“麓山巍巍湘情浓”项目的后拓课程中，鼓励学生创作“岳麓山美篇”并进行推送宣传。

(4)实施多元化评价

采用多种评价方法，包括自我评价、同伴评价和教师评价，全面评估学生的跨学科学习成果。如在“笋芽儿”项目的后拓课程中，展示笋芽儿各类作品，编写《笋芽儿成长故事集》，并接受多方面的评价。

(5)校家社资源联动

与家长和社区资源建立联系，在后拓课程中，为学生的跨学科学习提供更广阔的视角和实践机会。如在“我是白鹤小导游”项目的后拓课程中，设计和开展幼小衔接活动，为幼儿园大班的小朋友们当小导游；也可在家长会时，为家长们做校园小导游；等等。

(6)培养终身学习技能

在后拓课程中，注重培养学生的自主学习能力、信息素养和批判性思维等终身学习技能。如在“数字公民”主题的后拓课程中，教授学生如何评估网络信息的可靠性，并鼓励他们持续关注数字世界的发展趋势。

通过这些教学指导策略，教师可以有效地实施跨学科后拓课程，帮助学生在多个学科领域内建立联系，发展综合思维和实践能力。

总的来说，不管是在实施前置课程、主体课程还是后拓课程时，都需要明确目标，定位一致；学生参与，发挥主体；资源齐全，做好准备；过程指导，适时指导；评估反馈，建立机制；跨学科整合，聚焦思维；家校合作，教育合力；反思总结，调整优化。通过这些策略，教师可以有效地实施学校全学科课程，从而促进学生的全面发展。

三、学校全学科课程实施六条路径

学校全学科课程的实施，不管是前置课程、主体课程还是后拓课程，都需要协同多方力量。而如何更好地实现校家社协同，一起为学校全学科课程助力，我校依托“魅力本草劳动至美”课程内容体系的构建，建立起以少先队活动课程、亲子课程、节日课程、研学课程、三点半课程、实践体验周课程为实施路径的校家社协同育人学校全学科课程实施路径，通过学校坚持主导、家庭主动尽责、社会有效支持的方式，让学校、家庭、社会共同努力，资源共享，全方位关怀学生，改善社群、师生与亲子关系，促进学生健康发展，探索出了校、家、社协同的课程实施六条路径。

(一)实施路径的构建

1. 纳入少先队活动课程——利用本校资源，助推改革创新

少先队活动课程要求队员们根据实际问题开展调查与研究等组织活动，在学校全学科课程的实施下，为推进新时代少先队组织改革创新，突出实践育人特色，推动新时代少先队社会化发展，我校借助项目化实施的理念，开展少先队活动课程，有效解决目前遇到的难题，同时也拓展了课程实施的有效路径。

如我校以菊花为研究对象，确定“菊食与乐，妙笔生花”为主题，围绕“走进菊花世界”“辨识菊花药材”“制作菊花食品”“菊花推广服务”四个小主题，开发了一系列少先队活动课程。让队员从辨识、加工、设计、服务四个方面开展此次探究活动，如去敬老院开展敬老

爱老服务活动，为爷爷奶奶们制作菊花凉糕、菊花饮品，诵读菊花诗词等，在推广菊花药用价值的同时，也把菊花这个“延寿客”的美好祝福带给了老人。整个少先队活动中，队员们习得了相应的劳动技能增强了服务社会的意识，实现了队员自我效能感的提升，强化了少先队辅导员队伍建设，是全面贯彻落实立德树人这一教育的根本任务、深入贯彻党的教育方针的重要举措。

2. 开展系列研学课程——拓展实践场域，开阔学生视野

学校研学实践活动、社会实践活动与综合实践活动需要保持统一性和衔接性，其中，研学课程是落实家庭、学校、基地、社会四方联动实践育人的重要实施路径。研学活动作为学校特色综合课程的补充，开拓了师生的视野。我校研学活动与学校课程一脉相承，如长沙郦原文化园“薄荷香浓醉晓晴”研学活动、长沙博庠农业基地“艾香淡淡恰如花”研学活动、湖南中医药大学“中草药挥发油提取”研学活动、湖南食品药品职业学院“中草药炮制”研学活动，一系列研学活动极大地拓展了校外实践场域。

如以薄荷为研究对象，确定“‘薄’采众长，珠联璧‘荷’”为主题，围绕“走进薄荷世界”“辨识薄荷药材”“种植养护薄荷”“炮制加工薄荷”“研发薄荷产品”“薄荷推广服务”六个小主题，开发了系列研学活动项目，如撰写种植日记、打造盆景景观、自制酵素代替营养液、为家人制作薄荷糕、薄荷茶、薄荷药膳、薄荷糖等，将研学实践、亲子活动、社会实践活动与校园活动全面融合，基地研学、社会实践作为学校综合实践活动课程的一个实践环节，与学校综合实践活动主题始终保持统一性、衔接性，大大拓展了实践场域，有效拓宽了学生视野。

3. 创新节日课程——丰富节日内涵，浸润价值体悟

节日课程是一种教育实践，它不仅丰富了学生的文化生活，还提供了一个了解和体验世界各地传统和习俗的平台。这些课程通过庆祝不同的节日，帮助学生建立对多元文化的认知和尊重，同时加强了他们对历史和艺术的理解。然而，节日课程在实施过程中也面临着一些挑战，如资源限制、文化误解、包容性问题以及对教师专业能力的需求。解决这些问题需要学校、教师、家长和社区的共同努力，以确保节日课程能够达到其教育目标，同时为学生提供有意义和有启发性的学习体验。为此，我们为每个传统节日都创新设计了系列节日课程，让孩子们更深入地了解节日的来历、习俗、价值、文化等。

如植树节以“‘植’此青绿，药草飘香”为主题开展了中草药种植养护活动；清明节以艾草为研究对象制作艾叶青团、艾饭，传承民俗文化；劳动节自制荞麦饼、薄荷柠檬茶，锻炼心智、促进成长；中秋节开展“花好月圆 中秋意浓”主题课程，制作中草药冰皮月饼、中草药药膳、中草药小食等为师生家长奉上一次浓情家宴；国庆节一至六年级分别以不同的中草药为主题学习系统的中草药知识，通过绘画、种植、宣传营造浓厚的中草药劳动氛围；端午节以“‘艾’不释手，陌上‘草’熏”为主题，围绕节气来历、艾草香囊的中药成分及配比、设计制作香囊、成果物化、志愿服务综合小组评比等活动内容展开。节日课程体现了学生对于传统文化的深入思考和创新，旨在保护和传承中国优秀传统文化，丰富了节日内涵，提高了价值体悟。

4. 研发三点半课程——提供探索平台，个性深入研究

三点半课程是学校全学科课程的重要组成部分，致力于提供一个多元化、包容性强的

学习平台，旨在满足学生的个性化需求，激发学生的兴趣和激情，培养他们的创造力和批判性思维能力，同时加强他们的社交技能和团队合作精神。此外，三点半课程还注重培养学生的自主学习能力和探索精神，鼓励他们成为终身学习者，不断追求个人成长和社会贡献。

为此，我校三点半课后服务的时间段开设了丰富的个性化中草药劳动教育社团课程。在这里，学生可以针对自己在中草药主题活动中特别感兴趣的方向继续深入研究。如经过师生讨论、资料查找、访问调查之后，六年级学生选择了中草药“莲”作为探究对象，并将“‘莲’年有鱼，岁岁无恙”作为活动主题。在“溯源求新”板块中，学生想从莲的食用价值、药用价值、文化价值和生态价值等方面开展探究活动，其中通过莲池养护活动探究水质净化和生态平衡，聚焦“莲”清廉、高洁品质开展文创品“莲花簪”的制作，分别凸显了莲的生态价值和文化价值。该路径的实施不仅解决了“放学之后孩子去哪儿”的现实难题，更通过创设软硬件优质的智慧环境，优化智慧学习模式，落实智慧评价，实现了巩固课堂知识、拓展课外技能、提高学习兴趣、培养综合素质、服务终身发展的多重功效，为学生提供探索平台，让学生得到个性化发展，这与学校“道法自然 和而不同”的办学理念不谋而合。

5. 执行实践体验周课程——链接各方资源，综合育人凸显

实践体验周的设置丰富、拓展了学校全学科课程的实施途径，有助于发展学生的实践意识与能力，打通学校与社会的联系，实现综合育人价值。但是目前实践体验周缺乏整体规划，多为单一的、零散的、浅层的，所以需要进行全学科实践课程的开发和实施。

如我校实践体验周就围绕中草药劳动主题的意义建构，借助传统节假日或学校特色节日，设计一系列实践体验任务，如在“孟春之月，盛德在木”五年级主题实践体验周中开展了以下学习活动：第一天了解植树节的历史由来及发展过程；第二天了解与植树节相关的名人故事及有名的古诗词；第三天测量种植菊花、桂花等中草药植物土地的酸碱度；第四天配置不同肥料；第五天植树活动……活动现场大家分工协作、相互配合、热情高涨，植树节变得更加意义非凡，学生在完成任务和解决问题的过程中进一步发展核心素养。

6. 推进亲子课程——促进亲子关系，养成良好习惯

有益的亲子活动是父母与子女之间传递情感、知识、技能和价值观的重要方式，对儿童的心理健康、学业成就、社会性发展具有不可替代的作用。从以往学校组织或布置的亲子活动任务中我们发现，家长更重视对孩子的物质给予，而忽略情感陪伴；更关注孩子的学业成就，而忽视实践能力的培养。家长在亲子活动中扮演的更多的是主导者、漠视者的角色，而非引导者、协助者。为了激发孩子的学习兴趣和主动意识，促进家庭成员之间的互动和沟通，增强家庭的凝聚力，让家庭成员之间更加亲近和团结，我们邀请家长参与学校的特色综合课程的建设和实施，这也是我校全学科课程实施的重要途径。

如以“生生不息，情重‘姜’肱”为主题，围绕“生姜知识知多少”“生姜种植我在行”“百变生姜美食宴”“设计招牌乐推广”四个小主题，设计并实施系列亲子课程，从“有趣的‘姜’湖调查令”开始，到为家人量身定制驱寒神器姜糖和姜茶、颈椎病小克星驱寒姜贴、晕车小帮手姜片贴。又如在“研发中草药洗涤产品”专题中，学生在学校和基地学习制作了无患子香皂、茉莉花香皂、茶枯洗发水后，回到家中仍然坚持练习，并在家长的指导下，继续研究和开发更多创意产品，如无患子茉莉花洗手液、无患子茶枯洗碗液等，和家长一起做

好售卖前的准备工作，并利用周末时间和家长一起走入社区进行售卖，收获到人生的第一桶金。这一系列亲子课程让亲子活动变得有趣、有益、有深度，让亲子关系变得更和睦、更亲近，学生亲身参与到传承与保护传统文化中来，培养了创意、审美能力以及实践能力，增强了健康养身和环保意识。

（二）实施路径的策略与方法

我们在进行学校全学科课程六条实施路径探索和实践时，分类总结了一些策略和方法。这些策略和方法旨在通过校家社协同，为学生提供一个更加丰富多元的学习环境，促进学校全学科课程有效实施，为学校教育改革注入新的活力。

1. 少先队活动课程的深化策略

(1)课程与社区服务结合：将少先队活动与社区服务相结合，让学生在服务中学习社会责任和提高公民意识。

(2)项目驱动学习：通过项目驱动的方式，让学生在解决实际问题的过程中，学习跨学科知识，培养团队合作能力。

(3)主题性活动设计：围绕特定主题，如环保、安全等，设计系列少先队活动，增强学生的实践体验。

2. 亲子课程的互动策略

(1)亲子共学模式：鼓励家长与孩子共同参与学习活动，如共读一本书，共同完成一项社区实践活动，增进亲子间的交流与加强双方之间的理解。

(2)家庭作业的亲子合作：设计需要家长和孩子共同完成的家庭作业，如家庭实验室，培养孩子的责任感和实践能力。

(3)亲子活动日：定期组织亲子活动日，如亲子运动会、亲子艺术创作节、亲子美食节等，加强家庭成员间的互动。

3. 节日课程的文化体验策略

(1)节日文化工作坊：组织节日文化工作坊，让学生亲手制作与节日相关的手工艺品，如春节的灯笼、端午节的香包等。

(2)节日故事会：通过节日故事会的形式，讲述节日的由来和传统习俗，让学生更深入地了解节日文化。

(3)节日主题创作：鼓励学生围绕节日主题进行创作，如绘画、写作、音乐等，表达对节日的理解和感受。

4. 研学课程的实践拓展策略

(1)研学基地建设：与地方文化、科技、农业等机构合作，建立研学基地，为学生提供丰富的实践场所。

(2)研学课程系列化：设计系列化的研学课程，如历史文化研学、科技创新研学等，系统地培养学生的实践能力。

(3)研学成果展示应用：鼓励学生将研学过程中的所见所闻、所思所感通过报告、展览等形式进行展示，分享学习成果，学校将研学成果应用于评优评先中。

5. 三点半课程的个性发展策略

(1)兴趣小组多样化：根据学生的兴趣和特长，设立多样化的兴趣小组，如机器人制作、戏剧表演、书法绘画等。

(2)个性化学习计划：为每位学生制定个性化的学习计划，提供个性化的指导和支持，促进学生特长的发展。

(3)学习成果社区展：鼓励学生将三点半课程中的学习成果在社区中展示，如举办小型音乐会、艺术展览等。

6. 实践体验周课程的综合育人策略

(1)跨学科整合与实践导向

结合不同学科知识，设计以实践为基础的跨学科项目，让学生在实践中体验和应用多学科知识，培养综合解决问题的能力。

(2)个性化与评价反馈

根据学生个性化需求和能力差异，提供定制化实践教育项目，并通过多元化的评价体系和反馈机制，促进教学内容和方法的持续改进。

(3)创新与技术融合

融入现代信息技术，创新实践体验教育的教学方法和手段，提高教学的互动性、趣味性和实效性，培养学生的创新能力和未来劳动市场的适应能力。

四、学校全学科整合课堂教学方法体系

综合实践活动作为经验性课程，关注学生解决问题的方法与经验，其内在结构逻辑是螺旋上升的方法论知识体系，包括一般方法(如问卷调查、访谈调查方法等)、过程方法(如学会撰写活动方案、总结报告等)、技能方法(如学习某项技能、制作标本的方法等)。同理，全学科课堂教学过程不应该是一个个学科逻辑知识体系的叠加，更应该多次进行学习方法、研究方法的渗透和指导。为此，我校重构了全学科课堂教学方法体系，该方法体系是一种整合不同学科知识与技能的教学模式，旨在培养学生的综合素养和解决复杂问题的能力。

1. 全学科课堂教学方法体系的逻辑框架

(1)整合学科知识

一般方法：跨学科概念理解(如可持续发展、系统思维)、跨学科知识融合(如将数学、科学、社会学等学科知识综合应用于问题解决)。

过程方法：跨学科问题定义(如识别问题、确定问题范围)、跨学科研究方法(如文献综述、案例研究、实地考察)。

技能方法：学科交叉应用能力，如将数学建模应用于社会科学问题，或使用科学方法研究文学主题。

(2)促进学生主动学习

一般方法：自主学习策略，如自我提问、自我评估；合作学习技巧，如小组讨论、角色分工。

过程方法：项目式学习，如设计并实施跨学科项目；探究式学习，如提出假设、收集数据、分析结果。

技能方法：主动学习技能，如自我驱动的探索、独立研究项目、个人学习计划的制定

与执行。

(3)应用技术与工具

一般方法：信息技术应用，如使用互联网、软件工具进行研究；数字媒体创作，如视频制作、数字艺术。

过程方法：技术辅助学习，如在线课程、虚拟实验室；技术集成项目，如使用编程、建模软件进行跨学科设计。

技能方法：技术工具操作技能，如熟练使用研究工具、软件应用程序；数字素养，如信息安全、数据隐私保护。

(4)培养批判性思维与创新能力

一般方法：批判性思维训练，如评估信息来源、论证观点；创新思维激发，如鼓励发散性思维、创意生成。

过程方法：问题解决策略，如多角度分析问题、设计解决方案；创新实践，如实验新方法、开发新产品。

技能方法：批判性分析技能，如识别论点中的假设、评估证据的有效性；创新技能，如创意思维技巧、原型设计与迭代。

(5)强化实践与体验

一般方法：实地考察，如访问工厂、农场、博物馆；社区参与，如参与社区服务、公共事务。

过程方法：实践操作，如实验操作、艺术创作；体验学习，如模拟体验、角色扮演。

技能方法：实践技能，如实验室技术、现场调研技能；体验式学习技能，如反思实践、情境模拟。

(6)促进跨文化交流与合作

一般方法：跨文化沟通技巧，如语言能力、文化敏感性；国际视野，如了解全球问题、参与国际项目。

过程方法：跨文化项目合作，如与不同文化背景的学生合作；全球议题探讨，如气候变化、贫困问题。

技能方法：跨文化交流技能，如有效沟通、文化适应性；国际合作技能，如跨国项目协调、多元团队管理。

(7)评估与反馈

一般方法：多元化评估，如自我评估、同伴评估、教师评估；形成性评价，如过程记录、反思日志。

过程方法：反馈循环，如收集反馈、调整策略；持续改进，如根据评估结果优化学习方法。

技能方法：自我和同伴评估技能，如制定评估标准、进行客观评价；反馈应用技能，如根据反馈进行自我调整和学习策略优化。

2. 全学科课堂教学方法体系的组织策略

全学科课堂教学通过整合不同学科的教学方法，形成跨学科的教学方法体系，旨在培养学生的综合素养和解决复杂问题的能力。如主动学习技能是学生能够独立设定学习目标、寻找资源、监控进度，并对自己的学习负责；批判性分析技能与创新技能是学生能够深入分析问题，识别潜在的偏见和逻辑谬误，并创造性地提出解决方案；技术工具操作技能与数字素养是学生能够熟练使用各种技术工具进行数据收集、分析和呈现，并理解数字时代的信息理论；实践技能与体验式学习技能是学生能够将理论知识应用于实践操作中，并能够通过体验式学习深化对知识的理解；自我和同伴评估技能与反馈应用技能是学生能够进行自我反思，接受和利用同伴和教师的反馈，以改进学习成果；跨文化交流技能与国际合作技能是学生能够在多元文化环境中有效沟通，理解不同文化的观点，并在国际项目中展现领导力和团队协作能力。

以如何培养学生"学科交叉应用技能"为例，学科交叉应用技能是指学生能够识别不同学科领域之间的联系，并将一个学科的知识和技能应用于另一个学科的问题解决中。这种能力体现了跨学科思维，有助于学生在面对复杂问题时能够采取多角度的思考方式。

(1)培养方法

课程设计：开发跨学科课程，让学生在课程中同时接触多个学科的内容，理解它们之间的联系。

项目式学习：通过项目式学习，让学生在解决实际问题的过程中应用多种学科知识。

案例研究：使用来自不同学科的案例，让学生分析和讨论，从而理解不同学科视角下的问题解决方法。

教师引导：教师在教学过程中应强调学科间的联系，鼓励学生从不同角度思考问题。

研究方法教育：教授学生如何使用跨学科的研究方法，如系统分析、模型构建等。

(2)实施步骤

第一步：确定跨学科主题。选择一个能够连接多个学科的主题或问题。

第二步：设计学习活动。创建活动，让学生探索和应用不同学科的知识和技能。

第三步：提供资源和工具。为学生提供必要的学习资源和工具，支持他们的跨学科探索。

第四步：鼓励合作。鼓励学生在小组中合作，利用各自的学科优势共同解决问题。

第五步：反馈和评估。提供及时反馈，评估学生在跨学科应用中的表现和进步。

(3)举例说明

"绿色校园"项目旨在培养学生对环境保护的意识和学科交叉应用技能。在这个项目中，学生们被鼓励参与到改善校园环境的实际行动中，通过分组合作，每个小组负责研究和实施一个与校园绿化、废物回收或节能减排相关的子项目。学生们在科学课上了解植物生长的基本知识，在数学课上学习如何计算植物数量和规划布局，在美术课上设计校园美化方案，在综合实践课上进行调查研究以收集改进建议，在语文课上、音乐课上撰写项目提案和宣传材料。通过实地考察、资源整合和实践操作，学生们将所学知识应用于校园环境的改善中，最终通过成果展示和全校评价来反思和优化他们的计划。在这一过程中，学生不仅能够深入理解各自学科的知识，还能够学会如何将这些知识综合应用于解决实际问题，掌握学科交叉应用技能。

总的来说，在构建全学科课堂教学方法体系时，重要的是要确保教学活动能够激发学生的好奇心和探索欲，同时帮助他们建立起跨学科的视角和思维模式。通过上述方法，可以更好地激发学生的学习兴趣，培养他们的综合思维能力，为他们的终身学习奠定基础。

学校全学科课程实施是一个系统工程，需要从多个方面进行综合考虑和协调推进。通过重构课堂教学范式、丰富课程实施路径的探索与实践，解决了学科割裂、一课一教的困境，让全学科项目化学习得以推进，让校、家、社协同得到落实，为学生面向未来的全面发展提供了更加坚实的基础，为学校教育改革提供新的思路和方法，有利于推动教育事业的持续发展。

案例一　我是小小营养搭配师

学科：道德与法治、数学、美术、音乐
年级：一年级

一、确定主题

饮食是我们获取营养和能量的重要方式，良好的饮食习惯和均衡的膳食搭配可以使学生保持健康。一年级学生初入校园，面对学校食堂统一烹饪的食物时常发出如下声音："老师，饭太多了""老师，肉咬不动""我只想吃菜不想吃饭""这个青菜不好吃"……不良的饮食习惯、食物搭配不合理是导致他们浪费食物的主要原因。饮食对健康至关重要，一年级美术、道德与法治学科中均有培养良好饮食习惯的教学内容。结合教材内容及现实存在的问题，我校一年级组开展"我是小小营养搭配师"的跨学科探究活动，活动由区综合实践活动学科骨干引领，年级组长牵头，多学科骨干教师参与，共同构建跨学科探究团队。以"食物营养搭配"为核心，整合数学（食物中的立体图形）、道德与法治（餐桌礼仪与健康）、美术（营养早餐的艺术呈现）、音乐（菜市场的旋律节奏）等教材内容，构建序列化学习主题，通过实践引导学生深入理解营养搭配，培养良好的饮食习惯。

二、搭建框架

"我是小小营养搭配师"课程内容框架表

教材	课题	相关知识点	课标要求
一年级音乐（湘教版）	《买菜》	掌握歌曲节奏、根据韵律感的歌词做声势律动及歌词编创	用简单的身体律动随音乐自然有感情地演唱，以及即兴创造活动
一年级数学（人教版）	《食物中的立体图形》	深化对立体图形特征的认识，初步建立空间观念	能通过实物和模型辨认长方体、正方体、圆柱和球等几何体。能对简单几何体和图形进行分类
一年级道德与法治（部编版）	《吃饭有讲究》	初步了解有关食物的分类，指导学生学会合理配餐	初步了解食物的分类标准，理解合理配餐的重要性，培养健康文明的生活方式
一年级美术（湘美版）	《营养早餐》	了解绘制食物的方式方法，根据合理的营养结构，设计搭配一份营养早餐	结合生活经验，尝试不同的工具，并通过看、想、画等方法进行简单的搭配与装饰，体验活动的乐趣

三、课程实施

"我是小小营养搭配师"课程实施框架表

阶段	类型	教学内容	课时安排	授课教师
第一阶段	前置课程	自主探索美食之旅	1 课时	佘东仪
第二阶段	主体课程	《认识图形(一)》复习课	1 课时	刘微
		一年级(上)道德与法治教材《吃饭有讲究》	0.5 课时	佘东仪
		一年级(上)美术教材《营养早餐》	0.5 课时	伍家琪
		一年级(上)音乐教材《买菜》	1 课时	丁彦
第三阶段	后拓课程	为家人做营养早餐	——	学生自主完成

四、教学示例

教学示例一：综合实践活动"自主探索美食之旅"

【教学目标】

1. 知识与技能：学生能够识别并了解不同食物的主要营养成分及其对人体的益处与潜在危害。

2. 过程与方法：通过小组合作、实地考察、资料查询等方式，培养学生的自主探究能力、团队合作能力和信息筛选能力。

3. 情感态度与价值观：激发学生对健康饮食的兴趣，树立科学合理的饮食观念，培养良好的饮食习惯。

【教学重点】

使学生掌握食物中的主要营养成分(蛋白质、碳水化合物、脂肪、维生素及矿物质)及其作用，同时培养健康饮食观念，实践平衡膳食以促进身体健康。

【教学难点】

学生需将食物营养知识转化为对健康饮食的深刻理解，并能在实际生活中应用，达到营养平衡。

【教学过程】

环节一：导入新课

情境创设：通过展示一组对比鲜明的饮食图片(如健康餐与快餐)，引导学生思考饮食对健康的影响，引出本课主题。

环节二：知识讲解

食物分类：简要介绍食物的主要分类(如水果、蔬菜、全谷物、蛋白质来源、健康脂肪)。

营养成分：概述各类食物的主要营养成分及其对人体的重要性。

环节三：布置小组活动

1. 任务分配：每个小组分配不同的探索任务，如调查水果店中水果的营养价值、超市中全谷物的种类与益处等。

2. 实地考察：在家长或教师带领下，前往指定地点进行实地考察，记录所见所闻，收集相关资料。

3. 资料查询：利用互联网、书籍等资源，进一步了解所调查食物的营养成分及对人体的影响。

4. 小组讨论：汇总调查结果，讨论食物的益处与潜在危害，形成小组报告，并小组选派代表，向全班展示调查成果，分享学习心得。

环节四：总结提升

教师总结：回顾本课学习内容，强调健康饮食的重要性，引导学生树立科学合理的饮食观念。

教学示例二：数学“塑造情境 了解特点”

【教学目标】

1. 通过复习立体图形的特征，理解立体图形间的关系，从而初步建立空间观念。

2. 感受数学知识与日常生活的紧密联系，培养学生用数学的眼光观察和分析现实世界的习惯。

【教学重点】

通过对相关实物的观察，深化学生对立体图形特征的认识。

【教学难点】

感受数学知识与生活的紧密联系。

【教学过程】

环节一：视频导入，前置分享

1. 播放一段美食视频，激发学生的兴趣，引导他们进入学习情境。

2. 请学生分小组上台分享前置课程的开展情况，如探索之旅的前期计划、小组成员的分工、了解到的食物营养成分等。教师对学生的分享进行评价和反馈。

3. 教师与学生共同总结并引出本节课的主题：食物中的立体图形。

环节二：创设情境，整体回顾

1. 出示一个关于食物的谜语，让学生猜一猜谜语描述的是哪个立体图形，并解释是如何判断的。

2. 引导学生回顾总结立体图形的特征。

环节三：综合应用，整体提高

1. 使用动态课件展示食物中的立体图形，让学生观察并找出相应的立体图形。

2. 学生两人为一组合作，根据形状特征对这些食物进行分类，并将序号写在对应的方框里。

教学示例三：道德与法治“结合特点，合理搭配”

【教学目标】

1. 学生能够初步了解食物的分类标准，理解合理配餐的重要性。

2. 通过学习，明白健康成长与合理饮食的密切关系，培养健康文明的生活方式。

3. 在探究过程中形成合作学习和自主探究的能力。

【教学重点】

学习食物的分类与营养价值，了解合理配餐的原则。

【教学难点】

理解健康成长与合理饮食的密切关系，培养健康文明的生活方式。

【教学过程】

环节一：导入

1. 最近老师观察到很多小朋友站在校门口吃早餐，有的小朋友吃馒头，有的小朋友吃花卷，你们喜欢这样的早餐吗？

2. 我看到很多小朋友摇头了，我们中国的饮食最为精细，吃饭都最是讲究。今天我们变身营养小当家，一起来发现饮食的秘密吧。

3. 为了成为营养搭配师，我们需要通过闯关大挑战。一共有两个关卡，分别是关卡一：我是分类小能手；关卡二：我是营养搭配师。

环节二：新课探究

活动一：吃得营养——我是分类小能手

1. 观察与分类。学生观察黑板上的食物模型，根据食物的特点进行分类，完成学习单任务一。

2. 交流分享。同桌之间互相交流自己的分类依据，并尝试用所学知识解释自己的选择。

3. 总结提升。教师引导学生总结食物分类的基本原则，强调五谷类、果蔬类、肉蛋奶类等各类食物在饮食中的重要性。同时，通过讲解和演示，让学生了解“饮食金字塔”的结构和意义。

环节三：营养搭配——我是营养师

1. 案例分析：展示一份不合理的早餐食谱，引导学生分析其营养不均衡的原因，并讨论合理的改进方案。

2. 实践操作：学生分组进行营养餐搭配活动，根据所学知识，制定一份合理的早餐食谱，并进行简单的营养说明。

3. 分享交流：各小组展示自己的搭配方案，其他同学和教师给予评价和建议。

环节四：总结拓展

在大家的精心搭配下，我们美味的大餐已经初具雏形，接下来，让我们跟着美术老师，一起将这一顿大餐美美地做出来吧。

教学示例四：美术“结合搭配，设计形象”

【教学目标】

1. 根据合理的营养结构，设计搭配一份手绘营养早餐食谱。

2. 了解绘制食物的方法，学会绘制常见早餐。

3. 在学习活动中加强对生活的了解与培养热爱生活的情感。

【教学重点】

1. 根据合理的营养结构，设计搭配一份手绘营养早餐。

2. 学会绘画常见早餐。

【教学难点】

根据合理的营养结构，设计搭配一份营养早餐。

【教学过程】

环节一：谈话导入，回忆生活

师：前面大家跟着道法老师一起了解了许多关于食物的营养知识。你们今天都吃早餐了吗？

师：假如有个小朋友他每天都不吃早餐，这样有利于他的健康吗？

师：早餐是人一日三餐中最重要的一餐，它能快速为我们提供能量，帮助我们健康成长。大家有什么好办法将营养早餐介绍给其他小朋友，让他们也能根据合理的搭配吃到营养的早餐呢？

师：有同学建议可以画出来编成小册子，这个建议太棒了！今天就让我们一起来看看怎么画出一顿营养早餐吧！

揭示主题：营养早餐。

环节二：游戏解难，观察考验

1. 猜一猜

(1)出示食物外形图片与食物局部细节图片，请同学回答并分享判断思路。

板书：外形、颜色、内部细节。

(2)出示面包图片，请学生观察思考并总结图中面包的具体绘画步骤。(第一步画外形，第二步涂颜色与添加内部细节。)

(3)教师小结：抓住食物的外形特征，涂上合适的颜色，添加内部细节，就能画出生动形象的食物图。

2. 想一想

(1)出示圆形图片

请学生观察形状并联想，同一形状可以变成哪些不同的食物。(面包、西红柿、汉堡、橙子、包子……)

(2)小结：可以根据外形发挥想象，变换成不同的食物。

3. 比一比

出示两幅内容相同但构图不同的作品，比较哪幅画构图更合适；出示两幅同样内容作品，比较有背景与无背景的画面效果。(构图饱满，适当添加背景花纹。)

4. 瞧一瞧

欣赏美观的营养早餐照片。

环节三：学生创作，教师指导

1. 老师简单展示外形画法，不过度示范。提醒构图饱满，注意营养搭配。

2. 学生自由讨论，并分享自己的搭配想法。

3. 学生自主创作，以小组为单位将作品装订成册，教师巡视辅导。

环节四：作品展示，情感升华

1. 上台展示小组学生的作品。

2. 请同学们互相分享喜欢的作品。

3. 教师总结。

师：有了美味的食物，再搭配着动听的音乐一起享用，那该是多美妙的事情呀！同学们，快带上美味的营养早餐，跟着音乐老师到音乐世界开启一场听觉盛宴吧！

教学示例五：音乐“结合形象 创编表演”

【教学目标】

1. 能轻快活泼地演唱歌曲，结合韵律感的歌词感受与蔬菜有关的音乐旋律。

2. 结合韵律感的歌词做声势律动，并能用响板进行伴奏。

3. 培养学生对健康饮食的正确认识，激发爱生活、爱劳动的积极心态。

【教学重点】

能用欢快活泼的情感准确、流畅地演唱歌曲。

【教学难点】

为歌曲即兴创编，做规整的具有蔬菜特点的念白。

【教学过程】

环节一：铺垫导入，创设情境

根据谈话导入，引导学生回顾数学课认识形状、道法课学习营养搭配、美术课设计营养菜单，为参加“蔬菜营养交响曲”做准备。

环节二：新歌教学，感受歌曲

1. 初步欣赏歌曲，了解歌词内容和旋律。

2. 观看图谱，根据歌词特点，设计声势律动，完成师生合作对唱。通过响板拍击节奏，重点感受“× ×　× × | × ×　×　| ”念白，练习歌词“萝卜 黄瓜 | 西红 柿 | ，蚕豆 毛豆 | 小豌 豆 | ”。

3. 提醒学生注意：歌曲中唱和念白部分转换衔接自然，“哎呀呀”叹气语气词，要表现出自己的情感。

环节三：歌曲表演，创作延伸

1. 教师伴奏，学生随琴完整演唱歌曲。（初次演唱时，教师注意放缓节奏。）

2. 用响板歌曲伴奏，加入声势律动完整演唱歌曲。

3. 通过小组合作讨论和编创歌曲歌词，为蔬菜营养交响曲做铺垫。

环节四：师生合作，小组展演

1. 进行蔬菜营养交响曲展演，通过师生合作、生生合作，学生反复体验感受歌曲、表现歌曲、理解歌曲。

2. 情感升华，德育渗透

歌曲紧扣“我是小小营养搭配师”主题，引导学生回顾数学课认识形状、道法课学习营养搭配、美术课设计营养餐，通过实践引导学生深入理解营养搭配，培养良好的饮食习惯。

教学示例六：劳动教育“为家人做营养早餐”

环节一：材料准备

在活动开始前，简短回顾食物的营养成分及营养搭配原则，准备制作营养早餐所需的食材，如全麦面包、鸡蛋、牛奶、新鲜水果、蔬菜、坚果等。强调厨房安全知识，如正确使用刀具、火源等，确保活动安全进行。

环节二：动手制作

学生开始动手制作营养早餐，家长在一旁指导，确保操作正确。

环节三：品尝与评价

学生展示自己制作的营养早餐，介绍食材搭配、营养价值。邀请家长共同品尝早餐，家长给出评价和建议。

环节四：总结反思

活动结束后，总结本次活动的收获，反思在制作过程中遇到的问题及解决方法，思考如何将健康饮食理念融入日常生活。

（案例供稿：常洁　刘星星　杨艳花　刘微　佘东仪　伍家琪　丁彦）

案例二　我是白鹤小导游

学科：综合实践、数学、美术、语文

年级：二年级

一、主题确定

（一）研究原因

本学期，我们学校迎来了好几批幼儿园小朋友参观白鹤校园，作为“准白鹤小学生”的他们，对小学校园的一切都充满了好奇，二年级孩子同样也因为幼儿园小朋友的到来兴奋不已，很希望在校园中用自己的方式欢迎这群小客人，他们想为小客人们指路，想为他们介绍学校，但却不太明白具体该如何做。作为老师，需要帮助二年级孩子建立起“小导游”的意识。而培训一名出色的“小导游”，并不是某一学科的学习内容，涉及多门学科，故我校决定以“我是白鹤小导游”为主题进行跨学科整合课程实践。本次跨学科整合课程从真实情境出发，以“作为一名小导游，我们应该提前了解或准备一些什么”作为驱动问题，在问题驱动式学习中提高自身的观察、思考、绘画、表达能力，发展结构化思维，实现深度学习。

（二）研读教材

确定了这一驱动问题后，我们把解决这一问题分为了四个步骤，即了解校园，分辨方向，绘制地图和学会语言表达。我校以年级组为单位，一起研读二、三年级各学科、各版本上下两册的教材。由于综合实践活动本身具有较大的整合空间，可以与多数专题有效整合，所以讨论决定先通过综合实践活动让学生了解白鹤校园；然后，阅读教材发现数学（人教版）三年级下册的第一课《位置与方向》与辨认方向有关，但考虑到本课程面向的是二年级的学生，故需要数学老师降低本课的难度；随后，又发现美术（湘美版）二年级下册第五课《左邻右舍》设置的活动是“剪折、粘贴有立体门窗的房屋”，于是我们决定把绘制校园地图建立在《左邻右舍》这一课上，能够降低学生绘制校园地图的难度；最后，学会语言表达对应了语文（部编版）二年级下册语文园地一，旨在让学生学会借助导览图指明方向。

（三）研读课程标准

研读课程标准过程中，我们发现低年级数学新课标强调老师在教学中要引导学生联系身边具体、有趣的事物，通过观察、操作、解决问题等丰富的活动，区分方向，能用方位词向大家介绍及交流；语文新课标中提出，引导孩子对写话有兴趣，留心周围事物，写自己想说的话，热心参加校园活动，表达自己的见闻及想法；美术学科旨在引导孩子尝试不同工具，用身边容易找到的各种媒材，通过看看、说说、画画等方法，大胆、自由地把学校建筑物及路线图绘制出来，体验绘画的乐趣。

在研读完低年级各学科课程标准后，团队成员通过讨论决定要进一步在培养孩子勇于提问、了解校园（综合实践）、分辨方向（数学）、绘制地图（美术）和敢于、学会语言表达（语文）等能力方面进行深度研究，真正实现培养学生发现、学习、创造、实践能力，综合素养提升的总目标。

（四）分析学情

小学二年级学生有良好的观察习惯，能基本准确地提炼信息，有丰富的想象力和创造力，思维敏捷，领悟能力强。教师需要引导学生根据兴趣进行自由分组，开展小组活动，并通过小组分工合作和信息成果集体共享，建立合作精神。

虽然学生整体素质较好，但是二年级学生对于“我是白鹤小导游”的相关学习与实践存在一定的难度。他们还不能独立完成实践活动，需要在老师的指导下查找、筛选、整理、运用资料，对资料进行观察，搜集、加工、整理，提升综合素养。

针对学情具体情况，团队成员反复商讨、不断调整跨学科课程实践难度。综合实践学科引出大主题——“我是白鹤小导游”。提出问题“小导游需要哪些方面的知识?”，从而引出“需要数学，美术和语文学科”。怎样帮助学生成为一名小导游？要成为一名好导游，需要学习地理位置和方位。在“认识东南西北”这个课题中，学生将了解每个方向，并知道他们在生活中的位置。数学老师设计了丰富有趣的活动，来帮助学生认识东南西北；美术老师则是将绘制房屋与辨别图中的东南西北相结合进行教学，帮助他们提高方向感和空间感，学习绘制白鹤校园地图；语文学科老师引导学生在导游过程中，学习如何使用规范、有礼貌的语言与小客人们沟通，体会到语言沟通的重要性，提升语言表达能力。

二、框架搭建

“我是白鹤小导游”课程内容框架表

教材	课题	相关知识点	课标要求
二年级 综合实践	晓白鹤之园	学生通过调查访问、实地测量、参观、收集资料等方法多角度地认识我们的学校	能从个体生活、社会生活及与大自然的接触中获得丰富的实践经验，形成并逐步提升对自然、社会和自我之间内在联系的整体认识
三年级数学 （人教版） 《位置与方向》	辨白鹤之向	亲身感知东南西北的方位和特点，理解地图上的上北下南左西右东	能在教师指导下，从日常生活中提出简单的数学问题，尝试运用所学的知识和方法解决问题。感受数学在生活中的应用，形成初步的几何直观和应用意识
二年级美术 （湘美版） 《左邻右舍》	绘白鹤之图	学会绘制房屋，并根据房屋的大小、形状、色彩合理组拼画面	尝试不同工具，用纸以及身边容易找到的各种材料，通过观察、绘画、实践等方法大胆、自由地把所见所闻、所感所想的事物表现出来
二年级语文 （部编版） 《语文园地（一）》	话白鹤之地	按照顺序、抓住重点内容、用连贯的语言介绍校园	学会倾听与表达，初步学会用口头语言文明地进行人际沟通和社会交往

三、　课程实施

“我是白鹤小导游”课程实施框架表

阶段	类型	教学内容	课时安排	授课教师
第一阶段	前置课程	明白校园中小导游需要掌握什么方面的知识，用导游闯关的形式，激发学生探究问题的兴趣	20分钟	蒋承雨
第二阶段	主体课程	综合实践“晓白鹤之园”	20分钟	谭林燕
		数学“辨白鹤之向”	1课时	曹艺
		美术“绘白鹤之图”	1课时	彭依涵
		语文“话白鹤之地”	1课时	唐小茜
第三阶段	后拓课程	录制小导游视频	1课时	唐小茜 蒋承雨
		给幼儿园小朋友当小导游	幼小衔接活动	喻诗情 龚志智

四、教学示例

教学示例一：我是白鹤小导游(前置课程)

【教学目标】

1. 以“我是白鹤小导游”为主题，引出四个小主题。
2. 明白校园中小导游需要掌握什么方面的知识。
3. 用导游闯关的形式，激发学生探究问题的兴趣。

【教学重点】

以“我是白鹤小导游”为主题，引出四个小主题。

【教学难点】

明白校园中小导游需要掌握什么方面的知识。

【教学准备】

课件，板书。

【教学过程】

环节一：师生谈话，导入课题

师：同学们请看图，请问你看到了什么？

生：我看到了一群幼儿园小朋友。

师：没错，这就是一群幼儿园小朋友，而且他们还离我们很近，他们是十里天池幼儿园的小朋友哦！这个月他们将来参观我们学校，作为他们的哥哥姐姐，你觉得你能为他们做些什么呢？

生 1：我可以帮他们指路。

生 2：我可以带他们参观。

生 3：我可以……

师：哇，同学们可真积极，你们知道吗？有一种职业，就是专门给参观的客人指路，带客人参观的，你们知道是什么职业吗？

生：导游！

师：你反应可真快，那这一回，你们愿意当他们在白鹤校园参观的小导游吗？

生：我愿意！

师：真是一群乐于助人的好孩子，那今天我们就正式进入我们的课题——“我是白鹤小导游”。（板书课题）

师：真不错，咱们班上有这么多小朋友愿意当小导游，但是当小导游并不是那么简单的事情，小导游要懂得很多方面的知识呢！

环节二：师生互动，共同探讨

1. 教师导入：我们先来看两个导游介绍的视频，思考作为一名导游，需要提前了解或准备一些什么。

2. 出示视频，观看视频。

3. 小组讨论：我们四人为一个小组，选择一名记录员，讨论：作为一名导游，我们需要提前了解或准备一些什么呢？请每组的记录员，从记录本上选择一个觉得最难的方面，写在汇报单上。

4. 老师总结：根据各组的汇报，教师相机总结：①全面地了解校园；②能学会辨别东南西北；③准备一张地图；④练习自信、大方地表达。

5. 鼓励质疑：通过大家的努力，我们一起知晓了导游需要提前了解、准备的四个方面，但是我们的力量不够，学校里还有谁能帮我们呢？

6. 学生交流：学校老师可以帮我们。

7. 教师总结：我们班的孩子真会想办法，那你们觉得，需要通过几门课程才能帮到我们呢？

8. 提炼小主题：你真会思考，那我们首先要了解白鹤校园，接着学会辨别校园的方向，再学会画白鹤地图，最后学会介绍白鹤校园。谁能给这四方面的内容取个好听的名字？（晓白鹤之园、辨白鹤之向、绘白鹤之图、话白鹤之地）

环节三：教师总结，引出关卡

师：我们一起确定的四个小主题，正是我们要成为白鹤小导游的四个关卡，综合实践老师可以帮我们了解校园，数学老师可以帮我们学会辨别方向，美术老师可以帮我们绘制校园地图，语文老师可以帮助我们清楚地表达。

师：老师这里有一张导游闯关卡，每当我们闯过一关，就能获得一个过关章，集齐四个章，我们就可以获得专属导游证了！（出示导游闯关卡）

师：老师期待你们顺利闯关，拿到导游证，带领小客人们参观校园！

教学示例二：晓白鹤之园

【教学目标】

1. 学生通过调查访问、实地测量、参观、收集资料等，从学校的规模、环境、荣誉、历史、教师等方面多角度地认识我们的学校。

2. 鼓励学生利用多种途径和手段来获取信息，培养学生收集、处理信息的能力，通过亲身体验，培养学生动手动脑、语言表达、团结协作、交流沟通的能力活动。

3. 激发学生热爱学校的思想感情，培养学生的主人翁精神和集体荣誉感。

【教学重点】

学会选择合适的方法针对问题进行调查。

【教学难点】

围绕主题设计恰当的问题。

【教学准备】

课件、卡纸、板贴。

【教学过程】

环节一：生成实践主题

(1)教师引入：同学们，听说你们想考我们学校的导游证，但不了解我们学校，那这节课我们一起来闯第一关。你们觉得应该从哪些方面来了解我们学校？(学生交流。)

(2)小组讨论：要求两人一小组讨论，组长记录下来，限时五分钟。

(3)小组汇报：各组将讨论结果板贴在黑板上。

(4)教师总结：根据各组汇报的内容可以分为学校的历史、学校的规模、学校的文化、学校的设施四个方面。师生一起交流主题提炼方法：问题汇总—筛选—合并—归类。

环节二：确定调查方法

(1)教师提问：大家准备用什么方法针对本组的主题进行研究呢？请同学们说一说吧。

(2)学生交流：上网查、问家长、访谈老师等。

环节三：各组确定主题

(1)小组分工合作：组长根据每个成员的特长进行恰当的分工，使每个成员都能够各尽所能，发挥自己的长处，使本组成员都积极参与到活动当中。

(2)小组代表分享：请一名书写规范漂亮的同学执笔，认真填写。

(3)完成活动计划：学生填写活动计划，教师巡视，指导。如每一小组调查哪方面的内容，采用哪种方式方法，组内成员如何分工，什么时间进行。课后进行调查，下节课进行汇报。

教学示例三：辨白鹤之向(数学)

【教学目标】

1. 亲身感知东南西北的方位和特点。

2. 理解地图上的上北下南左西右东。

3. 初步形成方位的意识。

【教学重点】

亲身感知东南西北的方位和特点。

【教学难点】

理解地图的上北下南左西右东。

【教学准备】

课件、学校地图。

【教学过程】

师：同学们，通过上节课的学习，我们知道了要想成为一名合格的小导游必须具备一些专业素养，会辨认方向就是其中之一。这节课就让老师带领大家一起“辨白鹤之向”。（板书“辩白鹤之向”）

环节一：谈话导入

1. 引入课题：借助太阳东升西落，引出方位东南西北。

2. 猜谜激趣：说到方向，老师不禁想起一个谜语：有位老公公，面孔红彤彤，他来天就亮，他走天就黑。太阳可以帮助我们辨别方向吗？除了东和西，还有哪一些方向？看来你已经有了一定的生活经验，真厉害，今天这节课我们就一起来认识东南西北吧。

环节二：师生互动，学习交流

1. 师生互动，感知方位：在学校中感受东南西北方位上各有什么建筑。那你知道，我们现在面向的是什么方向吗？你是怎么想到的？

2. 讨论交流，总结特点：不错，我们现在面向的是东方，也就是太阳升起的方向。那我们的背面是什么方向？对了，西方。也就是太阳落下的方向。我们用手比划一下太阳的升起和落下，太阳从东边升起，西边落下。东西两个方向，有什么特点？

3. 鼓励思考，寻找方法：东和西相对，还有两个方向，你会判断吗？理由是什么？老师发现大家都能通过学校的东门、西门、南门来判断方向，你们真是善于思考的孩子。

4. 举一反三，学生小结：同样，南和北也是相对的。我们可以说，面向早上的太阳，前面是东，后面是西，左边是北，右面是南。

活动一：游戏互动

1. 你的东南西北四个方向分别是哪一位同学，你能说说看吗？同桌二人先互相说一说。

2. 看来同学们已经认识东南西北了，那如果我们转动一个方向，演示：像这个小人一样，你还能说出你四周的方向吗？小人继续转动，现在她的四周方向呢？

我们自己的转动会影响东南西北方向的变动吗？不会。

环节三：合作探讨，理解方位

1. 合作探讨，在实践中理解“上北下南左西右东”。

2. 师：既然会辨认方向了，那请同学们带着你们的方向感看一个视频吧，在这个视频当中你看到了我们学校的哪一些建筑物呢？（东门、鱼塘、鸿鹤楼、雅鹤楼、西门）

老师给大家带来了这个视角的局部地区，但是还没有完善好。我们能看到，鱼塘，东门在鱼塘的这个位置。

活动二：辨认方向

1. 以鱼塘为中心，它的东南西北都有哪些建筑物？请四人组成一个小组，完成学习单上的第一题。（完成学习单）你们都找到了吗？你们最先确定哪个方向？你接着怎么想的？

2. 教师小结：在绘制地图时，我们通常按照“上北下南左西右东”的方法来绘制，地图上的这个指向标，指针所指的方向是北方。我们通常说的“上北下南左西右东”就是这个意思。刚才我们通过，东对西，南对北，找到了确认方向的小窍门儿，那请你再仔细观察，我们东南西北是按什么顺序排列的？不错，是顺时针。那我们可以说，慧鹤楼在鱼塘的北方……

活动三：观视频，猜建筑

师：恭喜你们闯关成功，带着这份喜悦我们再来接受一个挑战吧，请看视频。

师：这个视频，能看出来老师是站在哪里拍摄的吗？四周都有哪一些建筑物？它的四周分别是什么方向？四人为一小组，完成练习单第二题。

环节四：完善地图，巩固知识

师：同学们，通过这节课的学习，我们认识到了东南西北，并且知道了以鱼塘、操场为中心时四个方位的建筑，恭喜你们成功打卡校园的局部地图，现在我们一起将地图完善好吧，接下来请你们跟着美术学科老师，将我们的地图绘制得更美丽吧！

教学示例三：绘白鹤之图（美术）

【教学目标】

1. 学会绘制房屋，并根据房屋的大小、形状、色彩合理组拼画面。
2. 能正确分辨东南西北各方向的建筑，并能准确绘制清楚。
3. 培养学生善于观察的习惯。

【教学重点】

学会绘制房屋，并根据房屋的大小、形状、色彩合理组拼画面。

【教学难点】

能正确分辨东南西北各方向的建筑，并能准确绘制清楚。

【教学准备】

课件、学校地图。

【教学过程】

环节一：谈话导入

师：恭喜同学们通过“晓白鹤之园”“辨白鹤之向”两节课掌握了白鹤校园历史，学会了辨别方向，但是想成为一名合格的导游还是远远不够的，我们还需要对白鹤校园每一栋的建筑位置了然于胸，能把我们美丽的校园以平面图的形式描绘下来（出示范图），并且送给幼儿园的小朋友当小小见面礼，你们能画出来吗？接下来进入今天的课程“绘白鹤之图”（出示板书）。

你们觉得画平面图，哪部分内容难？

环节二：师生闯关

通过以下四个关卡，你们的难题都会迎刃而解。

1. 关卡一：大找茬

师：展示两幅平面图作品，请学生仔细观察，平面图上都有什么？

总结：指向标、教学楼(雅鹤楼、慧鹤楼、鸿鹤楼：报告厅＋体育馆)、足球场、篮球场、绿植、图例。

引导学生：了解“图例”的概念和标注形式。(板书：平面图构成)

2. 关卡二：比一比

教师引导：回忆上节课的视频，学校共有几栋教学楼？并通过范图请学生比一比三栋教学楼的长短关系。

总结：慧鹤楼＞雅鹤楼＞鸿鹤楼

教师出示：“足球场”和“篮球场”的实拍图，请学生思考长短关系。总结得出足球场＞篮球场。(板书：大小比例)

3. 关卡三：配配对

教师出示“教学楼”“绿植”“草丛”“篮球场”“足球场”“鱼塘”等实拍图，并邀请两位同学将对应的简笔画贴到指定照片下方，通过此步骤，让学生了解一物有多种画法。

教师引导学生观察并思考“哪个建筑物最难?”教师现场示范，通过形状分解的方法，帮助学生解决不会画、画不好的难题。

教师出示两张学生作品，请学生说一说最喜欢哪一幅，并指出原因。

总结：平面图除了基本建筑，还需要色彩鲜艳，装饰丰富。

板书：色彩丰富。

4. 关卡四：画地图

教师以“小白鹤”老师路线图为线索，播放示范视频，请学生边看边总结步骤：

(1)纸张上确认东南西北方向，画东门。

(2)描绘各建筑，教学楼、篮球场、足球场等，并添上合适的颜色。

(3)将描绘的内容沿边缘线剪切，粘贴至地图对应位置。

(4)添加植物、装饰等。

(适时板书绘画步骤)

环节三：课堂练习

1. 教师提出练习要求：以四人为一小组，分工合作完成一幅学校平面图。要求色彩分明，东南西北方向建筑安排准确。

2. 教师巡回指导。

环节四：展示评价

教师以“最佳小导游”为奖项，全班投票评选出最佳平面图，并让获奖人说一说是怎么描绘的，又怎么向“小白鹤”介绍。

环节五：拓展延伸

课后请同学们向家长展示自己绘制的平面图，当父母的“小导游”。下节课一起分享成果。

教学示例五：话白鹤之地（语文）

【教学目标】

1. 学生运用搜集到的资料，掌握导游词的写作技巧。

2. 按照要求，撰写博才白鹤小学导游词。

3. 学生能按照一定顺序、抓住重点内容、用连贯的语言介绍校园。

【教学重点】

按照要求，撰写白鹤小学导游词。

【教学难点】

能按照顺序、抓住重点内容、用连贯的语言介绍校园。

【教学准备】

课件、板书。

【教学过程】

环节一：谈话导入

同学们，前面你们已经顺利通过了“晓白鹤之园”“辨白鹤之向”和“绘白鹤之图”这三个关卡，现在来到了最后一关，请齐读——“话白鹤之地”。声音非常洪亮！

过渡：终于能体验当小导游了！你想成为白鹤金牌小导游吗？三人行，必有我师焉。我们来欣赏上一届金牌小导游的风采吧！边看边思考：金牌小导游是怎么介绍的？

环节二：示范介绍

1. 观看视频，总结金牌导游要点

师：老师看到很多同学看得眼睛亮亮的，你们想要成为像她这样的小导游吗？谁来说说，金牌小导游是怎样介绍的？

内容：按照顺序，重点突出。

过渡：你们不但善于倾听，还很会总结。不过，“纸上得来终觉浅，绝知此事要躬行”。真正做到可不简单哦！我们先来试一试吧！

出示：雅鹤楼图片。

1. 晓名字：瞧瞧，这是哪栋楼？一起读读它的名字！（板贴“雅鹤楼”图片）关于雅鹤楼，你想知道什么？（板贴思维导图）了解名字含义：为什么叫“雅鹤楼”呢？

评价：原来你抓住了“雅”这个字来思考的，真是会思考的小白鹤！

2. 知方位：它位于我校中间的位置。

评价：方向感很不错。

3. 辨外形：雅鹤楼是什么形状？谁能告诉我？

颜色：这栋楼主要有哪些颜色呀？

装饰物：它的外墙上有没有什么装饰物呢？有校名、校徽、校训、楼栋名。

楼层：它一共有几层楼？五层楼。

4. 探功能

学习：我们在这里上各种课程。在四楼还有一个图书室呢！

运动：在雅鹤楼的五楼，设有街舞教室，我们可以和小伙伴们一起学习酷炫的街舞。

生活：在每层楼的西端，都设有卫生间和茶水间。

同学们，其实还有一些信息，你知道的，只是暂时忘记了，我们来开展抢答赛吧！看谁能最先想到并且文明举手说出来。

刚才你们提到了这么多的信息，那么，我们按照怎样的顺序来给幼儿园的弟弟妹妹们介绍呢？（名称来源、方位、外形、功能）

环节三：同桌互练

谁能用完整的话给它介绍出来？先试着说给同桌听吧！

大家好！我是小导游________________。请看，这是________________（名称）。它位于________________。它是____________________（外形）。平时，我们在这里____________________。

大家好！我是小导游。请看，这是我们的雅鹤楼。它位于学校的中间位置。它是长方形，共五层楼，外墙主要是米白色和灰色，上面还装饰有我们的校名、校徽、校训和楼栋名。平时，我们会在教室里学习文化课程，有时，我们会去五楼社团教室学习街舞。如果我们想要上厕所或者喝水，就会去每层楼西端的卫生间或茶水间。

假如你是老师，按照这样的标准，你会给这位小导游几颗星呢？

评价内容	自评	互评
1. 能说清楚名字的含义。		
2. 能说清楚它的方位。		
3. 能描述它的外形，并写出它的形状、颜色、装饰物或楼层。		
4. 能说清楚它的功能，即我们会在这里做些什么。		

师：你真的特别了解雅鹤楼，而且还按照顺序、抓住重点地表达出来了！我觉得你已经有金牌小导游的水平了，来，提前将导游证发给你！

环节四：小组合作

过渡：还有谁想要在这节课上拿到导游证的？同学们，机会来啦！我们学校值得介绍的地方还有很多。比如慧鹤楼、鸿鹤楼、足球场、东门等，都需要你介绍给弟弟妹妹们。东门可以介绍什么呢？对啦，可以介绍我们学校的历史和文化。

1. 分工合作

这么多内容，我们要分工合作了。第一大组是慧鹤楼导游团，第二大组是鸿鹤楼导游团，第三大组是足球场导游团，第四大组是东门导游团。

合作有效，学习才会有收获，怎么进行有效地合作呢？请遵守“轮流介绍——完善观点——组内演练”的流程。

这是导游词，你们可以参考，也可以用自己喜欢的方式来介绍哦！

大家好！我是小导游________________。请看，这是________________（名称）。它位于________________。它是____________________（外形）。平时，我们在这里____________________________。

注意，当组内同学发言时，其他同学可以对照这张评分表评分，选出你们组内的金牌小导游。

2. 上台汇报，学生评价。

环节五：小结全课

教师小结：小导游们，在你们精彩绝伦的解说下，我感受到了那份专属于白鹤的美丽，更感受到了你们的热情与自信！你们是当之无愧的白鹤金牌小导游！今天，你们顺利拿到导游证啦！

拓展延伸：请你拍摄导游介绍小视频，上传到班级群，我们将投票选出五个人气小导游。

教学示例六：后拓课程“录制小导游视频”

【活动目标】

分工合作，录制小导游视频。

【活动准备】

老师：相机，话筒。

学生：导游词。

【活动过程】

环节一：启动阶段

简要介绍今天的活动内容：我们要成为白鹤小导游，录制一段介绍我们美丽的白鹤校园的视频哦！

环节二：准备阶段

小组内讨论，选择想要介绍的校园地点，并尝试用自己的话复述课前写好的导游词。

教师示范如何操作录制设备，确保每位学生都能掌握基本操作。

环节三：录制阶段

小组轮流前往选定的拍摄点进行录制。

小组长负责操作设备，其他成员轮流担任“小导游”，对着镜头说导游词。

教师巡回指导，鼓励学生自然表达，注意镜头前的仪态和表情。

环节四：初步展示与反馈

每个小组在教室内通过投影仪或大屏幕展示自己录制的片段。

教师和同学们给予简单的鼓励和正面反馈，指出亮点和可以改进的地方。

环节五：总结与分享

教师向学生颁发小导游证，并总结今天的活动，强调团队合作的重要性，以及成为校园小导游的自豪感。

邀请学生分享自己的感受和收获，可以是学到的新知识、遇到的有趣事情或者对校园的新认识。

环节六：后续活动建议

鼓励学生回家后与家人分享自己录制的校园小导游视频，增强亲子互动。

在班级微信群或学校平台上展示优秀作品，让更多人看到二年级学生的风采。

（案例供稿：常洁　刘星星　余忠萍　蒋承雨　谭林燕　曹艺　彭依涵　唐小茜　喻诗情　龚志智）

案例三　我是小小探索家

——围绕“对比实验”中的探究实践能力开展科学专题化教学

学科：科学
年级：三至六年级

一、确定主题

小学阶段的学生对外界事物总是充满好奇，想不断地探索这个世界。每一位科学老师都需要回答学生提出来的“十万个为什么”，应对他们打破砂锅问到底的执着。在小学阶段理解复杂的科学知识存在一定的难度，与其将答案直接告诉他们，不如带领他们去探索去实践。

小学科学课程是一门实践性课程，探究活动是学生学习科学的重要方式。翻阅课本、课标发现，“对比实验”贯穿着小学科学课程，是学生在经历探究活动时经常要用到的方法。我校决定在任教的年级选出经典对比实验课例，在各个年级以学生为本，从学生中发现问题，让学生带着问题开展项目化学习。在一、二年级只是开始渗透对比对照的理念，到三年级才真正接触对比实验。于是，我校决定以“我是小小探索家”为主题，围绕“对比实验”中的探究实践能力开展科学专题化教学，带领三至六年级学生探索生活中的科学。

二、框架搭建

教科版小学科学教材中关于“对比实验”的内容安排

年级	主题	培养目标	具体要求
三年级	探索溶解的秘密	1. 了解对比实验，能根据方案进行操作 2. 在实验过程中，能用对比实验的方法比较等量水中相同红糖、食盐溶解的速度并揭开溶解快慢的奥秘	1. 猜想并设计对比实验 2. 充分理解和体验对比实验的特点，知道对比实验只允许正在比较的这个变量不同，而其它所有变量必须相同
四年级	探索声音的秘密	1. 激发学生的思考，培养学生发现问题及提出问题的能力 2. 探究影响弦乐器音高的因素，培养学生设计对比实验、解决问题的能力 3. 通过对比实验，了解物体声音高低与长短粗细有关——短而细的物体发出的声音高，长而粗的物体发出的声音就低	1. 弹奏尤克里里，猜测影响尤克里里音高的因素 2. 讨论分析印象尤克里里音高的影响因素：弦的粗细、长短、松紧等 3. 设计对比实验，研究影响音高的因素

续表

年级	主题	培养目标	具体要求
五年级	探究摆的秘密	1. 小组合作，尝试独立设计简单的对比实验 2. 通过实验研究，认识到摆的快慢与摆锤质量无关，与摆绳长短有关，摆绳越短，摆动越快，反之则越慢，并应用于摆钟快慢的调节	1. 针对问题，设计控制变量的实验方案，讨论改进方案，并实施方案 2. 在探究过程中，能基于证据和逻辑发表自己的见解，养成实事求是的科学态度 3. 通过获得的数据，归纳概括摆的快慢与摆锤质量和摆绳长短的关系，依据证据推理，找出规律
六年级	探究电与磁的秘密	1. 在探究电磁铁磁性强弱影响因素实验中，能识别并控制变量，设计对比实验，讨论改进，并实施方案 2. 通过经历完整的探究过程，能够用探究过程中的数据作为证据支持自己的观点，培养证据意识 3. 对比实验综合应用的阶段，能完成一个完整对比实验设计	1. 对各小组电磁铁吸引铁钉不同的原因进行假设，并说明理由 2. 设计对比实验 3. 通过反复地观察实验验证自己的假设，发现影响电磁铁磁性强弱的因素

科学组以“我是小小探索家”为主题，围绕“对比实验”中的探究实践能力开展科学专题化教学。我校以学生核心问题为主体，分年级确定项目主题，结合家庭、学校、社会开展探索实践活动，构建“我是小小探索家”主题下的专题内容体系，具体内容如下表所示：

“我是小小探索家”课程内容框架表

年级	课题	项目化情境	课程	具体内容
三年级	探索溶解的秘密	学校即将举办一年一度的科技节，其中一个受欢迎的活动是糖水铺，提供自制的饮料给参与者。然而由于参与者众多，每年饮料的准备速度跟不上需求，特别是糖和其他成分的溶解速度影响了饮料的供应速度	前置课	阶段一：情境介绍 教师介绍科技节的背景和糖水铺面临的挑战 阶段二：问题提出 学生讨论并提出可能影响溶解速度的因素 阶段三：家庭参与 布置家庭作业，学生在家中与家长一起观察家里关于不同物质溶解速度的快慢，提出自己的初步假设
			主体课	阶段四：学校实验 学生在学校设计并进行对比实验，探究温度、搅拌等对溶解速度的影响
			后拓课	阶段五：社区探索 1. 去社区糖水铺进行进一步的访问调查，了解他们是如何控制溶解速度的 2. 去食品加工厂或实验室，了解工业中溶解过程和控制方法 阶段六：数据收集与分析 对收集到的所有数据进行综合分析，分析改进措施的方法和效果 阶段七：实地应用 学生将分析结果应用到糖水铺，提出改进建议，如使用热水预溶解糖，或者使用搅拌设备等

续表

年级	课题	项目化情境	课程	具体内容
四年级	探索声音的秘密	学校即将举办一年一度的科技节，其中一个竞赛项目为手工制作项目，非常受学生们喜欢，要以“美妙的声音”为主题，主要使用绿色环保、废旧物品，制作一个能够完整、准确弹奏歌曲《一闪一闪亮晶晶》的弦乐器	前置课	阶段一：情境介绍 教师介绍科技节的背景和手工制作的项目挑战 阶段二：问题提出 学生讨论并提出可能影响声音高低的因素 阶段三：家庭参与 布置家庭作业，学生在家中与家长一起观察身边各种弦乐器——明确二胡、小提琴、吉他、古筝等乐器是如何发出声音的，是靠弦的振动发出高低不同的声音的，弦的音高和哪些因素有关，提出自己的初步假设
			主体课	阶段四：学校实验 学生在学校设计并进行对比实验，探究弦的粗细、长短、松紧对音高的影响
			后拓课	阶段五：专业探索 向吉他商店工作人员、钢琴调音师、古筝老师进一步访问调查，了解除了调节弦的粗细、长短、松紧，还有哪些因素会影响音高 阶段六：数据收集与分析 对收集到的所有数据进行综合分析，分析改进措施的方法和效果 阶段七：制作弦乐器 学生将分析结果应用到手工制作中，提出改进建议，明确如何制作一个成功的弦乐器
五年级	探究摆的秘密	某人在博物馆参观时注意到摆钟下面有一个东西一直在摆动，想知道它在摆钟上的作用，以及它的快慢对摆钟有什么影响。为了满足学生的好奇心，培养他们的观察和实验能力，教师决定设计一个以“探究单摆摆动快慢”为目标的课程。	前置课	阶段一：情境介绍 教师通过图片、视频或现场演示向学生介绍单摆的运动，并解释其周期的重要性。可以使用日常生活中的例子（如钟摆）来解释单摆的概念 阶段二：问题提出 通过讨论，引导学生提出关于影响摆动的因素的问题，例如“绳子长度是否会影响摆动速度”或者“重量不同的物体在同一绳长下摆动速度是否相同”等问题 阶段三：家庭参与 家庭作业可以包括观察家里的摆钟或者搜索有关单摆的资料，让学生与家长一起讨论摆动现象，并记录自己的发现和疑问
			主体课	阶段四：学校实验 在教师的指导下，学生进行实验，例如用不同长度的绳子和小钢球来测试单摆的周期，并记录数据。教师可以提供指导性的实验步骤和数据记录表来帮助学生完成这个任务
			后拓课	阶段五：社区探索 由于小学生还没有学习物理，可以安排他们去社区中的某个地方（如游乐场、学校实验室等）观察并讨论摆动现象，比如秋千的摆动速度与什么因素有关等。这是一个将所学知识应用于实现生活的机会，同时有利于增加学生的社区参与感 阶段六：数据收集与分析 学生收集自己的实验数据和其他小组的数据进行对比分析，教师可以协助他们使用图表等工具来呈现和分析数据，找出可能的规律或模式 阶段七：实地应用 学生将所学知识应用于实际生活中，比如解释为什么不同长度的绳子会导致不同的摆动速度，或者设计一个简单的玩具单摆。这有助于巩固学生对单摆周期的理解以及如何将其应用到现实生活中去解决问题或进行预测的能力

续表

年级	课题	项目化情境	课程	具体内容
六年级	探究电与磁的秘密	学生在生活中发现了起重机可以吸起几十上百吨的重物，对起重机吸起重物的原理感到好奇，为了进一步激发学生的好奇心，培养他们的观察和实验能力，教师决定设计一个以“探究电磁铁的性质”为目标的课程	前置课	阶段一：情境介绍 教师通过图片、视频或现场演示向学生介绍电磁铁的概念，并解释其产生磁场的原因。可以使用日常生活中的例子(如门禁系统)来解释电磁铁的应用 阶段二：问题提出 通过讨论，引导学生提出关于电磁铁的特性和应用的问题，例如“改变电流大小是否会影响磁场的强度”或者“电磁铁可以用于哪些实际用途”等问题 阶段三：家庭参与 家庭作业可以包括观察家里或社区中的电磁铁设备(如电动玩具、门禁系统等)，学生与家长一起讨论其工作原理和用途，并记录自己的发现和疑问
			主体课	阶段四：学校实验 在老师的指导下，学生进行实验，例如用电池、导线和铁钉制作简易的电磁铁，并测试线圈匝数以及电流强弱对电磁铁磁性大小的影响。教师可以提供指导性的实验步骤和数据记录表来帮助学生完成这个任务
			后拓课	阶段五：社区探索 由于小学生还没有学习物理，可以安排他们去社区中的某个地方(如科技馆、学校实验室等)观察并讨论电磁现象的应用，比如了解电磁起重机的工作原理等。这是一个将所学知识应用于现实生活的机会，同时有利于增加学生的社区参与感 阶段六：数据收集与分析 学生收集自己的实验数据和其他小组的数据进行对比分析，老师可以协助他们使用图表等工具来呈现和分析数据，找出可能的规律或模式 阶段七：实地应用 学生将所学知识应用于实际生活中，比如设计一个简单的电磁玩具或者解释为什么门禁系统需要使用电磁铁。这有助于巩固学生对电磁铁的理解以及培养学生如何将其应用到现实生活中去解决问题或进行预测的能力

三、课程实施

“我是小小探索家”课程实施框架表

年级	授课教师	教学主题	教学班级
三年级	谢佳倩	加快溶解	2104
四年级	凡婷	让弦发出高低不同的声音	2006
五年级	汤宇丹	摆的快慢	1912
六年级	喻卓	电磁铁	1808

四、教学示例

教学示例一：加快溶解（三年级）

【教学目标】

科学观念：通过对比实验，知道搅拌和升温等方法能加快红糖在水中的溶解速度，认识到红糖在水中的溶解速度是可以改变的。

科学思维：通过加快红糖溶解速度的对比实验，认识对比实验的基本方法是改变其中一个条件，保持其它条件不变。

探究实践：在实验过程中，能用对比实验的方法比较等量水中相同红糖、食盐溶解速度的不同并记录。

态度责任：在对比实验的过程中，能关注红糖在水中溶解过程中颗粒的变化，激发课后继续探究的兴趣。

【教学重点】

学生认识到通过搅拌和提高水的温度，能够加快红糖在水中的溶解速度。

【教学重点】

设计对比实验进行探究。

【教学过程】

环节一：情境导入，揭示课题

师：学校的科技节活动中，班上自制饮品区生意火爆，糖水制作供不应求。请同学们帮忙想一想办法如何能快速地制作糖水。

预设：学生思考提出自己的想法——用热水、搅拌、把糖弄碎等。

环节二：设计实验，验证猜想

活动一：证明自己的想法

组织学生小组讨论：我们用什么办法可以知道用热的水、用玻璃棒搅拌可以加快红糖的溶解？组织学生汇报、交流。

教师小结：我们可以用对比实验的方法进行研究，注意做对比实验时，只能改变其中的一个条件而保持其它条件不变。

活动二：探究温度与溶解快慢的关系

1. 提问：要研究温度与溶解快慢的关系，需要哪些材料？（预设：红糖、烧杯、冷水、热水）

2. 出示实验记录表

我们提出的问题	溶解快慢与温度有关系吗？
我们的推测	
两个组不同的条件	
两个组相同的条件	
实验过程与方法	

3. 组织学生以小组为单位完成上面的实验记录表。

4. 组织学生汇报、交流。

我们提出的问题	**溶解快慢与温度有关系吗？**
我们的推测	红糖在热水中溶解得快，在冷水中溶解得慢
两个组不同的条件	一杯热水、一杯冷水
两个组相同的条件	水量相同、红糖量相同、同时加红糖、都不搅拌
实验过程与方法	1. 准备两份质量一样的红糖 2. 将红糖同时加入两杯一样多的热水和冷水中 3. 静止不动，观察比较红糖溶解的快慢 4. 将观察到的结果记录下来

5. 介绍实验要求以及学生活动手册的填写方法。

要求：(1)小组合作；(2)分步进行；(3)及时记录。

6. 学生以小组为单位进行实验，并完成学生活动手册。

活动三：探究搅拌与溶解快慢的关系

1. 提问：要研究搅拌与溶解快慢的关系，又需要哪些材料？（预设：红糖、烧杯、水、玻璃棒、秒表）

2. 出示实验记录表

提出的问题	**搅拌与溶解快慢有关系吗？**
我们的推测	
两个组不同的条件	
两个组相同的条件	
实验过程与方法	

3. 组织学生结合上一个实验，完成上面的实验记录表。

4. 组织学生汇报、交流。

我们提出的问题	**搅拌与溶解快慢有关系吗？**
我们的推测	红糖搅拌比不搅拌溶解得快
两个组不同的条件	一杯搅拌、一杯不搅拌
两个组相同的条件	水温相同、水量相同、红糖量相同、同时加红糖
实验过程与方法	1. 准备两份质量一样的红糖 2. 将红糖同时加入到两杯一样多的冷水中 3. 一杯搅拌、一杯不搅拌，观察比较红糖溶解的快慢 4. 将观察到的结果记录下来

5. 学生以小组为单位进行实验，并完成学生活动手册。

环节三：小组讨论，分享发现

1. 组织学生小组讨论：影响红糖溶解快慢的因素有哪些？你是怎么知道的？
2. 学生反馈交流。

小结：通过提高水的温度和搅拌，能够加快红糖在水中的溶解速度。

3. 提问：如果要让红糖更快地溶解在水里，还可以怎样做？

环节四：继续寻找加快溶解的方法

通过今天的学习，学生知道了通过搅拌和用热水能加快溶解。影响红糖溶解快慢的因素不止两个，课后将继续研究其他影响红糖溶解快慢的因素。

教学示例二：让弦发出高低不同的声音

【教学目标】

科学观念：通过反复弹弦乐器，知道越短、细、紧的物体发出声音越高，越长、粗、松的物体发出的声音越低，弦乐器就是根据这个原理制造出来的。

科学思维：通过观察、比较的方法，归纳出弦乐高低变化的规律。

探究实践：通过让弦乐器发出高低不同的声音，探究影响弦发出高低不同声音的因素。

态度责任：在观察琴弦发声高低变化的活动中，养成仔细观察、严谨客观的科学态度和乐于合作的科学精神。

【教学重难点】

重点：发现影响弦乐器音高的因素。

难点：设计能让弦音高发生连续变化的方案。

【教学过程】

环节一：揭示课题

材料准备：尤克里里

1. 出示尤克里里，简单介绍，教师(或学生)弹奏乐曲，其他学生欣赏。

提问：你们知道尤克里里是怎样发声的吗？

2. 弹奏一个高音，一个低音。

提问：尤克里里的弦为什么能发出高低不同的声音？

(预设：琴弦粗细不同、按琴弦的位置不同、弦的松紧不同、弦的长短不同)

师：今天我们就来研究弦的发声规律。

揭示课题：让弦发出高低不同的声音(板书)。

环节二：探索影响弦音高的因素

材料准备：尤克里里、学习记录单

探索：影响弦音高不同的因素有哪些？有怎样的变化规律？

1. 出示实验器材，提问：我们可以怎样来研究？

师生整理，确定研究问题和对应的实验要求。

(1)弦的粗细是否影响弦的音高变化？完成预测。

操作方法：在粗细不同的弦上反复试弹，验证自己的预测。

弦的粗细与音高的关系记录表

我们的预测	我们是这样想的：________________________，所以弦越粗，声音越______(低/高)；弦越细，声音越______(低/高)	
我们的方法	我们打算这样做：弹拨粗细不同的弦	为了实验公平，要注意：①弹的位置；②弹的力气；③弦的长短；④弦的松紧
我们的实验结果	弦越粗，声音越______(低/高)；弦越细，声音越______(低/高)	

(2)弦的长短是否影响弦的音高变化？完成预测。

操作方法：手指按压在同一根琴弦的不同位置，改变琴弦的振动部分的长短，反复试弹，验证自己的推测。

弦的长短与音高的关系记录表

我们的预测	我们是这样想的：__________________，所以弦越长，声音越______(低/高)；弦越短，声音越______(低/高)	
我们的方法	我们打算这样做：弹拨长短不同的弦	为了实验公平，要注意：①弹的位置；②弹的力气；③弦的粗细；④弦的松紧
我们的实验结果	弦越长，声音越______(低/高)；弦越短，声音越______(低/高)	

(3)弦的松紧是否影响弦的音高变化？完成预测。

操作方法：调整琴准，改变同一根琴弦的松紧程度，反复试弹，验证自己的预测。

弦的松紧与音高的关系记录表

我们的预测	我们是这样想的：_______________，所以弦越松，声音越______(低/高)；弦越紧，声音越______(低/高)	
我们的方法	我们打算这样做：弹拨松紧不同的弦	为了实验公平，要注意：①弹的位置；②弹的力气；③弦的粗细；④弦的长短
我们的实验结果	弦越松，声音越______(低/高)；弦越紧，声音越______(低/高)	

2. 实验验证，完成记录单

仔细观察、思考，完成你们的预测和设计方法，举手示意。

根据推测在乐器上反复试弹，验证推测。

记录实验结果，回到座位。

3. 研讨

(1)学生反馈交流：影响弦音高不同的因素有哪些？

小结：弦的粗细、弦振动部分的长短、弦的松紧。

(2)问：弦的音高变化有什么规律？你是怎样研究的？

① 拨动不同琴弦，我们发现：弦的音高和弦的粗细有关，弦越粗，发出的声音越低，弦越细，声音越高；

② 拨动同一根琴弦，我们发现：弦的音高和弦的长短有关，振动部分弦越长，发出的声音越低，振动部分弦越短，声音越高。

③ 转动琴准，我们发现：弦的音高和弦的松紧有关，弦越松，发出的声音越低，弦越紧，声音越高。

环节三：探索、设计方案

1. 探索：设计弦音高发生连续变化的方案。

提问：怎样让弦的音高发生连续有规律的变化？

学生相互讨论，反复弹拨试验，设计方案。

2. 研讨：实验发现

学生反馈交流：让弦的音高发生连续有规律的变化的方案。

小结：(1)由粗到细，手指依次拨动不同粗细的琴弦。(2)从上往下改变手指按在同一根琴弦上端的位置，另一手拨动琴弦。(3)一手缓慢转动弦准，另一手拨动同一根琴弦。(4)拨动不同琴弦，手指按住琴弦不同位置。

环节四：拓展

材料准备：多种弦乐(或图片)和其他乐器

1. 出示多种弦乐器，提问：这些乐器有什么共同之处？

2. 请学生介绍(或)弹奏，使这些弦乐连续有规律发出不同高低的声音。

3. 其他乐器发出高低不同声音的原因。

教学示例三：摆的快慢

【教学目标】

科学观念：通过实验研究，认识到摆的快慢与摆锤质量无关，与摆绳长短有关，摆绳越短，摆动越快，反之则越慢，并应用于摆钟快慢的调节。

科学思维：通过获得的数据，归纳概括摆的快慢与摆锤质量和摆绳长短的关系，依据证据推理，找出规律。

探究实践：针对问题，设计控制变量的实验方案，讨论改进方案，并实施方案。

态度责任：在探究过程中，能基于证据和逻辑发表自己的见解，养成实事求是的科学态度。

【教学重难点】

经历设计实验方案—展开实验研究—得到实验结果的过程，探究摆的快慢与哪些因素有关。

【教学过程】

环节一：导入

教师引导：在课前，我们已经通过查找资料和观察，对“摆”有了一定的了解，在之前的课堂中，我们通过实验，知道了“摆”具有等时性的特点。

教师提问：比较各小组的数据，大家发现了什么？（教师出示上节课部分小组的实验数据。）

学生交流：同一个摆在相同时间内摆动次数相同，不同的摆在相同时间摆动次数不同。

教师引入：为什么不同小组摆的快慢会不同呢？你觉得摆的快慢与什么有关呢？这节课，我们就继续来研究影响摆的快慢的因素。

环节二：探究

学生讨论：摆的快慢与什么因素有关？（摆绳长度、摆锤大小等；如出现摆的幅度这个因素，可引导学生回忆上节课的实验。）

教师：上节课，我们已经发现摆在自由摆动时，摆动幅度越来越小，但摆动速度不变，所以和摆幅无关。

师：那到底和摆锤轻重和摆绳长度有没有关系呢？我们先来研究一下摆绳长度与摆的快慢的关系。要研究它们之间的关系，我们可以通过什么样的方式呢？

生：实验。

师：哪种类型的实验呢？

生：对比实验。

师：谁来说一下对比实验的特点？

生：对比实验会进行两组实验进行对照，除了探究的那个条件不同，其他条件都相同。

师：你之前学得可真扎实。

师：那如何设计实验来验证你的想法呢？实验中要改变哪些条件？而哪些条件又需要保持不变？老师准备了一些实验材料，请各小组交流讨论，并在记录单上做好实验设计。

生：小组讨论设计实验。

师：拍照展示设计，请学生进行介绍自己的小组实验设计。

预设学生回答：

我的假设是摆绳短的摆动快，摆绳长的摆动慢。

改变的条件是摆绳长度。

不变的条件是摆锤质量、摆动时间。

师：请其他小组进行补充，完善实验方案。

师：我们的设计方案已经比较完善了，在实验之前还有几点注意事项，需要再强调一下。

（出示实验装置示意图和数据记录表，补充注意事项）

1. 绳要拉直，与支架杆平行。

2. 放开摆时不能用力推，要自然放手。

3. 摆幅不要过大，防止摆撞到支架。

4. 小组成员合理分工，抓紧时间边观察边记录。

5. 为了提高结果的准确性，每组实验要做三次。

教师播放实验指导视频，并在一旁讲解。

师：老师给同学们12分钟时间，请各小组抓紧时间进行实验。

学生进行实验。

师：请各小组汇报自己组的实验数据。通过观察所有组的实验数据，发现了什么？

生：摆的快慢和绳子的长度有关系，绳子越长，摆得越慢，绳子越短，摆得越快。

环节三：研讨总结

集体汇报研讨：摆的快慢与摆绳长度有关吗？

教师小结：摆的快慢与摆绳长度有关，摆绳长则摆得慢，摆绳短则摆得快。那摆的快慢和摆锤质量有没有关系呢？请大家课后继续研究。

教学示例四：电磁铁

【教学目标】

科学观念：通过探究影响电磁铁磁性强弱因素的实验，理解电磁铁磁性强弱与线圈匝数、电流大小等有关，体会结构与功能的一致性。

科学思维：运用综合分析归纳的方法，得出电磁铁的磁性强弱与线圈匝数、电流大小有关。匝数少磁性弱，匝数多磁性强；电流小磁性弱，电流大磁性强。

探究实践：在探究电磁铁磁性强弱影响因素实验中，能识别并控制变量，设计对比实验，讨论改进，并实施方案。通过经历完整的探究过程，能够用探究过程中的数据作为证据支持自己的观点，培养证据意识。

态度责任：在探究影响电磁铁磁性强弱因素过程中，能合作改进实验方案，进行实验，养成实事求是、规范实验的科学态度；在研讨交流过程中，能基于证据发表自己的见解，学会倾听，养成反思的习惯。体会交流与讨论的必要性。

【教学重点】

探索电流大小、线圈匝数对电磁铁磁性强弱的影响。

【教学难点】

设计对比实验，探索电流大小、线圈匝数对电磁铁磁性强弱的影响。

【教学过程】

环节一：导入

1. 提问：在学完电和磁之后，老师收集了同学们的一些问题，发现大家都对电磁铁感到非常好奇。它在生活中的应用也有很多，你知道钢铁厂是利用什么工具搬运电磁铁的吗？

生：电磁起重机。

2. 回顾电磁起重机的原理。

电磁起重机通电时一次性可以吸起数吨重的废铁，将废铁搬运到指定处后再断开电源，废铁就自动落下，大大提高了搬运效率。

3. 问：这是怎么做到的？电磁起重机里面有什么结构。

4. 引出“电磁铁”这一课题。

环节二：回顾旧识，引出新知

问：请大家回顾一下，电磁铁是用哪些材料制作而成的？

答：线圈、铁钉、电池。

问：它在什么情况下会产生磁性？

答：通电的情况下产生磁性。

出示上一节课学生自制的电磁铁吸引大头针的图片和电磁起重机吸引废铁的图片进行对比，引出课题：为什么电磁起重机有这样大的磁力，而我们自制的电磁铁却只能吸引几枚大头针？

说一说，对比分析吸引大头针的枚数，有什么发现？不同的电磁铁，吸起大头针的数量不一样，是什么因素引起的？引出本课探究的核心问题，电磁铁的磁性强弱与哪些因素有关？

全班交流，提出可研究的科学问题。

环节三：探讨交流

学生预设电磁铁的磁性强弱与什么因素有关。

从线圈方面：线圈匝数、线圈粗细、长短。

从铁芯方面：铁芯材料、粗细、长短。

从电池方面：电池的数量(电流大小)。

总括电磁铁的磁性强弱可能与这些因素都有关系，今天我们来探究线圈匝数与电磁铁磁性强弱的关系。(特别提示：线圈绕铁芯转一圈叫一匝。)

实验之前明确几个问题：

1. 设计什么实验来验证？

2. 电磁铁的磁性强弱通过什么来体现？

3. 具体怎样设计这个实验？

学生设计实验方案：以小组为单位(四人一组)讨论、填写、设计实验计划表。

材料准备：课件，学习记录单，三节干电池、三个电池盒、三根两端裸露的漆包线、三枚退火的 8 cm 铁钉、1 盒大头针、塑料盘等。

制订研究计划——明确本次实验应严格按照对比实验的要求。

设疑：我们怎样来设计这个对比实验，收集支持假设的证据？

学生分组讨论：制订研究计划，完成实验记录单。

全班交流研究计划：你觉得在这个实验中要改变的条件是什么？(线圈的匝数)如何改变线圈的匝数？绕多少匝合适？实验做几次？为什么？每次应该相差多少匝呢？(一般要相差 20 匝及以上，效果才比较明显。)(导线总长度要保持不变、改变的是绕在铁芯上的匝数。)

讨论：刚才我们讨论了实验中需要改变的条件，为了实验的公平，应当控制不变的条件有哪些？如何控制这些条件不变？小组修改完善研究计划，分别填写实验计划表。

环节四：实验探究

1. 学生分组实验：各小组根据实验计划进行实验探究，并记录实验结果，教师巡视指导。

2. 交流研讨。

汇总各小组实验数据，小组代表汇报分析，其他组质疑补充说明。

3. 归纳结论：通过实验我们发现，在其它条件不变的前提下，电磁铁的磁性强弱与线圈的匝数有关，线圈匝数越多，磁性越强；线圈匝数越少，磁性越弱。

4. 我们已经知道电磁铁的磁性强弱与线圈匝数有关，那么电磁铁的磁性强弱还与其他哪些因素有关？下节课我们接着来探讨。

环节五：课后拓展

观察生活中还有哪些地方用到了电磁铁，可以仔细观察它的原理以及它是怎样应用的，并尝试自己制作一个电磁铁小玩具。

（案例参与者：谢佳倩　凡婷　汤宇丹　喻卓）

案例四　我是阅读小达人

学科：语文
年级：三至六年级

一、确定主题

统编版教材在三至六年级上册各设置了一个特殊单元——阅读策略单元，旨在教给学生阅读方法，提升学生阅读水平。为了检验阅读策略单元教学效果，我校以三至六年级师生为调查对象，制作了调查问卷、测试题和访谈提纲，对该单元的教学情况进行调研，发现了诸多不足之处，主要表现在：

（一）阅读习惯：学生阅读面窄、阅读层次浅，多集中在童话寓言类、漫画笑话类、经典名著类、优秀作文类，具有一定的娱乐性和功利性。

（二）学生阅读策略掌握：大部分学生对阅读策略单元中的策略认知方面的知识掌握得比较好，但迁移能力较弱，在日常阅读中运用较少。

（三）教师教学：大部分教师的教学内容仅限于教材中的文本，阅读拓展不足；教学过程多以讲解为主，学生的语言实践不足，课堂氛围较为沉闷。

据此，我校基于“阅读策略单元”整合，开展了“我是阅读小达人”跨学段活动课程，通过纵向梳理单元语文要素，横向拓展课外阅读文本，以情境为依托，以任务为导向，设计丰富的语言实践活动，切实提高教师的阅读指导水平和学生的阅读能力。

二、框架搭建

“我是阅读小达人”课程内容框架表

阅读策略	年级	单元	选文	主要内容
预测策略	三年级	上册第四单元	《总也倒不了的老屋》	1. 边读边顺着故事情节去预测 2. 凭借文章题目、插图等线索去展开预测 3. 预测内容与真实内容可能有同有异
			《胡萝卜先生的长胡子》	1. 边读边预测故事情节 2. 根据故事提示以及生活常识展开预测 3. 预测要有根据 4. 预测不恰当时要及时修正想法
			《小狗学叫》	1. 边读边预测，预测故事结局 2. 尝试继续编故事 3. 运用预测策略阅读课外书

阅读策略	年级	单元	选文	主要内容
提问策略	四年级	上册第二单元	《一个豆荚里的五粒豆》	1. 大胆提问并写下问题 2. 小组交流整理问题清单 3. 有的问题是针对全文提的，有的是针对课文的一部分内容提的
			《夜间飞行的秘密》	小组交流整理问题清单，可以从课文内容、写法、启示这几个角度来提问
			《呼风唤雨的世纪》	小组整理问题清单，筛选出有价值的问题
			《蝴蝶的家》	1. 独立提问并分类问题 2. 选出有意义的问题并尝试解答
提高阅读速度策略	五年级	上册第二单元	《搭石》	计时集中注意力快速默读，不中断、不回读
			《将相和》	计时连词成句地快速默读，扩大阅读视域
			《什么比猎豹的速度更快》	计时借助关键词句快速默读
			《冀中的地道战》	计时带着问题快速默读
有目的地阅读策略	六年级	上册第三单元	《竹节人》	根据不同的任务选择不同的阅读内容和方法
			《宇宙生命之谜》	区分重要信息和非重要信息，对于不确定的信息，通过查找资料加以判断
			《故宫博物院》	在真实的任务情境中，鉴别、选择与任务相关的阅读材料

三、课程实施

“我是阅读小达人”跨学段综合课程立足学习任务群的相关理念，依托学校“阅读节”展开活动，设置真实的学习任务——为学校阅读节布展，各年级依据特定的主题确定布展内容，结合教材内容进行实践活动，并将活动成果以展板的形式进行呈现。具体安排如下表：

“我是阅读小达人”课程实施框架表

课程主题	驱动任务	实践活动	实施流程		课时安排
我是阅读小达人	我为学校“阅读节”布展	我是故事预言家	主题确定	1. 进行“预测”游戏，明确布展主题 2. 发布年级任务——编写《白鹤自编故事集》	1课时
			方法引领	1. 阅读《总也倒不了的老屋》，学习预测的方法 2. 学习《胡萝卜先生的长胡子》《小狗学叫》，运用所学方法预测故事的情节和结局	3课时
			实践活动	开展班级“故事品鉴会”，评选故事预言家，编写《白鹤自编故事集》，完成布展	2课时
		我是作业设计师	主题确定	1. 进行“十万个为什么”问答游戏，明确布展主题 2. 发布年级任务——编写《四年级语文阅读习题集》	1课时
			方法引领	1. 学习《豆荚里的五粒豆》《夜间飞行的秘密》，学习提问的方法 2. 学习《呼风唤雨的世纪》，学会筛选问题 3. 学习《蝴蝶的家》，综合练习从不同角度提问并尝试解答	4课时
			实践活动	举办“作业设计品鉴大会”，评选“最佳作业设计师”，编订《四年级语文阅读习题册》，完成布展	2课时
		我是速读王	主题确定	1. 进行“一闪而过”小游戏，明确布展主题 2. 发布年级任务——“我是速读王”挑战赛	1课时
			方法引领	1. 学习《搭石》《将相和》《什么比猎豹的速度更快》，学会速读的方法 2. 学习《冀中的地道战》，练习带着问题读，快速默读	4课时
			实践活动	举办“我是速读王”挑战赛，评选班级速读王，完成布展	2课时
			主题确定	明确布展主题，发布年级任务——“我是旅游策划师”成果展	1课时
		我是旅游策划师	方法引领	1. 学习《竹节人》《宇宙生命之谜》，学会有目的地阅读 2. 学习《故宫博物院》，练习在真实的任务情境中，鉴别、选择与任务相关的阅读材料	3课时
			实践活动	举办“我是旅游策划师”成果展，评选“最佳旅游策划师”，完成布展。	2课时

教学示例一：我是故事预言家（三年级）

【教学目标】

1. 依据故事的线索和故事蕴含的道理对故事的情节和结局进行预测，并能解释这样预测的理由。

2. 懂得根据一定的标准评选优秀故事。

3. 通过团队合作，运用多学科知识，制作故事集，录制故事分享视频。

【教学重点】

依据故事的线索和故事蕴含的道理对故事的情节和结局进行预测，并能解释这样预测的理由。

【教学难点】

通过团队合作，运用多学科知识，制作故事集。

【教学准备】

希沃课件、学习单、故事集专用纸、彩笔、剪刀、直尺等。

【教学过程】

环节一：发布任务，明确方法

师：亲爱的预言家们，恭喜你们通过挑战，来到故事预言家决赛。今天，各位预言家们要为新的故事预测结局，并编写故事。我们将对各位参赛选手所预测的故事进行评选，优秀作品将编入《白鹤自编故事集》中。大家准备好了吗？

生：准备好了！

师：你们收获了哪些预测“法器”呢？

生：我们可以看看故事标题，猜测这篇文章会写一个什么样的故事。

生：我学会了看插图，有时候插图会画出人物的表情、动作，这可以帮助我们进行预测。

生：联系上下文也是很好的方法，我们可以结合已知的情节、人物的特点进行预测。

生：我们的生活经验也可以帮助我们预测。

师：你们学会了根据插图、标题、情节和生活经验来预测，真是收获满满！

师：既然进入了决赛，那我们来挑战点不一样的。老师今天又带来了一本故事书，不过它很特别，我们一起来认识一下吧！

（课件播放动画视频：故事预言家们，你们好！我叫做《有三个结尾的故事》，就像我的名字一样，我肚子里的每个故事都有三个结尾哦！你们一定没有见过像我这样的故事书吧！不过，我不小心把故事们的结局都弄丢了，如果被主人发现了，他一定会很生气的。预言家们，你们能帮我把故事的三个结局补充完整吗？）

生：可以！

师：那么，我们先来试试这一篇故事——《会魔法的鼓手》。

环节二：小试身手，预测故事

师：请预言家们拿出学习单，默读这个故事，想想故事讲了一件什么事情。

（学生默读课文）

师：谁来说说故事讲了一件什么事情？

生：一位士兵从前线打仗归来，他家境贫寒，只有一面鼓陪伴着他。在旅途中，鼓手遇到了一位会施魔法的老奶奶。老奶奶向鼓手提出了一个小要求——希望能得到一分钱。鼓手翻遍了口袋也没有找到钱，但最终还是意外地找到了一分钱并交给了老奶奶。为了表达感谢，老奶奶在鼓手的手上吹了口气，赋予了他一个神奇的魔法能力：当他敲鼓时，所有听到鼓声的人或动物都会不由自主地跳起舞来，而且这个魔法会持续到他停止击鼓。

师：你能按照事情发展的顺序，把故事概括得很清楚。

师：后来怎么样了呢？预言家们可以从给出的三种结局中选择一种进行预测，把你想到的故事写下来吧！

（学生独立思考，进行撰写）

环节三：化身评委，评选故事

师：一篇篇带着奇思妙想的文章已经从你们的笔尖下诞生了，哪些作品可以入选《白鹤自编故事集》呢？这就需要预言家们化身大众评委，进行筛选了。如何进行选择呢？老师和大家先一起来评价一篇故事。

（教师选择一篇作品进行展示，给出评选标准，引导学生进行评选）

预测评价单			
	自评	互评	师评
1. 表达清楚			
2. 有理有据			
3. 蕴含道理			

师总结：好的预测既要做到有理有据，还要做到表达清楚，最好还要蕴含一定的道理，给人启示。

师：下面就把时间交给大众评委团，每位组长是首席评委，请首席评委们组织本组成员按照评比表认真评比，然后上台汇报。评比时间为8分钟，汇报时间为每组2分钟。

（小组根据学习单合作评比。）

师：接下来，我们进行全班推荐。小组代表轮流上台发言，台下的同学逐篇投票表决。同意票超过半数的故事留下，没有超过半数的故事淘汰。（小组推荐、班级投票，将留下来的故事贴在黑板上。）

师为入选故事的作者颁发“优秀预言家”的奖状。

环节四：大展身手，编写《白鹤自编故事集》

师：刚才，我们通过“现场撰写—小组推荐—班级投票”的方式选出了优秀作品。下面，我们就要大展身手，请大家继续阅读《有三个结尾的故事》，选择自己最喜欢的一篇故事，边读边预测情节和结局，优秀的作品我们会编入《白鹤自编故事集》。你们觉得，我们要做哪些准备工作呢?

生:我们要为《白鹤故事集》制作封面、封底,当然,我们还要有目录。

生:我们可以请作者们把文章重新修改一下,再工整地誊写在统一规格的纸张上。

生:还要加上漂亮的插画!

师:你们的建议很好,那么我们来分工合作吧!

教师根据学生意愿和学生特点,将他们分为统筹组、文案组和美术组。教师提前将制作故事集的专用纸分发给学生。

PPT 出示任务分工。

学生根据评选意见和建议修改自己的作品,并拍摄故事介绍视频。

统筹组:收集所有入选的优秀作品,决定故事的顺序,确定目录。

文案组:将故事誊写在故事集专用纸上。

美术组:绘制封面、封底和目录。根据故事内容,为故事集绘制彩色插图。

最后将作品装订成册,并扫描成电子档,彩印多份,在阅读节上展示。

教学示例二:我是作业设计师(四年级)

【教学目标】

1. 能从不同角度对文本提出有价值的问题,并进行整理归类。

2. 能自主运用提问策略进行阅读,尝试解决提出的问题,养成积极思考的习惯。

【教学重点】

阅读时能从多角度提问,并能从中筛选出有价值的问题。

【教学难点】

将问题根据难易程度进行整理并提供参考答案。

【教学过程】

环节一:发布任务 明确方法

师:亲爱的同学们,恭喜你们顺利通过了考核,拿到了"《阅读习题集》编订大会"的入场券。在今天的学习中,我们要化身为作业设计师,以《阅读主题丛书》为蓝本,设计属于我们自己的《阅读习题集》。你们有信心吗?

生:有!

师:我们知道,好的问题有助于我们对文章产生更深刻的理解。在前几课的学习中,你收获了哪些提问的小妙招呢?

生:我知道了可以针对全文提问,还可以针对部分内容提问。

生:我学会了从不同角度提问,如针对课文内容提问、针对写法提问、联系生活经验提问。

生:我们提的问题可能会很多,我们要学会从中筛选能促进对课文理解的问题并尝试解答。

师:同学们对提问策略的掌握非常牢固。下面,我们开始进入自由提问环节。

环节二：自由提问 筛选推荐

师：请同学们拿出主题学习丛书，找到《最有意义的生活》进行自由提问，并将问题分别写在便利贴上。

（学生独立思考，自由提问）

师：现在，我们手上有了许多的问题，哪些适合编进《阅读习题集》？哪些不适合？我们还要进行整理和筛选。

师：请大家以小组为单位相互浏览组员们便利贴上的问题，每个组员根据推荐要求，从问题集里筛选一个好问题来推荐，要有充足的推荐理由，轮流发言。最后组内选出三个最好的问题，进行全班推荐。

（小组内互相推荐、筛选）

师：接下来，我们进行全班推荐。8个小组轮流上台发言，台下的同学逐题投票表决。同意票超过半数的问题留下，没有超过半数的问题淘汰。（小组推荐，班级投票，将留下来的问题贴在黑板上。）

环节三：编辑习题 撰写答案

师：看，我们收获了很多有价值的问题，但要把这些问题变成一篇文章的习题的时候还要注意什么呢？

生：问题的数量不要太多，三到五个为宜。

生：筛选问题的时候要注意全面性，每种类型的问题都要有所涉及。

生：要注意难度的区分，有难题，有简单题，总体不能太难了。

生：我们还可以自己做一做参考答案，给用《阅读习题集》的同学提供帮助。

师：同学们的想法很丰富，接下来请同学们从黑板上留下来的问题中选择几个问题变成阅读习题，注意问题数量的适度性、问题角度的全面性、问题难度的递进性。

（学生自由选择问题，排列顺序，撰写参考答案）

师：大家的习题和答案都完成了，现在请在小组内进行评选，选出一个习题设计进行班级投票。票数最高的人即可获得“作业设计师”的称号。

（小组评选，班级投票）

环节四：习题竞选 编写《阅读习题集》

师：刚才我们通过“自由提问一小组推荐一班级筛选一编辑习题一撰写答案一小组评选一班级投票”的方式选出了《最有意义的生活》这篇文章的最佳设计。接下来，请同学们在《蠕虫的高级粘合剂》《火星，中国使者来了》《梧桐子》中任选一篇设计三到五道有价值的阅读题，并尝试提供参考答案。（自由阅读，设计阅读习题，提供参考答案）

师：我们仍然按照“组内推荐一个人竞选一班级投票”的形式来进行选拔，为《蠕虫的高级粘合剂》《火星，中国使者来了》《梧桐子》分别选出一个最佳设计，并为设计者颁发“作业设计师”的称号。

（组内推荐一个人竞选一班级投票）

师：同学们，我们把这四个作业设计整理在一起就可以得到一本自编的《阅读习题集》

啦！这可是你们自己设计的习题哦，是不是特别有成就感？

环节五：拓展延伸 进阶完善

师：同学们，我们的这本《阅读习题集》来之不易，是大家智慧的结晶。但它里面现在还只有四篇文章，我们怎么样才能把它变得更丰富些？

生：我们每人可以再从主题阅读丛书中选择一篇文章来进行作业设计，然后进行班级评选，过关的设计可以入选《阅读习题集》。

生：我们可以给《阅读习题集》取个名字，并做好封面和插图。

生：我们可以将习题集尝试在班级或年级内传阅，再逐步修改完善。

生：我们还可以制作自己专属的习题集。

师：同学们的想法都非常好，我们可以用课余时间将想法付诸实践。好的作品老师会推荐给年级组，然后由年级组做成展板，在“阅读节”时向全校同学展示。

师：同学们，我们的“《阅读习题集》编订大会”圆满结束，愿大家的作品都能得到展示和应用的机会！

附：

1. 学习任务单：

《　　　　　　　　》问题推荐单

我们是第____________组，我们组是从“________”角度提问的。

我们组推荐的问题是：

____

我们的推荐理由是：

____

____

推荐要求：

(1)选择两个针对部分内容、不同角度、联系生活实际提问的好问题。

(2)两个问题不能重复或相似。

(3)两个问题都是可以通过阅读文章解决的。

(4)写清楚推荐的理由。

2. 学习量表：

最佳作业设计小组			
第 1 组	第 5 组		
第 2 组	第 6 组		
第 3 组	第 7 组		
第 4 组	第 8 组		

教学示例三：我是速读王（五年级）

【教学目标】

1. 学会综合运用各种阅读方法提高阅读速度和阅读质量。

2. 平衡阅读速度和阅读质量之间的关系。

3. 激发学生的阅读兴趣。

【教学重点】

学会综合运用各种阅读方法提高阅读速度和阅读质量。

【教学难点】

平衡阅读速度和阅读质量之间的关系。

【教学过程】

环节一：交流分享，总结阅读方法

师：亲爱的同学们，欢迎大家来到“我是速读王”总决赛！在前面的关卡中，我们发现了许多提高阅读速度和阅读质量的方法，也留下了一些文章给大家进行实践阅读。接下来，就让我们一起来分享一下自己的阅读体验。你在读哪篇文章时读得又快又好？你运用了哪些阅读策略呢？

生1：我想分享一下我阅读《有声有色有味的家》这篇文章时的阅读体验。首先，在看到这篇文章的标题时，我就进行了预测：这篇文章应该是从声音、色彩、味道三个方面来介绍作者自己的家。为了印证我的猜想，我集中注意力进行了阅读。果然，作者先是写了家里有丰富的生命色彩，再写了家里充满大自然与人类生命的交响曲，最后写了家里有各种最美的滋味。这让我阅读时感到很有成就感，对阅读也更有兴趣了。其次，我在阅读时，也遇到了一些不理解的词语，比如“泥巴炕”。但这并不影响我对文章的理解，所以我并没有停下来，而是继续读了下去。根据下文的描述，我猜测这可能一种冬暖夏凉的坐具或床具。就这样，我很快就将文章读完了，也感受到了作者对燕山深处的家的热爱之情。

生2：我以前读书的时候，喜欢用手指着，一个字、一个字地读，所以总是读得很慢。在学习了《将相和》之后，我尝试运用扩大视域、连词成句的阅读方法阅读了《晏子使楚》。在阅读时，我尽可能整句、整句地看，甚至多句一起看。一边读，一边提取主要信息，如楚王的三次侮辱，晏子的三次反驳，以及最后的结果。这种阅读方式不仅需要我们集中注意力，十分专注，而且需要我们能边读边思考，概括主要内容。经过不断地练习，我的阅读速度有了很大的提升，对文章内容的把握也更准确了。

生3：在学习了借助关键语句阅读的方法后，我的阅读速度和阅读质量都有了很大的提升。比如我在阅读《人类的脚步》这篇文章时，发现作者在文章的开头就写了：“到目前为止，人类文明已经经历了两次大飞跃，现在正在经历着第三次更加重要的飞跃。”带着这句话，我迅速梳理出了文章的主要内容：人类文明经历了农业文明—工业文明—科学文明三次大飞跃。

生4："地雷是如何用来作战的""地雷作战效果如何"，这是我在读《地雷战》前提出的两个问题。带着这两个问题，我快速地阅读了文章，并在文章中找到了答案。原来，聪明的冀中人民因地制宜，发明了针对不同情况使用的各种各样的地雷和变幻莫测的爆炸方法，对敌人给予了有力的打击。这种一边提问，一边寻找答案的阅读方式既有趣又有效。

师：预测，集中注意力、不回读，扩大视域、连词成句地读，带着问题读……这些都是帮助我们读得又快又好的好方法，看来同学们已经能将这些方法运用到日常阅读中去了，真棒！

环节二：集思广益，明确评价标准

师：今天的速读挑战赛将会在每一个阅读小组中推选出一位"速读王"。你认为怎样的阅读者才能被称之为"速度王"呢？

生1：要读得快。

生2：不仅要快，还要读懂内容。

生3："速读王"是我们阅读时的榜样，如果能跟我们分享更多的阅读方法就更好了。

师：经过大家的讨论，我们对于"速读王"的评价标准就形成了。

"速读王"评价标准
1. 能综合运用多种方法提高阅读速度。
2. 能在快速阅读的基础上达成理解内容的目标。
3. 能主动分享自己的阅读收获。

环节三：速读挑战，评选"速读王"

师：接下来，请大家默读《珍藏》一文，阅读完成后，在学习任务单上记下阅读时长，并完成题目。(打开计时器)

师：阅读完成，请各个阅读小组长组织组员轮流分享自己的阅读收获，结合阅读时长和答题正确率共同推选出一位"速读王"，并派出代表讲述推荐理由。

(组内分享—组内推荐—颁发奖章)

师：恭喜以上同学成为"速读王"。通过本单元的学习，同学们在阅读的速度上有了很大的进步。快速阅读，"快"不是最终目的，我们的最终目标是要在提高阅读速度的同时读懂文章表达的意思。在以后的阅读中，希望大家能积极地实践这些阅读方法，享受阅读的乐趣。

附：1. 学习任务单：

挑战者：
阅读时长：________分________秒
阅读《珍藏》，回答问题。 1.“我”珍藏的东西是什么？（　　） A. 一本写红色娘子军的书 B. 一张与红色娘子军老战士的合影 C. 一张在红色娘子军纪念园的合影 D.“我”穿上红军服装的合影 2. 红色娘子军的故乡在哪里？（　　） A. 福建 B. 泉州 C. 海南 D. 红色娘子军纪念园 3. 和“我”合影的三位红色娘子军老战士，一位叫________，一位叫________，还有一位记不住叫什么名字了。 A. 王华 B. 欧花 C. 王运梅 D. 欧梅 4. 按照事情的发展顺序，给下列选项排序：________ ________ ________ ________。（填序号） A. 和红色娘子军老战士合影 B. 到红色娘子军纪念园参观 C. 去度假村休息 D. 看《红色娘子军写真》书籍 5.“自那次与红色娘子军老战士合影后，我有了一种深入了解红色娘子军事迹的想法。”作者想要深入了解红色娘子军的事迹，主要是因为________和________。 A. 对红色娘子军老战士的敬佩 B. 被红色娘子军的爱国精神感动 C. 觉得那三个红色娘子军老战士很有趣 D. 觉得红色娘子军很神秘

2. 学习量表：

“我是速读王”推荐表
推荐理由：
评价标准： 1. 能综合运用多种方法提高阅读速度。 2. 能在快速阅读的基础上达成理解内容的目标。 3. 能主动分享自己的阅读收获。

教学示例四：我是旅游策划师（六年级）

【教学目标】

1. 能够根据阅读目的，筛选合适的阅读材料。

2. 能够运用恰当的阅读方法，准确提取信息，完成旅游路线图的设计。

3. 能够针对关键信息进行概括转化，为大家介绍景点。

【教学重点】

根据阅读目的，筛选、整合阅读材料。

【教学难点】

对材料信息进行整合，为大家介绍旅游景点。

【教学准备】

希沃课件、学习单

【教学过程】

一、播放视频，激趣导入

师：（课件出示单元导语页）杨绛先生说：“读书好比串门，隐身的串门。”在《竹节人》中，我们领略了制作、玩耍竹节人的乐趣，在《宇宙生命之谜》中，我们见识了科学家们对宇宙生命探索的热情。今天，我们来到了串门的最后一站，它在古代被叫作紫禁城，它有六百多年的历史，它是我国目前保存最完整的古代建筑群。它就是故宫博物院。为了让我们更好地了解故宫，我们先来看一段关于故宫的视频资料。（播放视频）

师：看完视频，故宫给你留下怎样的印象？

生：气势恢宏、大气磅礴。

师：故宫的美，美在建筑的磅礴大气，美在文物的精致丰富，美在每一个爱好历史、爱好文学的人心里，故宫的美也吸引了一批又一批的中外游客。

任务一：明确学习任务 聚焦关键信息

师：为了让游客有更好的游览体验，故宫博物院开展了故宫旅游团队招募会，提出了三点要求，请大家齐读。（生齐读）

1. 根据游览人群成立特色旅游团队。

2. 根据游览人群设计故宫一日游路线图。

3. 根据游览人群进行特色景点介绍。

师：大家发现我们的三个任务，有什么共同点吗？

生：(异口同声)都根据游览人群进行介绍？

师：这恰恰就契合了我们本单元的主题，根据阅读任务筛选整合阅读材料。

任务二：成立旅游特色团队

师：如果按照游览人群分类，游览故宫的游客可分为哪几类？

生：我见过很多穿着古装服饰拍照的女孩子会在故宫城墙打卡。

师：那可以根据这一特点取一个好听点的名字。

生：那就叫做“拍照打卡团”。

生：故宫的建筑别具特色，会吸引一批爱好建筑的人群，可以成立一个“建筑爱好者团”。

生：故宫博物院收藏了很多珍贵的文物，肯定深受爱好历史、爱好文物的人群的青睐，可以成立一个“历史文物爱好者团”。

生：……

(同学们可以根据自己的爱好自由成团。)

任务三：制作故宫一日游路线图

师：一个好的故宫参观路线，需要考虑哪些问题？

生1：要明确进口和出口，不走“回头路”。

生2：根据团队成员的爱好，选择相对应的旅游景点。

生3：要考虑每个景点的游览时长，并预留出吃饭的时间。

……

师：请大家浏览四则材料，说说哪些材料对我们设计“故宫一日游”路线图有帮助。

生1：材料一有帮助，材料一介绍了故宫博物院的大致布局和结构特点，以及一些重要的景点。

生2：材料三有帮助，材料三明确写了故宫博物院2011年制定的游客参观路线。

生3：材料四是故宫博物院平面示意图，哪些区域开放，哪些区域不开放，让人一目了然。

……

师：任务明确了，确定进口、出口对大家而言不是难事了，那要选择哪些景点作为一日打卡点呢？

生1：我们是拍照打卡团，人群以女性，特别是大学生、辣妈为主，我们想选择后宫六院作为我们重要的打卡点。

生2：作为历史文物爱好者，我认为可以选择家具馆、珍宝馆、钟表馆等文物比较密集的展馆欣赏。

生3：太和殿富丽堂皇，建筑精巧，必然是我们建筑爱好者打卡的地方。

生4：太和殿雄伟壮观，我觉得它是故宫气势恢宏的名片，并且它的位置醒目，无论哪一个旅游团，都不容错过。

……

师：(布置任务)请大家默读四则材料，或选取其他查询的资料，设计适合你们旅游团游客的故宫博物院一日游路线。

任务四：挑选重要景点介绍

师：如果选择太和殿，这四则材料中哪些材料可以用到？

生1：材料一可以用到，材料一详细介绍了太和殿。

生2：材料二介绍了和太和殿有关的故事。

师：下面是三位同学写太和殿的讲解词，读完后讨论，哪一个版本更好？（通过对比，学生了解讲解词的特点。）

版本一：书面复刻(直接照搬书中原话)。

版本二：口语化(信息加工)。

版本三：口语化＋故事。

(课件上呈现，选取三个同学读一读讲解词。)

师：你们觉得哪一个版本更好？

生：(异口同声)第三个版本。

师：为什么大家都觉得第三个版本更好呢？

生1：第三个版本语言口语化，通俗易懂。

生2：第三个版本和游客之间有互动，让人感觉亲切，让人身临其境。

生3：第三个版本融入了太和殿的故事，吸引读者。

师：这三位同学选择了太和殿，可以从文中找到资料。大家也可以从课外搜集你想要介绍的资料，用口语化的语言和游客互动的方式、以及加入故事的方法完善讲解词哦。

任务五：旅游团设计成果展示

师：我们班的同学分组合作，通过大量的阅读，筛选阅读材料，运用阅读方法，整合关键信息，已经小有收获。今天呀，有几个团队准备好了他们的展示成果，为了让我们的展示会更为丰富，我们特意请来了七位鉴赏员，他们的任务是对旅游设计做相关的点评，以及投票，挑选出最优旅游团。

(出示评价参考)

1. 游览路线是否合理？是否符合相关人群？是否简洁？是否遗漏重要景点？

2. 景点介绍是否流畅？是否满足相关人群需求？是否口语化，吸引游客？

(出示一组案例展示)

“建筑爱好者团”分享词：

我们是建筑爱好者旅游团设计团队，我们从建筑爱好者的需求出发，经过课文文本阅读、课外资料搜集、筛选、整理，采用了找关键句、圈记关键词、图文结合、联系上下文、跳读等方式完成了本次讲解演示。

“建筑爱好者团”展示词：

各位建筑爱好者们，大家好呀！我是导游，姓易，容易的易，大家叫我易导就好啦！今天呀，我要带领大家参观故宫。故宫，又称紫禁城，是明清两代的皇宫，位于北京市中心，是保留到今天仍较为完整的，规模最大的古代皇帝生活的地方。

今天我们的游览路线为中轴线，从午门进入后按照金水桥—太和门—太和殿—中和殿—保和殿—乾清门—交泰殿—坤宁宫—神武门的顺序游览。

皇宫的建筑分为外朝和内廷两个部分。外朝有太和、中和、保和三大殿，这三大殿是故宫最高大建筑物，也是皇帝举行重大典礼的地方，是封建王权的象征。内廷以乾清宫、交泰殿、坤宁宫为中心，是皇帝、皇后和嫔妃居住的地方，整个建筑群雄伟壮观。

整个皇宫的建筑取坐北朝南的方向，一条中轴线贯穿着整个故宫，故宫宫殿建筑屋顶形式多样，就像大家现在看到的太和殿采用的是最尊贵的重檐庑殿顶，大家可以仔细观察。中和殿为四面坡单檐攒尖顶，保和殿是重檐歇山顶。建筑饰以黄琉璃、红瓦顶、朱红柱子、门窗、青白石底座和金碧辉煌的彩画，宏伟壮丽。

大家可以在这里拍照留念，接下来，我们进入下一个景点……(鉴赏团代表点评)

生 1：游览路线以中轴线为路线，重要景点都涵盖了，并且满足建筑爱好者的需求。

生 2：路线简洁、方便，有详略，有重点。

生 3：导游使用了很多肢体语言，吸引游客。同时和游客有互动，让游客参与感更加强。

生 4：陈述过于死板，可以加入一些建筑故事，让介绍更加灵动起来。

二、总结提升 情感升华

师：从故宫小白到故宫讲解达人，大家的蜕变不是一蹴而就的。这一段时间，了解故宫成为了我们班级的热潮，大家通过广泛的阅读，精心筛选与提炼资料，最后有这样的呈现便是我们阅读成果最好的展示。中国的物质文化遗产除了故宫之外还有很多，比如北京的万里长城、西安的秦始皇陵、甘肃的敦煌莫高窟、拉萨的布达拉宫等，课后请同学们搜集阅读更多的中华传统文化资料，为全家寒假旅行做一个旅游策划，并在阅读节上进行展示。

【作业布置】

1. 设计一份家人旅游路线图。

2. 选择家人感兴趣的景点，通过搜集、筛选、整理资料，为家人介绍。

（案例贡献人：彭丽婷　康利　唐小茜　朱莎　徐超群　曾雪琪）

案例五 “菇”色“菇”香满校园

学科：道德与法治、综合实践、科学、劳动、美术、语文
年级：三年级

一、确定主题

（一）存在现象

学校发现学生食堂每次做蘑菇类餐品时，就会剩非常多，学校大多数学生也反映过不爱吃蘑菇。与此同时，食堂方面又要在预算范围内安排有营养的菜品，而蘑菇的营养价值高，是一个不错的食材。因此，面对学生并不爱吃蘑菇的现象，食堂也很苦恼，不清楚原因。

许多班主任在简单的摸底调查中了解到，学生不爱吃学校的蘑菇菜品的原因大致有三类：觉得做得难看、难吃，还有怕吃多了中毒。可见学生不了解蘑菇的相关知识，同时也希望食堂能将蘑菇做得好吃些。这些都是课本以外，但又是学生成长所需的综合性知识。

目前分科教学仍然是我国小学课程设置的主流方式，学科间联系松散，育人模式限制在书本和理论知识上，缺乏与生活实践的联系。课程内容重复加大了师生的负担，浪费了课堂时间，同时2022年新课标强调需要跨学科学习，加强学科间的知识联系。

（二）研读教材

基于以上情况，我们以年级组为单位，一起研读三年级各学科上下两册的教材，发现三年级作为学生进入中年级的关键阶段，教材内容比低年级涉猎更广泛，很难找到教材中显性的共有元素。与此同时，我们又发现三年级的教材与学生的生活关联更加紧密，也就是说，教材间具有隐性的关联，但需要通过学生的真实生活搭建一个“梯子”，实现各学科的资源整合，这也正是2022年新课标中“跨学科整合”的实施途径之一。

基于这条逻辑，我们发现，劳动教育课本身具有较大的整合空间，可以与多数专题有效整合；道德与法治（部编版）三年级下册第九课《生活离不开规则》提到“生活中也是处处有规则”，需要学生列举学校生活中的规则，也要针对遵守规则提出自己的看法，这与语文（部编版）三年级上册第七单元《习作：我有一个想法》是有紧密关联的；科学（部编版）三年级上册第一单元主题是《食物与消化》，美术（湘美版）三年级下册第二课《生日快乐》是用轻粘土制作生日蛋糕模型，这与学生生活中的饮食都密切相关。我们探讨学校的规则和学生的校园生活，发现学生一方面想遵守规则，不浪费粮食，另一方面非常厌恶蘑菇这个高营养食物。经过研讨梳理，我们确定了以“蘑菇”为研究对象的主题：“‘菇’色‘菇’香满校园”。

定好主题后，我们再次充分研读了这几个学科相应的教学内容，梳理其中相同之处的教学逻辑。道德与法治课从思想观念上教导学生遵守生活中的规则，如不浪费粮食，再利用综合实践活动主题确定课的形式，展示学生经常倒掉有蘑菇的菜这一现实情况，引导学生思考这一行为背后的原因，并探讨解决问题的途径。科学课从品种、可食性、营养价值等角度帮助学生深入了解蘑菇。劳动教育课上让学生动手制作并品尝用蘑菇做的美食，加深对蘑菇的喜爱之情。美术课上再用轻粘土制作蘑菇美食模型，将对蘑菇的喜爱可视化，

保存在具有代表性的实体物品上。最后，在语文课上通过习作，学生可以积极地多角度地表达自己喜爱蘑菇的原因，倡导学校其他同学也多多了解蘑菇，不要浪费，并用广播的形式进行宣传。

(三)研读课程标准

为使专题课程的教学目标不偏离学生知识发展的规律，我们还深入研读了每个学科的课程标准。

道德与法治学科提出第二学段的学生“生活视野进一步扩大，具备一定的独立意识”，要求学生“能够遵守与日常生活密切相关的基本道德规范和法律”“积极参加劳动和集体活动”。

科学学科第二学段的教学目标是“能区分植物和动物的主要特征，并能对植物和动物进行简单分类；认识植物的某些结构、动物的某些结构与行为具有维持自身生存的功能；认识生物通过生殖、发育实现生命的延续”。老师要从“蘑菇到底是植物还是动物？要怎么延续生命?”为中心，展开教学，解决学生对蘑菇的疑惑。

劳动学科第二学段“任务群三：烹饪与营养”中对教学内容有要求“按照一般流程制作凉拌菜、拼盘，学习用蒸、煮方法加工食材……如加热馒头、包子等面食”。学生要“初步建立健康饮食的观念”“能正确认识烹饪劳动的价值”。基于此，劳动课上可以学习包饺子的流程，制作蘑菇馅的饺子，还要学习饺子的摆盘。

美术学科第二学段的教学目标提到“能运用传统或现代的工具、材料和媒介，创作平面、立体或动态等表现形式的美术作品，表达自己的所见所闻、所感所想，学会以视觉形象的方式与他人交流。能利用不同的工具、材料和技能，制作传统工艺品，学习工艺师敬业、专注和精益求精的工匠精神。能将美术与自然、社会及科技相融合，探究各种问题，提高综合探索与学习迁移的能力”。学生在制作蘑菇模型时，明确做模型的目的是什么，不但要学技法，还要注重通过美的外形传达对可食用类蘑菇的喜爱之情。

语文习作主题为“我有一个想法”，新课标中第二学段表达与交流教学目标就有“能清楚明白地讲述见闻，说出自己的感受和想法。”学生可以回忆之前围绕蘑菇的所学所做，想想可以如何规劝同学们不要浪费有蘑菇的菜，进而引导更多同学对蘑菇感到好奇，从而去了解、喜爱它。

(四)研究学情

综合实践活动课程打破教材、课堂和学校的局限，在活动时空上向自然环境、学生的生活领域和社会活动领域延伸，加强学生与自然、与社会、与生活的联系。因此，本次整合教学以学生为中心，提出学生“不爱吃蘑菇”的现象，在综合实践的选题课中调查、整合学生不爱吃的原因，并引导学生自己思考解决问题的方法，由多学科老师逐一辅助突破。通过这一系列与实践生活紧密联系的活动，能真正培养学生发现问题、探索问题、解决问题的能力。

通过研究三年级各学科的教材和课程标准，结合本校学生的具体情况，我们决定根据“最近发展区”理论，在原有的课程标准上进行适当的提升，定下“‘菇’色‘菇’香满校园”专题课程。学生在道德与法治课上发现问题：同学们因为不喜欢吃蘑菇，总是倒掉，浪费了粮食，再运用综合实践选题指导课的思路指导学生如何进行活动探究，明确“布置主题展以便让更多学生喜欢上蘑菇”的目标，科学老师教学生蘑菇基本知识，劳动课教学生做相关美食，美术课教学生如何最大程度地展示美食的模样，语文课教学生如何表达自己观点，进行有效宣传。专题化课程能真正实现培养学生学习能力、创造能力、实践能力综合提升的总目标。

二、框架搭建

“‘菇’色‘菇’香满校园”课程内容框架表

教材	课题	相关知识点	课标要求
三年级道德与法治（部编版）《生活离不开规则》	校园处处有规则，发现问题乐解决	能树立遵守规则，不浪费粮食的意识	能够遵守与日常生活密切相关的基本道德规范和法律；积极参加劳动和集体活动
综合实践活动选题指导课	走访调查探原因，贴合实际定选题	围绕学生“不爱吃蘑菇”的现象，调查、整合学生不爱吃的原因，并引导学生自己思考解决问题的方法	综合实践活动的学习过程可分为活动准备、活动实施、活动总结等阶段。活动准备阶段特别要注重培养学生的问题意识、规划能力，引导学生学会搜集与处理信息，为活动的实施奠定必要的认知基础，并提供充分的准备
三年级科学（部编版）第一单元《食物与消化》	火眼金睛辨蘑菇，合作学习探奥秘	从“蘑菇到底是植物还是动物？要怎么延续生命？”为中心，展开教学，解决学生对蘑菇的疑惑	能区分植物和动物的主要特征，并能对植物和动物进行简单分类；认识植物的某些结构、动物的某些结构与行为具有维持自身生存的功能；认识生物通过生殖、发育实现生命的延续
劳动课	小小蘑菇有能量，白鹤小厨做大餐	学习包饺子的流程，制作蘑菇馅的饺子，学习摆盘	烹饪与营养教学内容：按照一般流程制作凉拌菜、拼盘，学习用蒸、煮方法加工食材……如加热馒头、包子等面食。学生初步建立健康饮食的观念；能正确认识烹饪劳动的价值
三年级美术（湘美版）《生日快乐》	巧手合作创模型，独具匠心留色香	能合理巧妙利用身边媒材，运用恰当的方法，制作蘑菇类菜品的模型；培养学生热爱可食用类蘑菇的情感	能运用传统或现代的工具、材料和媒介，创作平面、立体或动态等表现形式的美术作品，表达自己的所见所闻、所感所想；学会以视觉形象的方式与他人交流

续表

教材	课题	相关知识点	课标要求
三年级语文(部编版)《习作：我有一个想法》	广播宣讲总动员，反思有法善表达	学会积极表达自己的想法，提出好的建议和解决办法；初步了解广播稿，并利用广播稿进行有效宣传	能清楚明白地讲述见闻，说出自己的感受和想法

三、课程实施

“‘菇’色‘菇’香满校园”课程实施框架表

阶段	类型	教学内容	课时安排	授课教师
第一阶段	前置课程	道德与法治：校园处处有规则，发现问题乐解决	20 分钟	曾雪琪
第二阶段	主体课程	综合实践：走访调查探原因，贴合实际定选题	40 分钟	曾雪琪
		科学：火眼金睛辨蘑菇，合作学习探奥秘	40 分钟	刘婷
		劳动：小小蘑菇有能量，白鹤小厨做大餐	40 分钟	陈小凤
		美术：巧手合作创模型，独具匠心留色香	40 分钟	伍家琪
		语文：广播宣讲总动员，反思有法善表达	40 分钟	付沁
第三阶段	后拓课程	主题展览：“菇”色“菇”香满校园	1 课时	综合实践老师

四、教学示例

教学示例一：道德与法治“校园处处有规则，发现问题乐解决”

【教学目标】

1. 引导学生自己去寻找生活中的规则，让学生懂得生活处处都有规则。
2. 体会规则的重要性，懂得遵守规则，不浪费粮食的重要意义。
3. 通过规则与个人意志之间的矛盾，发现学生总是浪费粮食的情况。

【教学重点】

引导学生自己去寻找生活中的规则，让学生懂得生活处处都有规则。

【教学难点】

体会规则的重要性，懂得遵守规则、不浪费粮食的重要意义。

【教学准备】

课件；学生午餐倒剩菜视频(剩菜桶里满满都是蘑菇，有的学生一口没吃就倒掉了。)

【教学过程】

环节一：游戏导入，体验“规则”

师：同学们，今天老师给大家带来了一些宝贝，瞧，这是——鼓、鼓棒和花。

(出示道具)

师：我们可以用它们来玩什么呢？学生回答。

师：对！击鼓传花的游戏怎么玩呢？老师击鼓，同学们传花，鼓声停；花在谁的手上谁就上台表演节目。

（课件出示前二条游戏规则）

老师将道具花给第一小组第一位同学。教师击鼓，游戏开始。

预设：鼓声停，花在两位同学中间，学生有争执，不确定谁上台表演……

学生发现还需要补充规则。

师：噢！我明白了，原来我们这个游戏还缺少了规则。那我们就一起来补充制定这个游戏的规则吧！（板贴：规则）

指名回答，师相机点评。

师：同学们都将规则制定得很详细了，我们一起来回顾一下刚刚同学们制定的“击鼓传花”游戏规则吧！

（课件出示完整的“击鼓传花”游戏规则）根据规则，再玩游戏。

小结：同学们，瞧，游戏规则很重要，它能让游戏过程更加公平、有序、快乐。

（板贴：有序）

环节二：思考交流，寻找“规则”

师：除了在游戏中，同学们在做其他什么事情时，还发现过什么规则呢？课前，老师已经布置你们通过忆一忆、查一查、找一找、问一问，去发现生活中的规则，你们都有收获吗？谁来说一说？

个别学生说。老师适时指导说清楚“我在做什么事情时，发现了什么规则”。

师：现在，我提议大家在小组内交流分享课前搜集的规则。

但咱们交流分享也是有要求的哦，请看：

1. 说一说：组员轮流说一说自己课前寻找到的生活中的规则。

2. 分一分：将收集到的规则进行归类整理，哪些属于学校生活中的规则？哪些属于社会生活中的规则？

3. 贴一贴：将挑选出的规则贴在学习单相应的位置上。

4. 议一议：组内商量好汇报方式（个人汇报还是集体汇报），并做好汇报准备

师：大家都听明白了吗，现在开始小组合作学习吧！

学生分组进行合作学习。教师巡视指导，拍摄已完成好的小组合作学习单。

师：同学们合作学习很投入，真不错！接下来，我们进入汇报环节。注意：说的同学大声说，说清楚；听的同学仔细听，听明白。同学们可以根据这个范式来汇报哦！

（出示汇报范式：我们组发现的学校生活中的规则有________。社会生活中的规则有________。）

通过投屏出示已完成好的小组合作学习单，相应小组汇报，教师相机点评。

师：同学们说得很全面，你们找到的规则还真不少。可见生活中，大家都是善于观察，善于发现的有心人。

小结：同学们，你们有没有发现，规则遍布我们生活的方方面面，在学校、在社区，随时随地，无处不在。看来，不仅游戏中有规则，通过我们共同寻找，发现生活处处有规则。（板贴：校园处处有规则）

环节三：身边“规则”，发现问题

师：有的同学认为，规则多了太烦人，处处受约束，定这么多规则干什么？让我们来设想一下，如果没有规则，会出现什么样的情况呢？

学生各抒己见。

师：这里有一则真实的案例，我们一起来看看。（课件播放学生午餐倒剩菜视频。）

师：在这个案例中他们没有遵守哪些应该遵守的规则呢？（学生回答。）

师：会出现什么样的情况呢？（学生回答。）

师：是啊，会造成挑食的坏习惯，浪费粮食是不尊重农民伯伯、食堂阿姨的劳动成果的行为。如果大家都这么随心所欲，那祖国的花朵怎么长高变强壮，报效祖国？但生活中，常常出现明明知道要遵守规则，却不愿意遵守的情况。请问倒掉这些蘑菇的同学们，你倒掉食物时是什么心情？为什么要倒掉？

生：有一点点愧疚，但是真的很讨厌吃蘑菇，就是不想吃，所以还是倒了。

师：浪费了粮食，不但不利于身体成长，还会让你们的内心受到道德的谴责，那么不倒不就好了？

生：为什么食堂一定要用蘑菇做菜呢？就不能不用吗？这样我就不会浪费粮食了。

师：这是一个很好的问题，你们和食堂之间需要有所沟通，课后，请你们去问问负责食堂的文老师这个问题，我们下次专门来讨论一下。

教学示例二：综合实践“走访调查探原因，贴合实际定选题”

【教学目标】

1. 引导学生学会从生活实际入手，提出问题，并对问题进行汇总、筛选、提炼，小组合作确定小主题。

2. 培养学生提出问题、筛选问题、概括和提炼小主题的能力。

3. 培养和提升学生小组合作学习的能力。

【教学重点】

引导学生学会从生活实际入手，对问题进行筛选、规整，确定小主题。

【教学难点】

培养学生提出问题、筛选问题、概括和提炼小主题的能力。

【教学准备】

课件；调查学生平时对食堂膳食中蘑菇类食品的喜好情况。

【教学过程】

环节一：视频导入，引发情感

播放视频“食堂文老师的烦恼”。

1. 文老师遇到了什么问题？

2. 我们遇到的问题是什么？怎么让大家喜欢上吃蘑菇？

环节二：小组调查，筛选汇总

1. 了解原因：要让更多同学喜欢上吃蘑菇，就要先了解他们为什么不喜欢吃。

2. 合作调查：以四人小组为单位，对组内不爱吃学校蘑菇菜品的成员进行调查，并把原因写在卡片上。强调因为卡片大小、数量有限，所以要写关键词，而且不能写重复或相似的原因。(举例说明：在学校里不爱吃蘑菇的同学请举手。根据学生的回答指导提取关键词，再点组内一位同学，引导不写类似的理由。)

限时四分钟。

3. 问题汇总

写完后贴到黑板上来，提醒学生贴之前要先看一眼黑板上有没有相似的或重复的原因。

4. 问题筛选

学习选题原则：学生们写出了这么多理由，可以都作为我们研究的小问题吗？我们要选择可以研究的问题，必须遵循四个原则：真实、感兴趣、可操作、有价值。据这四个原则我们排除或留下这些问题，有一些小问题表述不清，看不懂，也要筛选，最后选出。

5. 问题合并

对重复的、相似的进行合并一下。

6. 问题归类

将同一个研究方向归为一类。(师生共同归纳：气味难闻＋口感差劲＝不好吃、颜色丑、没食欲＝不好看、有毒＝不了解)

师：最后，我们筛选出这三个问题。

不好吃——蘑菇怎么做更好吃？

不好看——蘑菇怎么做更好看？

不了解——怎么区分蘑菇有没有毒、能不能吃？

环节三：主题转化，确定选题

1. 师：口语化的语言要如何变成我们探究的小主题？老师这里有一个小锦囊。

问题：怎么让大家喜欢上吃蘑菇？

主题：关于蘑菇可爱之处的探究。

找“问题”和“主题”的不同之处：问句和陈述句；关于……的探究(“探究”是一种研究方法)。

找相同之处：都有“蘑菇”，“蘑菇”就是研究对象。“可爱之处”是研究的内容。

2. 总结方法：研究对象＋研究内容＋研究方法。

3. 合作转化：小组合作从这三个里选一个最感兴趣的问题，想一想怎么把它们变成小主题。限时五分钟。

4. 主题确定：小组成员代表本组上台汇报，师生共选主题。

环节四：总结方案，引入学科

这几个小主题光凭我们自己可能没办法解决，我们可以求助哪些老师呢？(引出科学、劳动课程内容。)

我们研究这几个小主题解决食堂的问题了吗？这节课只能帮助本班的学生喜欢上蘑菇，全校很多不喜欢吃蘑菇的同学哪里知道蘑菇的可爱，如何让学校不同班级、年级的学生不通过上这个课程也喜欢上蘑菇？(引出第四个小主题：布置主题展。讨论如何布置主题展，引出美术课和语文课要解决的问题。）

教学示例三：科学“火眼金睛辨蘑菇，合作学习探奥秘”

【教学目标】

1. 引导学生较为深入地了解蘑菇的特点，辨别可食用蘑菇。

2. 学会抓住蘑菇的整体或局部特征辨别蘑菇是否有毒，并学会整理资料，总结汇报。

3. 培养和提升学生小组合作学习、分享汇报的能力。

【教学重难点】

学会抓住蘑菇的整体或局部特征辨别蘑菇是否有毒，并学会整理资料，总结汇报。

【教学准备】

课件、蘑菇生长视频。

【教学过程】

环节一：联系主题，确定目标

师：上节课曾老师讲述了“怎样让大家喜欢上吃蘑菇”，对于不喜欢吃蘑菇的问题，同学们有的认为是不了解蘑菇，也有人认为不敢吃，怕中毒。那刘老师这节课将带大家解决这两个小疑问，让我们一起来认识蘑菇、辨别有毒蘑菇，开启关于蘑菇知识研究的旅程吧！

环节二：观看视频，初识蘑菇

1. 观看视频，熟悉生长环境。

通过观看视频，让学生快速了解蘑菇生长在阴暗、潮湿的环境中。

2. 辨别蘑菇是否为植物。

不是，大部分植物可以利用太阳光进行光合作用，自己养活自己，而蘑菇生长在阴暗潮湿的地方，不能进行光合作用，只能通过吸收养料中的营养物质进行生长发育。

环节三：学会观察，深入了解

1. 观察结构，方法指导

(1)有目的地观察。

(2)按顺序、多角度地观察。

观察顺序：
- 远←→近
- 上←→下
- 左←→右
- 外←→内
- 整体←→局部
- ……

温馨提示：要根据具体观察的对象选择适合的观察顺序。一般观察方法及内容：

观察方法		观察内容
用器官观察	眼看	—— 颜色、形状、大小等
	耳听	——声音
	鼻闻	——气味(不知名物体要闪闻)
	手摸、掂等	——光滑程度、轻重、形状、大小等
	舌尝	——味道、口感(食用的可尝)

观察方法		观察内容
借助工具观察	用放大镜看	—— 大小、形状等
	用尺子量	—— 长度、宽度等
	用钉子等刻划	—— 硬度等
	电子秤	——重量

温馨提示：使用鼻闻和舌尝的观察方法时要注意安全。

2. 学生汇报，生生互评

学生边观察，边记录，根据观察的结果进行汇报。

生：通过观察蘑菇，我认为蘑菇由三个部分组成，分别是最上面的“小帽子”，中间的杆子，以及地下类似根的结构。我用眼睛看的方法发现蘑菇外形像一把伞，颜色有白色、灰色等，用手摸发现蘑菇有点软，有弹性。用鼻子闻，发现香菇有一种香味。

师：同学们都观察得很仔细，让我们一起来通过这张图片确认蘑菇的结构吧！

蘑菇从上往下分别是菌盖、菌褶、菌杆、菌丝。菌褶里面藏着一个小秘密哦。植物一般通过种子繁殖后代，那蘑菇呢？蘑菇的繁殖后代的秘密藏在菌褶中，这里面有些孢子，当它们成熟的时候会随风飘落，当落到合适的地方时，会长出新的菌丝，从而长出新的蘑菇。

3. 阅读资料，识别毒菇

以小组为单位，认真阅读蘑菇资料卡，根据蘑菇特性总结有毒蘑菇的特征，找到识别毒蘑菇的法宝，学生汇报。

师：同学们都好厉害呀！找到了这么多识别毒蘑菇的好方法。你们认为这些识别方法一定是正确的吗？其实这些只是人们总结出来的一些经验，识别方法不一定准确，所以我们不要采食野蘑菇，而是要到超市或菜市场购买食用蘑菇。

环节四：小结拓展，课堂延伸

今天，我们观察了身边常见的蘑菇，发现了它们的很多小秘密，并且还收获了各种识别毒蘑菇的方法，同学们真是太了不起啦！课后我们要发挥想象力，变身小小魔术师，利用课外时间把这些蘑菇知识做成一张科普小海报，刘老师相信同学们在接下来的课程中会收获更多的知识、技能和快乐！

教学示例四：劳动“小小蘑菇有能量，白鹤小厨做大餐”

【教学目标】

1. 小组合作，学习包各种类型的蘑菇馅饺子，并能利用课后或周末时间做与蘑菇相关的美食。

2. 学会将做好的蘑菇美食创意摆盘。

3. 培养和提升学生的小组合作能力、劳动实践能力。

【教学重点】

小组合作，学习包各种类型的蘑菇馅饺子。

【教学难点】

能利用课后或周末时间做与蘑菇相关的美食，并能将做好的蘑菇美食创意摆盘。

【教学准备】

课件、蘑菇、饺子皮、肉馅等。

【教学过程】

环节一：揭示课题，以小见大

上一堂课我们探究了蘑菇，很多同学提出了课题，其中就提到了蘑菇的做法，我们先一起来看一看，最近同学们都在家做了哪些有关于蘑菇的美食呢？出示视频，有关于同学们制作蘑菇美食的图片。那今天我们继续一起来探究有关蘑菇的做法——香菇饺子。（出示课题：包香菇饺子）

环节二：了解文化，动手实践

1. 了解有关饺子文化。

2. 学习大肚饺子的包法。

(1)拿起饺子皮，用手弯成窝形后放入适量馅料。

(2)对折成半圆，捏牢中间。

(3)由两边向中间封口，用双手拇指和食指按住边，向内挤压。

3. 学习珍珠饺子的包法。

视频学习，动手实操。

4. 发现问题，反思改进。

讨论交流在包的过程中出现的问题以及解决方法。

总结：由于技术不熟练，放馅不能过多；先捏中央，再捏两边，然后由中间向两边将饺子皮边缘挤一下，这样饺子下锅煮时就不会漏汤了。

环节三：花样摆盘，小组展示

1. 欣赏花样饺子，学习摆盘，注重美食的美观度。

2. 成果展示：学生将自己的劳动成果展示给同学们看，将自己的创意说给大家听。

展示完后送去食堂煮，中餐时品尝。

环节四：美食欣赏，课后拓展

1. 观看其他蘑菇美食做法的视频。

2. 布置课后任务：回家和父母，或者和朋友做一道色香味俱全的蘑菇美食，要记得摆盘噢！

教学示例五：美术“巧手合作创模型，独具匠心留色香”

【教学目标】

1. 通过小组合作的方式，运用黏土创作蘑菇美食模型。

2. 学会制作精美的蘑菇美食模型，激发学生对蘑菇菜品的兴趣。

3. 培养和提升学生的小组合作、创新实践能力。

【教学重点】

通过小组合作的方式，进行蘑菇美食模型创造。

【教学难点】

通过小组合作的方式，制作好看、美味又有营养的蘑菇食谱。

【教学准备】

课件、各色黏土、纸碟。

【教学过程】

环节一：欣赏范例，提供思路

展示美食图片，询问同学的感受，教师揭晓图片中的一桌子美食都是来自杭州美食博物馆里展示的食物模型。听说同学们最近都在为宣传蘑菇菜谱想办法，今天咱们也学习这个办法用黏土做个蘑菇大餐。（板书主题：巧手合作创模型，独具匠心留色香）

环节二：指导创作，细节突破

1. 回忆片刻

复习黏土的制作技法（揉、捏、压、搓）和需要小工具帮助的技法（刻、印）。

2. 试一试

小组合作尝试用五分钟时间制作一个香菇。教师收取部分同学制作的香菇模型，根据情况点评优缺点，着重引导学生观察他们忽视的细节部分，如香菇底部的伞褶部分。接着展示香菇的制作视频，让同学们能带着经验去学习。

老师总结：增添细节，能提升作品的品质。（板书：细节）

3. 想一想

出示两张图——香菇炒青菜和香菇包子。问：如图中这样的菜一个被切得细碎，一个食材被完全包裹，这样的模型让观赏者很难辨别出食材，该怎么处理这样的问题？

老师总结：注意保留食材的外形特点。（板书：外观）

4. 摆一摆

菜肴制作完成的最后步骤——摆盘。教师提出想吃一道鸡肉炖蘑菇，请同学上台利用食物教具进行摆盘设计。

总结：漂亮的摆盘，能为美食加分。（板书：摆盘）

环节三：合作创作，作品展评

1. 小组合作

（1）依据合作任务单，讨论三分钟。

合作任务单
1. 你们组想做的菜是＿＿＿＿＿＿＿＿＿＿
2. 需要用到哪几样主要食材？ ＿＿＿＿＿＿＿＿＿＿
3. 四位同学分别负责制作哪样或哪几样食材？
一号：＿＿＿＿＿＿＿＿＿＿
二号：＿＿＿＿＿＿＿＿＿＿
三号：＿＿＿＿＿＿＿＿＿＿
四号：＿＿＿＿＿＿＿＿＿＿

(2)合作创作，教师巡视辅导。

2. 作品展评

请小组长带着作品上台展示，选取代表介绍作品。

教师总结：大家都成功制作了好看、美味又有营养的蘑菇食谱，相信在你们的努力下，全校的同学也会慢慢爱上蘑菇这道美食。

教学示例六：广播宣讲总动员，反思有法善表达

【教学目标】

1. 了解怎样把想法写清楚，并能清楚地写下同学浪费蘑菇菜品的问题以及自己对此的想法。

2. 初步了解广播稿的特点，学会利用广播对蘑菇美食进行有效宣传。

3. 将自己的想法转化为广播稿，推选“小小蘑菇宣讲员”。

【教学重点】

了解怎样把想法写清楚，并能清楚地写下校园同学浪费蘑菇菜品的问题以及自己对此的想法，并将自己的想法转化为广播稿，利用广播对蘑菇美食进行有效宣传。

【教学难点】

清楚地写下同学浪费蘑菇菜品的问题以及自己对此的想法，并将自己的想法转化为广播稿。

【教学准备】

视频、课件、想法卡、《蘑菇宣讲会》小组评分表。

【教学过程】

环节一：反思回顾，表达想法

1. 师：同学们，通过前面几节课，我们了解了有关蘑菇的知识、学会了如何制作有关蘑菇的美食，甚至在伍老师的课上亲自动手摆盘，现在同学们都爱上了蘑菇吗？你们现在对同学们在午餐时倒掉蘑菇菜品有什么新的想法？(学生各抒己见)

2. 师：大家的想法各不相同，有的同学觉得站在道德角度，我们不应该浪费粮食；有的同学明白了没毒的蘑菇长什么样，不再害怕吃它；有的同学认为从营养价值出发，我们更应该要吃蘑菇；还有的同学通过自己做蘑菇美食，已经彻底爱上了这个食物……请你

们拿出想法卡，用一两句话写下你对同学们浪费蘑菇菜品的想法。(板贴：我有一个想法)

3. 学习例文，整理思路。

(1)出示例文，同桌交流：小作者除了写想法，还写了什么？

(2)学生汇报。

相机总结：现存问题、例子、建议做法、好处。

小结：通过事实，强调了问题的普遍性和危害性，把问题写得很清楚；说清做法和好处，会让别人更容易接受我们的想法。

(3)梳理顺序，板贴思路。

师：我们针对同学们浪费蘑菇菜品这个问题提出我们的想法时，可以把想法写在开头，也可以写在结尾；可以用肯定的语气，也可以用商量的语气；可以写现象、例子，也可以写做法、好处。

(板贴：现象—例子—想法、想法—做法—好处)

总之，我们要通过清楚表达我们的想法，让同学们不要浪费蘑菇类的菜品，最好能让同学们也间接喜欢上蘑菇。

4. 运用方法，独立习作。

(1)师：你们可以根据自己的需要，选择合适的方式，在想法卡下方写一写自己的想法。

(2)出示习作要求和提示。

①要用事例来描述问题。

②关于自己的想法，要写出理由。

③如果有帮助其他同学喜欢上蘑菇的办法或建议，也可以写下来。

(3)学生独立习作十二分钟，教师巡视、指导。

5. 导入情境，宣传想法。

师：大部分同学已经写完了，老师看了几篇，发现你们的文字很动人，有助于让其他同学也能够"赏识"蘑菇的美味。但老师想问问你们，你们认为采取什么办法能够让全校的小朋友都能听到你们的心声呢？(预设：通过播广播)我也非常认可你的观点，那接下来就将我们的想法，通过广播播报的方式来介绍给大家吧！(板书：蘑菇宣讲总动员)

环节二：探寻方法，学会播报

我们今天最多只能推荐两名"蘑菇宣讲师"来代表我们班去广播室做宣传。那么今天我们就要跟着引路人去往目的地"蘑菇宣讲剧场"。这一路我们要齐心协力找到成为"蘑菇宣讲师"的钥匙，你们准备好了吗？那就请出我们今天的引路人"蛋仔"吧！

导入动画：大家好，我叫敦敦，要想成为蘑菇宣讲师可不容易，不仅要了解广播稿的主要特点，还得会播报呢！我已经把我的六把钥匙偷偷地藏在了这两个城堡中，集齐钥匙我们就能顺利到达小剧场啦，你们快快去寻找吧！(板书：懂特点、会播报)

城堡一：对比异同，对比《火烧云》和一份广播稿。

钥匙1：广播稿是给人听的——主题要鲜明。(师：把自己的想法表达清楚。)

钥匙2：稿子内容要精练，一事一报。(师：不要忘记在最后，告诉大家举办蘑菇展的时间和地点，邀请大家来参观。)

钥匙3：稿子篇幅要短小，300字左右。(师：你们写的字数很符合要求。)

城堡二：如何播报广播稿？（视频）

钥匙 1：语言要通俗易懂。

钥匙 2：语言要有亲切感。

钥匙 3：找准重音。

小结：语言通俗、句子简短、一听就懂，这都是广播语言的基本特点。

环节三：模拟播报，交际互动

1. 修改：请同学根据刚才所学，修改想法卡上的内容，一要补充提醒大家来参观蘑菇展的事情，二是要注意既要内容清楚有重点，又要注意语言流畅有亲切感。计时四分钟。

2. 海选：以学习小组为单位，每位组员轮流播报，填写《蘑菇宣讲会》小组评分表，每小组推选出一位“蘑菇宣讲师”。计时四分钟。

3. 决赛：请五角星最多的学生上台展示，采用投票的方法选出两位“蘑菇宣讲师”。

教学示例七：主题展览——“菇”色“菇”香满校园

【活动目标】

分工合作，完成主题展。

【活动准备】

老师：课件、便利贴、小蘑菇贴纸、白胶、增亮剂、寻找布展地。

学生：每组认领的任务、展览时各区域的宣传板、各区域讲解员。

【活动过程】

环节一：任务分工，前期宣传

十二个学习小组分别任务。

任务一：两位“蘑菇宣讲师”所在的小组，修改完善有关宣传蘑菇和主题展的广播稿，并利用中午时间去广播室播报。（二个组）

任务二：修改完善本组的广播稿，由小组内推选出的“小小蘑菇宣讲员”拿着本组的稿件利用午休时间进各班宣讲。（四个组）

任务三：对蘑菇美食模型进行加工保存（固定在盘子上，并涂增亮）。（三个组）

任务四：制作展览时所需的科普小海报。（三个组）

环节二：花样百出，布置展览

师生合作布置校园蘑菇展，与年级各班合作，开设科普区、美食区、模型区、游戏区，并配备讲解员，让全校师生参与主题展，喜欢上蘑菇类美食。

环节三：创意评价，深度参与

1. 展览点评：每个区域设立一块宣传板，每个参观展览的同学可在宣传板上写下自己对展览的想法（提供便利贴），如果喜欢该区域，还可在宣传板上贴一朵小蘑菇（讲解员发放贴纸）。

2. 活动反馈（布展两周后进行）：

（1）制作调查问卷，委托各班班主任对学生进行发放，调查全校学生是否有通过主题展了解蘑菇，是否尝试自己做蘑菇类食物，是否喜欢上吃蘑菇类菜品。

(2)回访食堂情况，学生寻找负责食堂工作的文老师，询问布展后蘑菇类菜品被倒掉的情况。文老师表示，布展后的这段时间里，剩菜桶里的蘑菇少了一半以上，另外食堂也听取了同学们在主题展中的想法，尝试着用蘑菇做更多菜式，并经常换口味。

（此案例供稿：常洁　吴红梅　曾雪琪　余忠萍　刘婷　陈小凤　伍家琪　付沁）

案例六　“睛”彩人生　珍“Eye”永恒

学科：美术、数学、语文、道德与法治

年级：四年级

一、确定主题

跨学科教学能激发学生学习的主动性与积极性，教师以课程内容为引导，启发学生利用自身知识与能力，发现问题、研究问题与解决问题，有助于培养学生创新思维能力。以“调查数据，发现问题—查阅资料，探索问题—结合实际，解决问题”为思路，充分挖掘学生学习的主动性，鼓励学生通过交流、合作、归纳、内化等多样化的方法创造性地掌握各科知识，将枯燥的学习变成充满乐趣的探索之旅。

经过与学生的交流发现，我们目前存在以下几个问题：

1. 以往跨学科教学的主题没有非常贴近学生生活。

2. 随着年级的增高，我校近视人数也越来越多。

3. 学生和家长对于保护眼睛的重视度不够。

为了敲响学生保护眼睛的警钟，我校确定了“‘睛’彩人生，珍‘Eye’永恒”这一研究主题。在本次课中，数学课堂通过统计近视人数引发学生思考；语文课堂了解“谁是真凶”，结合生活分析导致视力下降的原因，利用“口语交际”的表达要求分享出来；道德与法治课堂探究“如何健康看电视”，找到爱护眼睛、降低近视的方法；美术课引导学生感受眼睛是心灵的窗户，善于用眼睛去发现和体验四季的美，从而引发学生的好奇心以及求知欲，让学生合作完成调查统计、情境演绎、美术创作，对这个平时身边的常见事件有更深层次的思考，将爱护眼睛这件事情重视起来，有利于学生在平时的养成良好习惯。

二、框架搭建

‘睛’彩人生，珍‘Eye’永恒”课程内容框架表

教材	课题	相关知识点	课标要求
四年级数学（人教版）	《查视力，护双眼》——发现“眼睛”问题	理解条形统计图的特点和优势，会根据条形统计图进行简单的数据分析	积极参与统计的全过程，激发学生完成任务的欲望，感受统计与生活的密切联系，增强数学应用意识
四年级语文（部编版）	《爱护眼睛，保护视力》——寻找损眼“真凶”	清晰流畅地向别人介绍中小学生视力情况以及引起视力下降的原因	学会在交流时倾听，关注他人感受，并准确表达自己的观点
四年级道德与法治（人教版）	《健康看电视》——解决“眼睛”困惑	学会健康看电视、使用电子产品，学会爱护眼睛	用喜闻乐见的宣传形式，号召大家爱护眼睛

续表

教材	课题	相关知识点	课标要求
四年级美术（湘美版）	《透过心灵的窗户看四季》——感受“眼睛”之美	发挥想象力、运用审美观，把艺术和现实生活的景物有机结合起来，创作一幅眼睛里的四季画	感受艺术美感，培养学生善于观察生活、热爱美好生活的情感，体验创作的乐趣

三、课程实施

“‘睛’彩人生，珍‘Eye’永恒”课程实施框架表

阶段	类型	教学内容	课时安排	授课教师
第一阶段	前置课程	调查四年级学生视力状况	1 课时	邹新元
第二阶段	主体课程	数学《查视力，护双眼》	20 分钟	刘子仙
		语文《爱护眼睛，保护视力》	20 分钟	徐超群
		道法《健康看电视》	30 分钟	熊臻嘉
		美术《透过心灵的窗户看四季》	30 分钟	杨心语
第三阶段	后拓课程	班队《爱眼护眼我先行》	1 课时	四年级班主任
		升旗仪式宣读《“爱眼护眼”倡议书》	升旗仪式	德育处

四、教学示例

教学示例一：前置课程——调查四年级学生视力状况

【教学目标】

1. 联系生活实际，围绕视力健康状况开展探究活动。

2. 通过小组合作，培养学生数据收集、整理、分析和呈现的能力，并提炼出研究主题。

3. 引导学生运用科学的方法进行调查研究，体验科学探究的过程。

4. 增强学生的健康意识，认识到保护视力是自我健康管理的重要部分；培养团队合作精神和社会责任感，关注同龄人的健康问题。

【教学重点】

1. 通过小组合作，培养学生数据收集、整理、分析和呈现的能力，并提炼出研究主题。

2. 引导学生运用科学的方法进行调查研究，体验科学探究的过程。

【教学难点】

通过小组合作，培养学生数据收集、整理、分析和呈现的能力，并提炼出研究主题。

【教学过程】

环节一：游戏激趣，引出话题

1. 开展“视力测试”游戏，让学生直观感受自己的视力情况。

依次出示三句话，第一句字号最大，第二句字号中等，第三句话字号最小。全班认读，依视力情况逐级淘汰。

2. 引导思考：通过刚才的游戏你有什么感受？

3. 全班交流。

生1：当字号越来越小时，我们能看清的人数也越来越少。

生2：我看到班上许多同学在认读会眯上眼睛去看，这可能是视力下降表现。

生3：这说明我们班许多同学的视力健康状况已经受到影响。

师：大家刚刚通过这个小游戏，直观感受到自己和同学们的视力健康状况，所以我们要学会爱护眼睛、保护视力。

环节二：交流讨论，明确方式

1. 对全校同学的视力状况进行统计，制作成统计表。

组别	正常人数	近视人数	近视眼所占比例
1			
2			
3			
4			
5			
6			
总计			

2. 小组交流，围绕“爱护眼睛、保护视力”发散提出疑问。

师：现在近视人数越来越多，在生活中也十分常见，所以我们也慢慢司空见惯了。那我们借助这次课堂机会，以小组为单位围绕关键观点提出自己的疑问和想法。我们一起来对问题进行分类筛选，小组讨论时一定要注意紧扣综合实践选题标准。

(1)小组讨论三分钟。

(2)小组汇报。近视是一种什么样的感受？坚持做眼保健操就不会近视吗？为什么会出现近视？近视眼与正常视力有什么不一样的地方？近视之后怎么办？怎样预防近视？

(3)规范表述，在主题的确定上，你们有什么好点子呢？

生1：我们想知道该怎么保护我们的眼睛呢？

生2：如果知道怎么保护我们的眼睛，上面的很多问题都能得到解决。

师：看来大家已经确定好方向，那么我们就共同寻找保护眼睛的方式吧！

环节三：集体决策，确定主题

1. 全班举手表决，是否确定本次活动主题为“该怎么保护我们的眼睛”。

2. 分配任务，自主调查。

根据大家之前的分组，各小组采用哪种调查方式？组内成员如何分工？什么时间进行？由各小组成员自行决定，教师适当点拨。课后各小组互相交流、互相补充。

教学示例二：《查视力 护双眼》——发现“眼睛”问题

【教学目标】

1. 经历数据收集、整理、描述、分析的统计过程，会根据条形统计图进行简单的数据分析，培养学生的数据意识。

2. 理解并掌握条形统计图的特点和优势，能填制并补充简单条形统计图。

3. 积极参与统计的全过程，激发学生完成任务的欲望，感受统计与生活的密切联系，增强数学应用意识。

【教学难点】

理解条形统计图的特点和优势，会根据条形统计图进行简单的数据分析。

【教学准备】

课件。

【教学过程】

环节一：分析现状，发布任务

师：同学们，眼睛是心灵的窗户。当下视力问题备受社会关注，我们一起来通过视频了解一下。(出示视力保护宣传片)

师：观看视频，你有什么感受？我们班的视力状况是怎样的呢？

环节二：开展活动，收集数据

师：课前，各小组对本班的视力情况进行了调查。现在请各小组代表上台分享一下调查结果吧！

1. 小组代表分享本组调查情况。

小结：同学们真棒！用统计表和统计图两种不同的统计方式对调查结果进行了呈现。

2. 投票。

每个学生有一张投票卡，请将投票卡贴在你心目中呈现最好的组下面。

请2—3名学生阐述投票原因。

生1：手抄报绘制比较美观，还绘制了眼睛。

生2：条形统计图更能清晰地看出班级视力情况。

小结：同学们有双善于观察的眼睛。我们看待事物的角度不同，选择的小组也不同。你们能从收集的数据当中了解班上的视力情况吗？

(3)分析结果。

引导学生观察条形统计图上统计的数据，带领学生从统计图中发现、分析数学信息。可分析得出班级视力良好的人数较少，近视的人数较多。

环节三：总结成果，引发思考

教师总结：大家真是太棒了！不仅能绘制出条形统计图，还能从图中发现，我们班近视的人数较多，视力情况不太理想。导致我们近视的原因有哪些呢？让我们和徐老师一起去寻找“真凶”吧！

教学示例三：《爱护眼睛　保护视力》——寻找损眼“真凶”

【教学目标】

1. 通过调查、整理，分析影响视力下降的原因。
2. 清晰流畅地向别人介绍中小学生视力情况以及引起视力下降的原因。

【教学重点】

学会在交流时倾听，关注他人感受，并准确表达自己的观点。

【教学难点】

有逻辑有条理表达自己的观点。

【教学准备】

多媒体课件、调查问卷、情景化表演道具。

【教学过程】

环节一：眼睛的控诉——引出视力问题(情境导入)

师：近日警察局收到来自眼睛的控诉书，因为人类的不爱惜，它们纷纷受损。根据刘老师课堂结果显示：小学生近视比例为45.7%，初中生近视比例为74.4%，高中生近视比例为83.3%，大学生近视比例为87.7%。

于是我们将作为私家侦探展开一场“真凶”大调查行动。

环节二：分组讨论——寻找损眼“真凶”

师：是什么迫害了我们的眼睛？在课前我们已经分发了调查问卷，小侦探们也有了自己的收获。接下来，我们分小组讨论。

导致视力下降的原因调查问卷

师：刚刚在讨论的过程中你们能够听清楚组内同学的发言吗？别的小组也在说话，怎么能够很好地做到不干扰呢？

生1：注意说话的音量，避免干扰其他小组。

生2：注意和其他小组保持较远距离，做到互不干扰。

环节三：小组代表分享——有条理陈述

师：刚刚在分享的时候，大家发现了什么问题？

生：太多重复的原因。

师：怎样避免这样的情况？

生：不重复别人说过的话，认同后可以继续补充。这样在分享的时候就能很好地提高效率了。

师：对啊，我们在表达的时候一定要多聆听别人说过的话，如果和别人有重复的内容可表达认同后加以补充。

师：通过大家的描述，我们找到了这么几位“真凶”：不正确的读书写字姿势、过度玩游戏和看电视、不注意用眼卫生……(板书)

环节四：教师总结

师：今天我们进行了爱眼保护大行动，在各位侦探的帮助下，我们找出了伤害眼睛的“真凶”。希望同学们一定要在生活中处处警惕，不要让这些损眼“真凶”危害我们的眼睛。

教学示例四：《健康看电视》——解决“眼睛”困惑

【教学目标】

1. 知道健康看电视和保护眼睛的方法。

2. 护眼宣传，号召大家学会爱护眼睛。

【教学重点】

学会健康看电视、使用电子产品，学会爱护眼睛。

【教学难点】

用喜闻乐见的宣传形式，号召大家爱护眼睛。

【教学准备】

多媒体课件、表扬卡、“我会健康看电视”学习单、便利贴。

【教学过程】

环节一：爱护眼睛，寻求方法

1. 思考：

师：上节课我们了解到电视是造成近视的最大“真凶”，那怎样才是健康地看电视呢？让我们既能在电视里开阔眼界、获取知识，又能减少电视对眼睛的刺激和伤害。接下来小组进行讨论，并完成学习单。

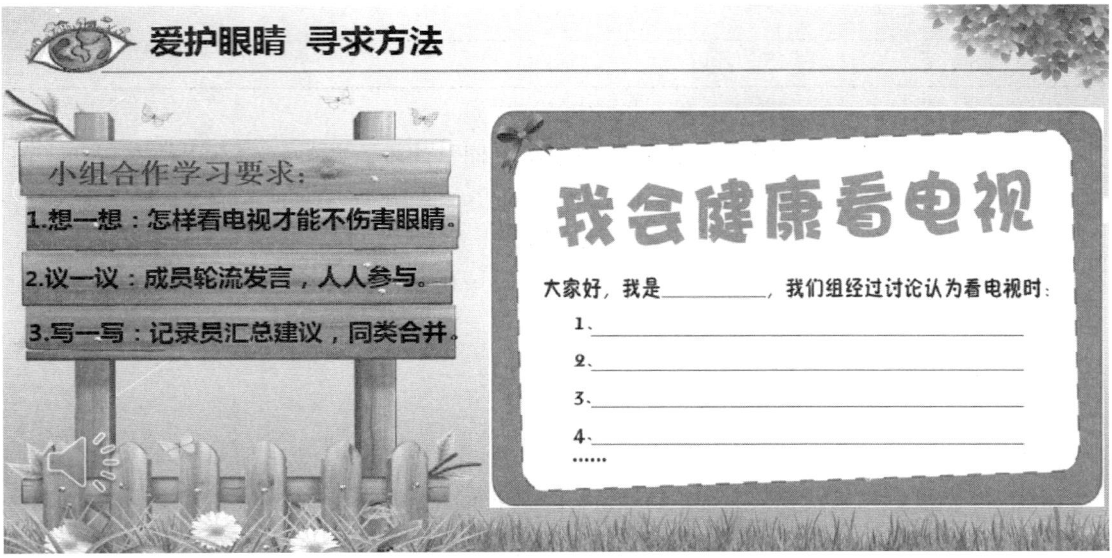

(2)小组代表上台汇报分享

组 1：我们组认为看电视时，应该坐姿端正，看完后可以运动一会儿，多看看绿植或眺望远方。

组 2：我们组看电视需距离电视 2—3 米，换台时可以闭眼或者多眨几下眼睛，还可以把电视亮度调低。

组 3：我们组认为可以每隔半个小时做 1—2 遍眼保健操。

组 4：我们组认为只有周六、周日才看电视，减少看电视的频率。

组 5：我们组认为，看电视不能趴在或躺在沙发上。看电视时房间内不能黑漆漆的，以免增加眼睛的负担，要保证房间的光线适度。

教师小结：同学们总结得很全面，其实不仅仅是电视，使用其它的电子产品也是如此。那你们能想到哪些电子产品呢？

生 1：手机、电脑。

生 2：平板、电话手表……

师：我们在使用这些电子产品时，也要注意保护我们的眼睛哦！

环节二：发出倡议，护眼宣传

为了倡议更多的同学爱护眼睛。1810 班的同学们除了出了一期护眼黑板报以外，多才多艺的他们还各有妙招！

1. 才艺展示：各小组通过标语、绘画、诗歌、唱歌、舞蹈等方式，进行健康看电视的护眼宣传。

(1)标语组：大家好，我们是标语组！(展示护眼标语)

标语一：保护视力，从我开始。

标语二：世界之美，你我之魅。

标语三：呵护眼睛，明亮舒适。

标语四：爱护眼睛，心灵之窗。

标语五：眼睛亮晶晶，生活更开心。

(2)绘画组：大家好，我们是绘画组！(展示爱眼绘画作品，并简单解说)

绘画一：我们不应该边走路边看书。

绘画二：我们应该看完电视后多运动。

绘画三：我们看电视时不能离电视机太近。

绘画四：我们不应该趴着写字。

绘画五：我们应该写完作业后多做眼保健操。

(3)诗歌组：大家好，我们是诗歌组！

诗歌一：你我只有一双眼，又黑又亮又有点圆。每天都会用到它，它的功劳非常大。电视距离要够远，光线一定要正好。手机、电视和电脑，每天都必不可少，记得常做眼保健操。一起看电视，不过要健康，每天接触它，时间控制好！

诗歌二：看电视时坐沙发，眼睛视力不太差。一看就是几小时，伤眼伤身还疲劳。一起健康看电视，我们的眼睛更明亮，更明亮！

诗歌三：电视要离眼睛三米远，看电视时坐端正。每天看电视半小时，规定休息和玩耍，全家幸福又健康！

(4)音乐组：大家好，我们是音乐组！(口琴演奏、音乐指挥、歌曲演唱)

下课铃响走出教室奔向操场，看美丽的绿色，眺望远方！心情轻松，放声把歌唱！(自编歌词)

(5)舞蹈组：大家好，我们是舞蹈组！

用爱眼护眼、健康看电视的动作编排成舞蹈。

环节三：护眼总结，颁发奖励

师：感谢以上小组精彩的护眼宣传秀！老师在此授予他们“护眼小卫士”的奖章，请各组小组长上台领奖！

教师总结：电视不应是近视的“真凶”，眼睛也不应是近视的“受害者”，希望大家平常好好关爱我们的眼睛！

教学示例五：《透过心灵的窗户看四季》——感受“眼睛”之美

【教学目标】

1. 引导学生用眼睛欣赏四季美景，引导学生从平凡中发现美，并学会提炼美的景物。

2. 引导学生通过发散思维，多方位、多角度表述自己的认识，学会如何表现窗口与四季。

【教学重点】

感受艺术美感，培养学生善于观察生活的习惯，激发学生热爱美好生活的情感，体验创作的乐趣。

【教学难点】

引导四年级学生发挥想象力、运用审美观，把艺术和现实生活的景物有机结合起来，创作一幅眼睛里的四季画。

【教学准备】

课件、范画、马克笔、双面胶等。

【教学过程】

环节一：激趣导入 引起兴趣

(PPT 出示)谜语：两只葡萄黑又亮，只能欣赏不能吃。

白天陪我看世界，晚上伴我入梦乡。(打一器官)

1. 师：通过眼睛，我们看到了五彩斑斓的世界，看到了人生百态；如果没有眼睛，我们将会陷入无尽的恐惧和迷茫；眼睛，给我们带来了光明和希望。同学们知道眼睛又叫做什么吗?

生：心灵的窗户。

2. 欣赏发现，剪画眼睛外形。

教师引导学生用剪刀剪出眼睛的形状，并且在瞳孔的位置预留出位置用来画四季的景色。

3. 视频欣赏四季美景

(1)通过视频欣赏完了四季美丽的风景之后，请同学们小组讨论关于四季的景色各自有什么不同，然后分春夏秋冬四个小组进行探讨和总结。

(2)学生在台下自由讨论之后完成学习单，老师会请学生上台进行春夏秋冬季节的特点分享：四季的风景有何不同。

小组学习单

季节	春	夏	秋	冬
特点				
景物				

环节二：合作分工，组合图画

1. 合作分工，组合画面。

师：现在大家对于四个季节的了解都十分透彻，但是如何在有限的时间内快速创作四个季节不同景色的眼睛创意作品呢？

生：小组共同合作。

2. 欣赏作品。

展示关于四季的各种简笔画作品以及眼睛形状的不同的剪纸作品，引导学生发散思维，联想出更多关于四季美景的一些丰富的创作想法。小组成员共同合作，将作品进行联想和粘贴，还可适当添加背景，为作品取名字、编故事并与大家分享关于作品的故事。

3. 作业要求。

老师出示作业要求，学生根据作业要求进行创作表现。

作业要求：

(1)创作一幅透过心灵的窗口看四季的风景图。

(2)画面饱满，色彩鲜艳。

4. 创作实践

引导学生们用眼睛作为窗口形状进行创作。分为春、夏、秋、冬四组来表达透过心灵的窗口看到的四季。

学生自由创作老师来回指导并进行点评。

环节三：成果展示，师生互评

1. 评述作品。

师：老师看到同学们的作品已经做得差不多了，现在请同学们进行一个四季分类小游戏，请同学们将咱们班的作品进行一个归类，看一看它究竟属于哪一个季节，请你来贴一贴吧。

师：经过精彩又刺激的分类小游戏之后，老师发现同学们真的是“火眼金睛”，非常厉害，那接下来请同学们说一说，你觉得哪一个季节的哪一幅画画得最好，好在哪里？

学生小组讨论哪个季节的哪幅画好，讨论后小组代表作答。

环节四：增加律动，丰富体验

师：这一节美术课上，我们用明亮的眼睛看到了美丽的四季，体验到了丰富多彩的世界。我们的眼睛就像星星一样，一闪一闪、一眨一眨，明亮又美丽，接下来我们用一段优美清新的口风琴《小星星》表演，献给我们可爱又重要的眼睛！

全班《小星星》口风琴表演。

教学示例六：后拓课程——班队课《爱眼护眼我先行》

在这次"'睛'彩人生　珍'Eye'"永恒的活动中，我们从前置课程的设计中激发孩子对视力健康状况的探究意识，到主体四门课程的实施让孩子以不同学科的视角深入了解近视的危害以及如何预防近视。除此之外，我们也在后期进行了相关知识的实践拓展。

1. 对学生资料进行归纳。

(1)已经有近视征兆的同学及时前往专业眼科医院进行检查、治疗，必要时配戴眼镜。

(2)视力正常的同学应该采取措施对眼睛加以保护。

(3)培养良好的用眼习惯。

(4)坚持做好眼保健操，动作要到位。

2. 制定爱眼护眼宣传计划。

(1)发起"爱眼护眼"征文、写"爱眼护眼"倡议书、"防控近视"演讲比赛，学校组织投稿发表，让学生成为学校、家庭、社会"爱眼护眼"活动宣传员。

(2)升旗仪式宣读《"爱眼护眼"倡议书》。

(3)广播站播音，利用好广播宣传。

(4)开展"爱眼护眼"美术作品展示周活动。

(5)爱眼探索营——眼科小医生职业体验活动。

(6)眼保健操比赛。

(7)爱眼日公益讲座。

3. 活动小结。

爱眼护眼要从学生的生活习惯入手。爱眼宣传要结合学校的活动，在不影响学生正常学习的情况下，力求落到实处。

（案例提供：邹新元　熊臻嘉　刘子仙　徐超群　杨心语）

案例七　走进鸟的世界

学科：美术、音乐、语文、数学、综合实践
年级：五年级

一、确定主题

确定跨学科主题学习的主题主要有三个依据：课程标准、社会生活、学生需要。跨学科主题学习目标首先要反映真实情境，关注学生的日常生活，与学生的实际生活接轨。真实情境融合了现实生活中的多种元素，从学生与自我、学生与自然、学生与他人等多个角度提炼主题，开展有价值的跨学科主题学习。

人们常说："莫打三春鸟"，自古以来，我国劳动人民对于鸟类的认识和爱护就有着传统。鸟类在生态系统中占据着举足轻重的地位，对维持生态系统的稳定性有着重要的作用，倘若失去它们，自然界的生态平衡或将遭受严重冲击，进而对生物多样性造成负面影响。为了唤起学生保护鸟类，热爱自然的意识，我们确定了"走进鸟的世界"这一研究主题。依据"鸟儿身形是什么样子"鸟儿声音表达什么情绪"鸟儿家园有何特点"如何为鸟儿构建美丽家园"的问题链设计活动环节，结合美术、音乐、语文、数学多学科力量，实现多元共育，寓教于"鸟"，使学生更全面、深入地了解鸟类的生态、习性、艺术表现等方面的知识。

在本次主题课程中，美术课引导学生了解鸟儿的外形，用布料描绘出自己心目中的小鸟，体会鸟儿可爱的形象；音乐课通过自然的声音和谐地演唱二声部，体验感受小鸟婉转的歌声；语文课带领学生亲身走进鸟儿生活的地方——树，体会鸟儿们快乐的家园；数学课让学生通过动手操作发现并理解间隔数、棵数、总长之间的关系，帮助小鸟建设家园。学习过程中，学生们经历丰富多彩、富有启发性的学习体验，有利于培养学生科学思维和探究能力的同时，使学生深刻认识到环境保护的重要性，提升学生各方面的素养。

二、框架搭建

"走进鸟的世界"课程内容框架

教材	课题	相关知识点	课标要求
五年级美术（湘美版）	《布艺温馨》	用布料的材质描绘出自己心目中的小鸟	了解制作布艺使用的材料及其特点，掌握夸张、裁剪、粘贴等制作方法，创作有趣的布艺作品
五年级音乐（湘教版）	《小鸟在歌唱》	用自然的声音和谐演唱二声部歌曲	感受歌曲情绪，积极参与音乐表现，用自然的声音和谐演唱二声部歌曲，并能加入乐器来表现歌曲

续表

教材	课题	相关知识点	课标要求
五年级语文（部编版）	《鸟的天堂》	说出“鸟的天堂”在傍晚的景色特点	用不同语气和节奏朗读，品味语言，体会作者的表达方式和思想感情
五年级数学（人教版）	《植树问题》	发现并理解间隔数、棵数、总长之间的关系	通过猜想、实验、推理等数学探索过程发现间隔数、棵数、总长之间的关系，培养探索规律解决问题的能力，体验探索规律学习数学的乐趣

【课程实施】

“走进鸟的世界”课堂模型建构

阶段	类型	教学内容	课时安排	授课教师
第一阶段	前置课程	初识小鸟：寻鸟、观鸟、画鸟、护鸟	1 课时	综合实践活动老师
第二阶段	主体课程	美术《布艺温馨》	20 分钟	杨雅琳
		音乐《小鸟在歌唱》	20 分钟	彭思斯
		语文《鸟的天堂》	20 分钟	袁恬毓
		数学《植树问题》	20 分钟	刘子仙
第三阶段	后拓课程	给小鸟安个家	1 课时	综合实践活动老师

四、教学示例

教学示例一：前置课程：初识小鸟

【教学目标】

1. 了解鸟的样子、生活环境、生活习性和鸟与人类的关系。激发学生对鸟的喜爱之情，增强学生保护小鸟的意识。

2. 通过网络和图书搜集、查找等途径了解有关鸟的情况，培养学生搜集和整理资料的能力。

3. 通过综合性学习促进学生的观察能力和表达能力，提高学生的综合学习交流能力。

【教学重点】

通过网络和图书搜集、查找等途径了解有关鸟的情况，培养学生搜集和整理资料的能力。

【教学难点】

通过综合性学习促进学生的观察能力和表达能力，激发学生对鸟的喜爱之情，增强学生保护小鸟的意识。

【教学准备】

多媒体课件、有关鸟的资料。

【教学过程】

环节一：谈话导入，创设情境

1. 播放音频：鸟叫声。

问：听，这是什么声音？

2. 播放视频：鸟飞舞。

小结：鸟是人类的朋友。它们漂亮的羽毛、优美的舞姿以及婉转动听的歌声，为我们的生活增添了光彩。

环节二：合作交流，汇报展示

1. 小组内交流课前搜集有关小鸟的资料。

2. 小组合作汇总搜集的同类资料。

3. 小组合作学习，整理观察汇总资料，进行汇报展示。

预设：

(1)鸟的图片。

(2)鸟的外形和生活习性及作用。

(3)鸟的栖息地。

(4)与“鸟”有关的诗歌、文章、歌曲。

4. 师：如果你们是研究鸟的生物学家，你们的团队在某地发现了一种未曾被发现过的鸟，请拿出手中的画笔，发挥你的想象画出这种鸟。

5. 学生展示作品，并解说。

环节三：爱护小鸟，保护家园

1. 出示资料：鸟类的数量在逐步减少。

2. 探讨鸟类减少的原因。

3. 提出我们应该如何保护它们的家园的问题。

环节四：小结课堂，情感升华

师：今天我们通过寻鸟、观鸟、画鸟、护鸟的活动，增长了关于鸟类的知识。同学们想更进一步地了解鸟儿们吗？让我们跟随美术、音乐、语文、数学老师，一起走进鸟的世界吧！

教学示例二：美术：布艺温馨

【教学目标】

1. 了解制作布艺使用的材料及其特点，感受布艺作品带来的艺术美感。

2. 掌握夸张、简化、裁剪、粘贴等制作方法，创作有趣的布艺作品。

3. 提高发现美、创造美的能力，渗透更多的鸟类知识。

【教学重点】

灵活运用布料的材质和色彩特点制作一只不织布鸟。

【教学难点】

抓住鸟的形态特点创造设计。

【教学准备】

多媒体课件、不织布、剪刀、勾线笔。

【教学过程】

环节一：谈话导入，身临其境

1．师：大榕树上有一只小鹦鹉在叽里呱啦地向我们打招呼呢！（板书）

环节二：感受材质，学习方法

1．教师出示示范，黑板画“鹦鹉”。

师：你能用夸张的方法，帮我修改它的嘴巴吗？我想突出它能说会道的嘴。（板书：夸张）

小结：弯弯的鹰钩嘴，看起来非常机警。

2．课件出示线描稿的鹦鹉。

师：这张铅笔线描稿鹦鹉和粉笔稿鹦鹉，有什么不同呢？（板书：简化）

3．师：我把简化后的鹦鹉做成了一个真实的小玩具（出示实物），谁愿意上台来摸一摸、拆一拆？（请同学上台）

4．师：杨老师采访你一下，你发现了什么？

师：它是什么材质，摸起来什么感觉？

预设：它摸起来比较粗糙，像是不织布材质。（教师给予肯定）

师：你还发现它有什么裁剪特点吗？

预设：它是一层一层裁剪的，层次很多。（教师小结）

5．我们一起探究制作过程吧！（视频示范）

思考：裁剪的秘诀是什么？（小组讨论十秒，请代表回答）

教师配合图片总结：我们把每一个部分的穿插关系设计好，即重叠的部分，在图纸上清楚地画出来。在不织布上先勾出最大的外形做底，再从大往小一层一层往上画，一层一层剪，一层一层贴，直至贴到最上面一层，也就是最小的一层。

6．我们要用神奇的魔术胶带固定！（视频示范）

师：如何成功固定呢？

生：两个要相对地放好，再去贴，保证两个圆片对齐在一个位置。

师：如果遇到小部件怎么办呢？我们可以这样做。（视频示范）

小结：我们可以剪出合适的大小进行粘贴。

总结：可拆可粘，是不是也是一件很好玩的小玩具？

环节三：学生探究，尝试制作

1．拿出你课前调查的任务单。请几位同学分享一下榕树上还会栖息哪些鸟类呢？或者你想做什么鸟儿呢？

生1：麻雀。

生 2：白头翁。

生 3：绣眉鸟。

生 4：八哥。

生 5：麻雀。

生 6：灰头鹎。

生 7：棕头燕子……

总结：原来榕树上可以容纳这么多种鸟类呀，不愧是鸟的天堂。

2. 请你用“夸张”或“简化”的方法，同时根据视频中学到的小锦囊，开始制作一只不织布小鸟吧。

3. 学生作业，教师巡回指导，播放音乐。

环节四：成果展示，师生共评

1. 组织学生粘贴作品，进行自评、他评。

2. 你还了解哪些鸟类的生活习性或生长特点？

3. 你心中的鸟的天堂是什么样的？

4. 期待你下一步的改造。

环节五：总结课堂，升华情感

师：孩子们真是心灵手巧，不一会儿功夫，你们就给大榕树增添欢声笑语，希望孩子们也像这些鸟儿们一样快乐生活，尽情生长。瞧，它们好像唱着歌谣对你们表示感谢呢！

课后作业：孩子们在课后还可以用不织布尝试制作更多的立体作品，如植物、人物等，还可以尝试其他布艺材料来制作。希望这样的小手工能给你们的童年带来小小的快乐。

教学示例三：音乐：小鸟在歌唱

【教学目标】

1. 能感受歌曲《小鸟在歌唱》中的音乐情绪，积极参与音乐表现。

2. 能与同学合作，用自然的声音和谐的演唱二声部歌曲《小鸟在歌唱》。

3. 能够加入乐器，表现歌曲《小鸟在歌唱》。

【教学重点】

能用优美、统一的声音演唱《小鸟在歌唱》，并通过一系列活动感受和体验小鸟愉快的生活，促进学生歌唱、审美等综合能力的形成。

【教学难点】

和谐的演唱二声部《小鸟在歌唱》。

【教学准备】

多媒体课件、钢琴、口琴。

【教学过程】

环节一：聆听歌曲，感受情感

1. 聆听歌曲，引出小鸟课题(今天我们的课堂上来了一位小客人，他给我们带来了一首歌曲，请你们听听是谁在演唱呢？)

2. 聆听歌曲，感受歌曲情绪聆听歌曲，你觉得歌曲表现了怎样的情绪？（欢快、活泼）

环节二：律动感受，熟悉旋律

1. 节奏律动。

师：小鸟用怎样的节拍轻盈地穿梭在他们的家园里的呢？你们能拍一拍黑板上的节奏吗？

2. 节奏游戏

师：请一二大组的同学拍高声部，三四大组的同学拍低声部。

环节三：歌曲学习，意境表达

1. 视唱乐谱。

(1)学生可用手划拍，要求有律动感，在视唱练习中强调音乐的感觉。

(2)必要时分三步走：先教师示范一次，学生再跟唱，最后学生自己唱。

2. 播放歌曲视频——学生模仿唱。

3. 分声部练习，尝试合唱。

将全班同学分为 A、B 两组，分别唱歌曲的高低声部。

A(一、二大组)演唱高声部，B(三、四大组)演唱低声部，大致实现教材上的高低声部合唱的效果。

环节四：歌曲展示，创作拓展

1. 用班级合奏乐器口琴，演奏合唱歌曲《小鸟在歌唱》。

将全班同学分为 A、B 两组，分别演奏歌曲的高低声部。

A(一、二大组)演奏高声部，B(三、四大组)演奏低声部。

2. 成果展示

学生抽取任务卡，分别为器乐组，声乐组两个组合作完整呈现歌曲。(学生自评和互评)

《小鸟在歌唱》课堂评价实施表

<table>
<tr><td>小组名称</td><td colspan="5"></td></tr>
<tr><td>组长</td><td></td><td>组员</td><td></td><td>自评</td><td>他评</td></tr>
<tr><td rowspan="5">小组合作情况</td><td colspan="3">1. 所有成员都能积极参与小组活动(20 分)</td><td></td><td></td></tr>
<tr><td colspan="3">2. 小组成员配合默契（20 分）</td><td></td><td></td></tr>
<tr><td colspan="3">3. 音准好，节奏准确、整齐统一(20 分)</td><td></td><td></td></tr>
<tr><td colspan="3">4. 情绪情感到位，富有激情，声情并茂(20 分)</td><td></td><td></td></tr>
<tr><td colspan="3">5. 台风好，落落大方，能够展现良好的精神风貌(20 分)</td><td></td><td></td></tr>
</table>

3. 总结

师：这节课我们学习了歌曲《小鸟在歌唱》，感受到了小鸟在自己家园欢快愉快的心情，接下来让我们走进语文课堂，参观一下鸟儿的家园吧。

教学示例四：语文：鸟的天堂

【教学目标】

1. 正确、流利地朗读课文，把握课文的主要内容。

2. 能说出“鸟的天堂”在傍晚的景色特点，能用不同的语气和节奏朗读相关段落。

3. 在朗读中咀嚼语言文字，品味语言，体会作者的表达方法和思想情感。

【教学重难点】

能说出“鸟的天堂”在傍晚的景色特点，能用不同的语气和节奏朗读相关段落。

【教学准备】

课件、音乐。

【教学过程】

环节一：交流导入，了解鸟的天堂

1. 谈话交流，配乐引入。

了解天堂是个美好的地方，衔接音乐课。

环节二：初读课文，整体感知

1. 创设情境，检查预习。

出示生字卡片，朗读生字。

2. 初读课文，整体感知。

环节三：再读课文，深入分析

1. 任务卡一：读全文、初感知。

作者去了几次“鸟的天堂”？分别是什么时候去的？看到的景象有什么不同？

2. 学习第5～9自然段，体会静态描写。

任务卡二：近观树，悟静美。

(1)默读5～9自然段，说说作者是按照什么顺序来写的。

(2)这是一株怎样的大榕树呢？请用下面的句式来回答。

(3)学习“不计其数”的意思是数不胜数。

(4)你如何理解这个“堆”字？

(5)片片绿叶蕴含着无限的生机活力，那是生命在颤动，其实，也是作者的心在颤动。因为他已经被深深地感染了，所以情不自禁地发出了这样的赞叹。

(6)作者从远到近，写了一棵枝繁叶茂，生机勃发的大榕树。此时的大榕树安静又充满着生机，呈现出一种静态的美，而这种对事物静止状态的描写，我们又把它叫作静态描写。

3. 任务卡三：感文字，读树美。

(1)听老师的朗读，注意节奏和语气。

(2)刚才老师朗读的节奏是(　　)。A. 舒缓　B. 紧张　C. 低沉　D. 欢快

(3)老师刚刚朗读的语气是(　　)。A. 愤恨　B. 赞美　C. 悲伤　D. 喜悦　E. 深情

(4)男女合作朗读，女生读描写榕树大这一特点的段落，男生描写榕树茂盛、生命力

旺盛这一特点的段落。

(5)小结：同学你们可真棒，这棵巨大、茂盛又充满着旺盛生命力的榕树就是鸟儿们幸福、快乐生活的地方，也就是鸟的天堂，那么下面就跟着我的脚步一起去看看这鸟的天堂吧。

环节四：小结课堂，引入数学课

师：正是有了这棵美丽的大榕树，所以鸟儿们才会有着快乐、幸福的天堂。那鸟儿们生活的大树是如何分布的呢？下面就请跟着数学老师一起来学习植树问题。

教学示例五：数学：植树问题

【教学目标】

1. 通过动手操作发现间隔数与棵树之间的关系，理解间隔数、棵数、总长之间的关系，解决生活中的植树问题。

2. 经历猜想、实验、推理等数学探索过程，初步培养探索规律解决植树问题的能力。

3. 形成从简单情况入手解决复杂问题的意识，并渗透数形结合等数学思想，体验探索规律学习数学的乐趣。

【教学重难点】

理解植树问题的数量关系，掌握把复杂问题转化为简单问题的思想方法。

【教学准备】

课件、学习单。

【教学过程】

环节一：谈话导入，创建情境

师：语文课上，老师带大家走进了鸟儿们快乐、幸福的天堂，鸟儿们的天堂正是由一棵棵大榕树构建成的家园。今天，刘老师带大家一起走进植树问题，为鸟儿们构建一个美丽的家园。(出示课题：植树问题)

环节二：经历探究，得出结论

师：课前，刘老师给每位同学发了一份学习单，要求同学们回家独立完成一个学习任务，并提出两点学习建议：第一，解决问题的过程中，如果遇到困难，可以画一幅画，因为画图可以帮助我们把思路变得更清晰；第二，如果发现答案存在不同的情况，可以把它们都记录下来。

师：今天，我们要给小鸟们构建一个美丽的家园，要在全长 20 米的小路一边栽树。每隔 4 米栽一棵，一共要栽多少棵树？(友情提醒：1. 可以画一画图，帮助你思考。2. 如果有不同的情况，可以都记录下来。)

1. 小组间展示学习单并交流讨论自己的思考。

2. 请四组各推选一名学生展示学习单并讲解自己的思路。

3. 学生点评，发表观点。(师引导学生发现问题)

4. 学生总结植树的三种情况。

(预设：①路两端植树；②路两端不植树；③路一端植树一端不植树)

环节三：发现规律，构建模型

1. 请学生在黑板上将三种植树情况表示出来。

（将线段看成20米的小路，用小树磁铁进行展演）

2. 引导学生用算式表示植树情况。

3. 引导学生总结隔数、棵数、总长之间的关系。（一边总结了一边板书）

(1)两端都植树：总长÷间距＝间隔数，间隔数＋1＝棵数

(2)两端不植树：总长÷间距＝间隔数，间隔数－1＝棵数

(3)一端植树一端不植树：总长÷间距＝间隔数＝棵数

环节四：小结课堂，情感升华

师：大家太棒了！大家知道为什么我们植树的时候需要有间隔吗？是的，树与树之间有距离是为了他们以后的生长而这样种植的，一棵树需要占用一定的空间，如果太密集的话，树会因为生存空间不够导致，生命周期缩短。

师：听，鸟儿们在向我们表示感谢呢！感谢我们为它们的美丽家园做设计。

教学示例六：后拓课程：给小鸟安个家

【教学目标】

1. 欣赏各式各样的鸟巢，了解鸟巢的基本类型。

2. 通过尝试对鸟巢进行设计、制作，培养学生的动手能力和观察分析能力。

3. 学生在制作鸟巢、安装鸟巢等活动中体验小组合作学习，分享实践中的快乐。

【教学重点】

鸟巢的设计和制作。

【教学难点】

鸟巢的设计和制作。

【教学准备】

教学课件、制作材料。

【教学过程】

环节一：谈话导入，创设情境

小鸟的来信

亲爱的小朋友们：

你好！

春天到啦，我听说博才白鹤小学的校园特别美丽，我又好奇又期待，想亲眼看看美丽的校园，就从森林飞到了这儿来了，我想把家安在博才白鹤小学校园，你们能帮助我吗？给我一个安全温馨的家。

小鸟

问：同学们，你们能帮助小鸟吗？

环节二：欣赏鸟巢，了解特征

1. 播放图片和视频：介绍校园中常出现的鸟类和生活习性。

2. 播放图片：欣赏各式各样的鸟巢，了解鸟巢的结构和特点。

环节三：搭建鸟巢，汇报展示

1. 观看各类鸟巢制作视频。

2. 各小组选取不同类型鸟巢合作搭建。

3. 小组展示作品。

4. 对各小组作品进行评价投票，选取最受欢迎的“家”。

环节四：小结课堂，拓展升华

播放音频：小鸟的感谢。

师：听，小鸟在对大家表示感谢呢！同学们的作品丰富多彩，各具风格。希望我们以后能够细心地发现大自然中的美，记录大自然中的美好。希望大家可以在生活中大手拉小手，和小动物做朋友，让人与自然能更加和谐。

（案例提供：邹新元　袁恬毓　刘子仙　杨雅琳　彭思斯　徐漫）

案例八 魅力本草

学科：综合实践活动、美术、科学、语文、数学

年级：一至六年级

一、研究缘起

在进行综合实践活动课程教学研讨和课堂观察时，我们遇到了一些问题，例如教师受“无教材”困扰，又不善主题开发，教学中比较随意、零散、盲目；开发的主题多为短期活动，导致学生在活动过程中体验深度和广度不够；虽用心开发特色主题，却因缺乏与同事沟通与合作，导致主题出现重叠或缺失；因初次执教本学科，对于如何上好这门课比较茫然、焦虑……这些问题极大影响了我校综合实践活动课程的落实与发展。因此，我们开始尝试以综合实践活动校级专题课程开发为突破口，建构能纵贯小学一至六年级、逻辑严密、操作性强的活动课程。

我校立足“人与自然”“人与自我”“人与社会“人与文化”四个领域，邀请学生参与调研，围绕环境、健康、国家安全、法制、革命传统、传统文化六个方面进行主题推荐。很多同学因为风靡校园的吉尼斯“中草药辨识”项目而对中草药产生了浓厚的兴趣，希望学校能够有相关的课程可以帮助他们进行深入的研究。因此，中医药文化成为人与文化领域下传统文化教育板块的校级专题。

博才白鹤小学专题化课程一览

领域	人与自然	人与自我	人与社会		人与文化	
专题	环境教育	健康教育	国家安全教育	法制教育	革命传统教育	传统文化教育
校级专题	神奇植物	入学课程	我是小公民	与法同行	红色传承	创意缝纫
	有趣动物	毕业课程	心系国防	自护自救	经典传承	中医药文化
	垃圾分类	礼仪课程	—	—	—	神话的前世今生
	—	向阳而生	—	—	—	剪纸文化

二、组建团队

根据学校实际情况，由每个年级选派一名综合实践活动骨干教师，鼓励其他有兴趣的专业老师自愿加入。通过培训和自主学习，形成1＋X组合，共同研究学校综合实践活动中医药文化专题课程体系的开发、建构、实施工作。

三、确定专题

（一）研读纲要

《中小学综合实践活动课程指导纲要》指出，综合实践活动课程的内容选择与组织应遵循自主性、实践性、开放性、整合性、连续性原则，强调尊重学生自身发展需求和自主选择；保护学生亲身经历的权利；面向学生整个生活世界拓展活动时空与内容；活动主题的

探究和体验体现个人、社会、自然的内在联系；构建科学合理的活动主题序列，活动内容具有递进性，活动主题向纵深发展。在设计与实施综合实践活动课程中，要引导学生主动运用各门学科知识分析解决实际问题，使学科知识在综合实践活动中得到延伸、综合、重组与提升。学生在综合实践活动中所发现的问题要在相关学科教学中分析解决，所获得的知识要在相关学科教学中拓展加深。

中医药文化专题课程的开发将依据学生兴趣和身心特点，基于学校特色，立足周边有利资源进行主题的选择、内容的设计和活动统筹安排。

（二）分析资源

很多同学在实地考察过程中，找到了校内（种植园、中草药小观园）外（湖南省中医药大学、湖南食品药品职业学院、岳麓农趣谷、芝林大药房、博庠文化园、郈原文化园）等多个场馆资源，也了解到有许多家长在中医药大学、食品药品职业学院、周边诊所、药房任职，专业的场馆和导师资源坚定了大家对中医药文化进行研究的决心。

（三）明确专题

中医药文化博大精深，若要做到面面俱到，难度较大，因学生偏爱校园吉尼斯“中草药辨识”项目，把中医药文化专题的研究明确指向对本草的研究，将我校一至六年级中医药文化专题课程命名为“魅力本草”课程，依托综合实践活动教学平台，融合多个学科力量，在全校进行有系统、有梯度的教学尝试。

四、制定方案

（一）目标预设

课程目标按照传统文化教育的要求，从四个维度进行思考和预设，即价值体认、责任担当、问题解决、创意物化。这是我们开发和实施该专题课程的出发点，因此必须科学考量，合理预设。

1. 价值体认：发自内心热爱中华民族优秀传统文化，并以此为荣；认同并遵守活动规则；对活动主题产生浓烈的兴趣，敢于、乐于探究。

2. 责任担当：学习和传承匠人精神、中草药炮制技艺，积极、努力宣传推广中医药文化。

3. 问题解决：解决活动中的困难，习得中草药辨识、种植、采收、加工等相关技能；学以致用，学会利用中草药解决简单常见的疾病；通过义卖、赠送中草药及加工产品等活动服务自我与他人。

4. 创意物化：科学制定中草药辨识、种植、炮制等活动规划；设计制作或改良种植、采收、炮制等专业工具；创意加工、生产、推广中草药产品。

（二）项目设计

围绕“魅力本草”专题，我们分解了溯源、辨识、种植、炮制、产品开发、宣传推广六个子主题，形成了低年级“中草药辨识之旅”、中年级“中草药种植之旅”和高年级“中草药炮制之旅”主题系列，低年级经历溯源、辨识、产品开发、宣传推广过程，中年级增加种植体验课程，高年级突出对炮制的研究。

"魅力本草"课程子主题一览

——	溯源	辨识	种植	炮制	产品开发	宣传推广
低年级"中草药辨识之旅"	√	√	—	—	√	√
中年级"中草药种植之旅"	√	√	√	—	√	√
高年级"中草药炮制之旅"	√	√	√	√	√	√

每一个子主题都有量身定制的项目，考虑了活动难易程度，符合学生身心发展特点。如溯源主题，低年级学生识字少，主要通过询问父母方式获得信息，中年级将采访和阅读结合，到高年级就可以加上问卷调查、上网搜索等方法，逐渐培养学生综合运用多种方法获取信息的能力。又如辨识主题，低年级学生主要凭感官进行辨识，中年级学生则需要学习借助工具辨识的方法，高年级学生则要求制作图鉴将信息输出，逻辑清晰，由易到难。

《魅力本草》课程子主题活动项目

	溯源	辨识	种植	炮制	产品开发	宣传推广
低年级	访问	1. 感官辨识 2. 小区考察	——	——	饮食	1. 写画 2. 说唱 （班级＋年级＋家庭＋基地）
中年级	阅读＋	1. 工具辨识 2. 药园/房考察	1. 水培鱼腥草 2. 土培薄荷 3. 土培金银花	——	装饰＋	1. 写画 2. 说唱 3. 摄影 （学校＋家庭＋基地）
高年级	上网＋	1. 图鉴制作 2. 农村考察	1. 制作护栏 2. 制作植物农药	1. 修制 2. 水制 3. 火制 4. 水火共制	美容＋	1. 写画 2. 说唱 3. 摄影 4. 表演 5. 做义工 （学校＋家庭＋基地＋社区＋）

(三)任务描述

任务描述是对活动项目的进一步阐述，比如辨识主题，不仅明确了辨识的对象为常用中草药植株、饮片、成药，也对其数量做了合理的、递增的要求，可供师生参考甚至打卡完成指标，具有针对性和可操作性。

“魅力本草”课程低年级任务描述

溯源	辨识	种植	炮制	产品开发	宣传
访问	1. 感官辨识 2. 小区考察	—	—	饮食	1. 写画 2. 说唱 (班级＋年级＋家庭＋基地)
了解与中草药相关的人、事、物，激发兴趣	认识3—4种常见常用的中草药植株、饮片、成药	—	—	制作1—2种中草药食品和饮品，如点心、酸奶、花茶、凉茶、药膳等	发挥特长 展示成果 分享收获 积累经验

“魅力本草”课程中年级任务描述

溯源	辨识	种植	炮制	产品开发	宣传
阅读＋	1. 工具辨识 2. 药园/房考察	1. 水培鱼腥草 2. 土培薄荷 3. 土培金银花	—	装饰＋	1. 写画 2. 说唱 3. 摄影 (学校＋家庭＋基地)
了解中草药的种类、作用、地位，激发自豪感	认识5—6种常见常用的中草药新鲜植株，3—4种饮片	成功水培鱼腥草，土培薄荷、金银花	—	头饰、手饰、腰饰、衣饰；文创产品	挖掘资源 优化成果 分享收获 积累经验

"魅力本草"课程高年级任务描述

溯源	辨识	种植	炮制	产品开发	宣传
上网＋	1. 图鉴制作 2. 农村考察	1. 制作护栏 2. 制作植物农药	1. 艾绒(修制) 2. 莲子(修制＋水制) 3. 陈皮(修制＋水制) 4. 艾叶(水制＋火制) 5. 王不留行(火制) 6. 薄荷(水火共制)	美容＋	1. 写画 2. 说唱 3. 摄影 4. 表演 5. 义工 (学校＋家庭＋基地＋社区＋)
了解中草药炮制历史，激发责任感	认识7—8种常见常用的中草药新鲜植株，认识5—6种饮片，3—4种中成药	成功移植一株药草；变废为宝制作一个护栏；研制一种中草药杀虫剂	炮制方法 1. 拣、剪、捣、筛，炮制艾绒 2. 闷润、去心，炮制莲子肉 3. 切、闷润，炮制陈皮 4. 闷润、醋(炒)制艾叶 5. 炒制王不留行 6. 蒸馏，炮制薄荷，获取挥发油 炮制工具	制作1—2种中草药美容护肤品，如面膜、纯露、手霜、香皂、香氛、洗面奶、胭脂、唇膏、指甲油等	综合运用 多元展示 深度交流 积累经验 宣传文化

(四)形式选择

根据课程纲要要求，所有活动都需兼顾考察探究、职业体验、设计制作和社会服务四种活动形式，合理搭配又各有侧重。其中专业性较强的种植、炮制和产品开发活动依托研学实践活动，强化生产劳动和服务性教育。

"魅力本草"课程活动形式选择

—	溯源	辨识	种植	炮制	产品开发	宣传
低年级	考察探究(调查、考察)	考察探究(调查、考察)	—	—	设计制作(小小美食家研学)	设计制作(故事会、画展、美食节、吉尼斯挑战)
中年级			职业体验＋生产劳动(小小药农研学)	—	设计制作(小小设计师研学)	设计制作(吉尼斯挑战、产品发布会)
高年级		考察探究、设计制作(调查、考察)	职业体验＋生产劳动、设计制作(小小药农研学)	职业体验(小小药剂师研学)	设计制作(小小美容师研学)	设计制作、社会服务(吉尼斯挑战、爱心义卖)

(五)时间分配

各年级活动时间分配根据六大典型课型的目标、任务和流程进行整体铺排。

《魅力本草》课程实施时间分配

—	主题确定	主题分解	活动策划	阶段汇报	方法指导	总结交流
1—2年级	2课时 (第1—2周)	2课时 (第3—4周)	2课时 (第5—6周)	9课时 (第7—15周)	9课时 (第7—15周)	3课时 (第16—18周)
3—4年级	2课时 (第1周)	2课时 (第2周)	2课时 (第3周)	24课时 (第4—15周)	24课时 (第4—15周)	6课时 (第16—18周)
3—6年级	1课时 (第1周)	1课时 (第1周)	2课时 (第2周)	26课时 (第3—15周)	26课时 (第3—15周)	6课时 (第16—18周)

(六)评价预期

师生既是评价主体，又是评价对象。对老师的评价主要从学习能力、活动指导能力、科研能力三个方面进行；对学生的评价除了总结交流阶段的自评、互评、师评、家长评之外，还会结合主题工作室建设、参与开放活动或社会服务活动的表现进行评价。

基于师生发展的《魅力本草》课程评价预期

基于教师发展的评价			基于学生发展的评价		
评价维度	评价内容	评价主体	评价维度	评价内容	评价主体
学习	学习心得分享 活动模拟与设计	教师	主题工作室	作品展示 研究成果集 档案袋	学生 教师 家长
活动指导	竞赛/展示/研讨课 经验分享 指导学生获奖情况	教师 相关专家	开放活动	承办活动 成果展示活动 宣传推广活动	学生 教师 家长 相关专家
科研	论文获奖或发表情况 课题参与或获奖情况	相关专家	社会服务	义务劳动 志愿服务	学生 教师 家长 服务对象

五、教学示例

六年级“‘薄荷’少年中草药炮制之旅”主题探究活动的常态教学实施过程。

综合实践活动课
薄荷少年中草药炮制之旅
——主题确定课

【教学目标】

1. 围绕中草药探究活动讨论分析，确定中草药炮制研究方向。

2. 搜集整理与中草药炮制相关的资料，经过讨论分析，充分储备知识。

3. 围绕中草药炮制提出相关问题，通过删除、筛选、合并等方法，将问题转换为有价值的小主题，并规范表述，在此基础上，提炼形成研究大主题。

4. 培养问题意识，提高发现、提出问题的能力；提高分析判断、合作探究的能力。

【教学重点】

1. 确定中草药炮制研究方向，储备与中草药炮制相关的知识。

2. 围绕中草药炮制提出相关问题，通过删除、筛选、合并等方法，将问题转换为有价值的小主题，并规范表述，在此基础上，提炼形成研究大主题。

【教学难点】

就中草药炮制提出相关问题，通过删除、筛选、合并等方法，将问题转换为有价值的小主题，并规范表述，在此基础上，提炼形成研究大主题。

【教学准备】

PPT、各组搜集的资料、问题备忘表、便利贴、问题条、小组信息表。

【教学过程】

(一)确定要研究的方向

1. 情境导入。播放前期活动掠影，梳理出前期开展的中草药研究活动主要为溯源、辨识、种植、加工、宣传等。邀请学生回忆活动时的感受与收获，激发持续学习的兴趣。

2. 明确方向。集思广益，共同分析，寻找活动中学生认为比较陌生、觉得有兴趣有必要进行探究的问题。引导学生发现，在这些项目当中，炮制这种加工方法是较为陌生的，因此将“中草药炮制”确定为研究的对象和内容。

3. 选择方法。集体讨论，回顾获取相关信息的方式方法(阅读、上网、走访调查等)。

(二)储备可利用的知识

1. 获取信息。根据个人具体情况，选择合适方式进行资料搜集(访问、阅读、上网、考察等)与整理(手抄报、摘抄本、资料集、访谈记录、视频、PPT 等)。

2. 增加认知。自由分享，互评互议，对自己的资料进行补充梳理，增加对中草药炮制的认识，为分解主题做准备。

(三)提出有价值的问题

1. 集体讨论。怎样的问题才是有价值的?

问题价值"三问锦囊"

怎样的问题是有价值的	
真正在意	喜欢的、恐惧的、好奇的、不理解的、经历过的、擅长的
具体明了	指向明显，应该是与中草药炮制相关的内容
有意义	不能过于简单，要有探究的必要，能够拓宽视野、增长知识和经验、丰富情感，提升能力；可以作用于生活，服务现实；会产生积极、正面的影响
可操作	有能力、有条件进行研究，自主解决

2. 填写备忘。每位同学在备忘表格中写出自己真正在意的、觉得有探究必要和有积极效应的、有能力和条件进行探究的具体问题1—3个，要求独立思考，按自己感兴趣的程度给问题排好序。

3. 问题汇总。全员参与，每个同学从自己的备忘表格中选出一个问题写在便利贴上，交给小组长汇总。

（四）选择有价值的问题

1. 组内筛选。根据三问小锦囊，问价值、问现状、问能力，互相检查/审查组员所提问题的可行性，进行初次地筛选，产生1—2个金问号写到问题条上，贴到黑板上(此时，40多个问题便可以浓缩为8—9个问题)。

2. 梳理整合。全班讨论，删除不可能、无意义的问题，合并相同、相似、相包含的问题(此时，9个问题变为4—5类问题)。

（五）确定有价值的问题

1. 归纳提炼。四类问题指向的研究内容是什么？适合用怎样的方法进行探究？学生一起寻找关键词，选择研究方法，为接下来的问题表述做准备。

2. 规范表述。参考"研究对象＋研究内容＋研究方法"的基本格式，确定研究小主题。

小主题形成脉络

四类问题	研究内容（关键词）	主要研究方法	小主题
中草药为什么要进行炮制？ 中草药炮制有怎样的历史与传说？	作用 历史 起源	文献研究法	中草药炮制溯源
人们熟悉中草药炮制吗？ 怎样让更多人了解和接受中草药炮制？	宣传 推广	调查法	中草药炮制宣传推广
中草药怎样进行炮制？ 那些古代的炮制方法还在吗？	方法	文献研究法 实验法	中草药炮制方法探究
中草药炮制工具有哪些？为什么奇形怪状？怎样制作？	工具种类、形状、制作	文献研究法 实验法	中草药炮制工具制作

（六）组建同意愿的小组

1. 自然分组。学生在便利贴上写下自己感兴趣的主题，贴到黑板上，进行分类整理，选择同一主题的同学分为一个组。

2. 小组建设。各小组推选小组长，在组长组织下设计、完成好小组信息表、分工表、评价表，做好亮相、成果展示排练。

组长：小组商定，先组员自荐，再投票选出。

组名：最好选择能切合主题的，大家喜欢的组名。

师：我们上节课已经确定好了探究主题，分别是：中草药炮制溯源、中草药炮制方法探究、中草药炮制工具制作、中草药炮制宣传推广。大家可以就以探究主题命名，例如中草药炮制溯源小组、中草药炮制方法探究小组……或者扬帆小组、奋进小组、乘风小组……

口号：响亮，切合主题，印象深刻，例如乘风小组——乘理想之风，圆梦想之旅。也可以贴合研究主题来制定口号。

3. 成果展示。探究小组逐个亮相，展示小组主题、组名、口号，介绍小组分工情况和评价方案。

4. 评价交流。小组之间互相评价，发现优点、亮点，提出意见建议。

5. 修改完善。各组根据其他组的评价意见对小组分工和评价方法进行修改完善。

（七）完成针对性的作业

就本组研究主题进行讨论，确定想实现能实现的目标，并为目标的达成设计可行的活动项目，做好汇报准备。

综合实践活动课
薄荷少年中草药炮制之旅
——活动策划课

【教学目标】

1. 进一步了解中草药炮制的加工方法，在活动策划中，学习借鉴好的方法和点子，发现自身的不足并思考改进的方法。

2. 熟练使用文献研究法进行资料的收集、整理、分析，了解其历史、现状和作用，能够根据活动目标和内容设计合适的活动项目并进行合理的排序。

3. 进一步确认活动策划案的结构与元素，完成一份完整的中草药炮制活动策划表。

4. 培养规划能力，感受中草药与人类的密切关系，激发中医药文化传承人的责任感、使命感，体验研究、合作的乐趣，正确面对挫折，享受成功的喜悦。

【教学重、难点】

1. 能够根据活动目标和内容设计合适的活动项目并进行合理的排序。

2. 能按规范的基本格式完成小组活动策划表，并分小组开展活动。

【教学准备】

PPT、各组搜集的资料、问题备忘表、便利贴、问题条、小组信息表。

【教学过程】

(一)案例分析，了解活动策划表

1. 课前导入。

师：做任何事情之前要有计划，我们的这次“薄荷少年中草药炮制之旅”的探究活动也不例外。一份好的活动计划才能保证活动的有效开展，今天这节课，让我们一起完成一份完整活动策划书。

2. 了解活动策划表。

(1)出示一份活动策划表，明确基本格式(PPT 出示)。

(2)讨论：你们认为哪些部分写起来比较困难？请以小组为单位讨论。

教师用便利条粘贴：活动目标、活动步骤、活动内容及分工、预计困难及解决办法；预计研究成果的展示方式。

教师指导要点：引导学生汇报计划中需要教师和其他学生提供帮助的方面；引导学生分析可能遇到的困难和讨论相关对策。

(3)根据学生提出的问题，结合小主题逐项引导学生讨论。

教师指导要点：引导学生重点讨论计划中活动的步骤和方法；引导学生对计划的可行性进行论证。

3. 梳理策划表要点。

(1)填写组名、组长、口号。

组长组织各小组再次确认组名和口号，并写在活动策划表上。

(2)讨论活动目标。

师：请大家思考，通过这次活动试想一下，你能了解到什么？能学会什么？感受到什么？体会到什么？

教师引导学生从价值体认、责任担当、问题解决、创意物化四个维度来撰写活动目标。

(3)讨论策划表中活动步骤及小组分工。

小组分工：可以和活动步骤一起，也可以单独体现；活动步骤：一定要具体，可选择用序号 1、2、3 来标明顺序。

(4)预估小学生活动过程中的困难，讨论解决的办法。

(5)小组讨论展现形式。

教师引导，汇报形式尽可能采用多种形式，例如动态和静态相结合。

(二)分析活动策划表案例

师：回顾上节课，我们一起讨论了一份活动策划书的诸多要点，并讨论了如何撰写，撰写的要求和格式，本节课我们以“中草药炮制溯源”小组为例，设计我们的活动策划书。

1. 展示第一小组的活动目标。

了解中草药炮制的历史、方法等；在小组合作中增强团队意识。

教师引导学生观察、反馈：一组的活动目标制定得怎么样？

生：活动目标比较少，是不是可以更具体一些。

教师引导：在写活动目标的时候，从价值体认、问题解决、责任担当、创意物化四个维度来写。

2. 对活动目标进行修改，可以变为：

(1)熟练查找资料，进行收集、整理、分析，了解中草药炮制的历史、现状、作用等等，并形成思维导图；

(2)实地考察，了解中草药炮制方法、炮制工具的种类、材质等；

(3)在小组探究活动中，增强团队合作交流、团队协作能力，增强责任感、使命感。

其他小组可以借此也说说自己的小组在这个板块的设计，请大家评议。

3. 展示第一小组的活动项目及安排。

主要考虑活动项目是不是能够操作、分工是不是做到了人尽其才物尽其用、是不是能够解决目标中提出的问题、是不是进行了合理的排序。

集体讨论，主要考虑小组预计的困难是不是真的困难？可能遇到的最大困难是什么？能不能提前做好准备进行预防？有些困难如果无法避开，有什么办法解决？

其他小组可以借此也说说自己的小组在这个板块的设计，请大家评议。

教师指导学生从人力、物力、财力等方面进行预估，鼓励学生充分挖掘身边的资源。

4. 展示第一小组的活动成果预设

引导思考，在这个活动中，我们能完成什么作品？这些作品用怎样的方式呈现？是不是有特色？(将任务可视化、具体化，实现直观的任务驱动。)

其他小组可以借此也说说自己的小组在这个板块的设计，请大家评议。

(三)撰写小组活动方案

此环节在学生小组之间进行。主要让学生在与同组交流的基础上，学习其他小组的方法，反思自己计划的不足，进一步完善计划。

投屏展示各小组的活动策划书。

1. 讨论各组研究内容，收集资料。

2. 各小组拟定活动步骤和汇报形式，完善活动策划书。

(四)分组汇报活动策划书

学生分组汇报后，给学生自由发言的机会，组织学生之间的互动交流。

1. 引导学生学会认真倾听他人的发言。

2. 指导学生分享他人的经验。

3. 引导学生发现他人的不足，并提出建设性意见。

4. 各小组组长带领组员根据修改意见，再一次进行梳理完善。

5. 成果汇报，各个小组通过投影汇报本组活动策划表。

(五)制定班级活动策划案

智慧集结，学以致用，根据各个小组的活动策划案进行梳理、提炼，形成班级活动策划案。

薄荷少年中草药炮制之旅活动策划表

活动目标	价值体认	了解祖国优秀非物质文化遗产——中草药炮制，挖掘内涵与外延，培养环保意识、国际意识、合作意识	
	责任担当	感受中草药炮制给人类生活带来的影响，培养强烈的责任感、使命感，体验研究、合作的乐趣，正确面对挫折，享受成功的喜悦	
	问题解决	熟练使用文献法进行中草药炮制方面资料的收集、整理、分析，了解中草药炮制的历史、现状、作用；实地体验并掌握1—2种中草药炮制的方法；深入考察，了解中草药炮制工具的种类、材质，制作简单炮制工具，探究其工作原理；积极探索宣传、推广策略，帮助更多人了解中草药炮制项目	
	创意物化	在探究过程中积极动手解决问题，深入体验多种炮制方法，尝试进行创新设计，改良炮制方法，撰写科学小论文；尝试学制一些简单、常见的炮制工具；积极创新，尝试设计或制作改良型、创新型炮制工具；根据中草药炮制产品的特点，对其进行包装，策划宣传活动，多种形式推广	
	活动时间	活动内容	活动地点
活动准备	第1周	集体讨论，确定研究对象、内容和方法	学校
	第2周	集体讨论，确定具体活动安排	学校
活动实施	第3—6周	查阅书籍、网络，访问药剂师和医生，了解中草药炮制的起源和发展	学校、家、图书馆、芝林大药房、小区诊所、中医药研究院
	第7—10周	采访医生、大学老师，了解、体验中草药炮制方法	食品药品职院、中医药大学、芝林大药房
	第11—13周	查阅资料，了解炮制工具的种类、制作和使用方法，试着做一份设计图，到研学基地进行实际操作验证	家、研学基地、研学工坊
	第14—15周	上网搜索、观察或采访商场导购员，了解宣传的手段，找到合适的宣传方法	学校、家、社区、大型商场
交流评价	第16－17周	整理研究成果，班级交流分享，完善研究成果，学校、社区进行宣传、展示、义卖、志愿服务等活动	学校、社区
	第18周	制定评价表，由自己、同学、家长、老师进行评价	学校，家
活动拓展	第19周	观察身边的人和事，搜集资料，确定新的探究方向	学校，家，社区
所需条件	文献、图书资料；实验室；中医药大学的指导；周边药房的支持		
预期成果	问卷调查报告、实验报告、活动感受、手抄报、图鉴、药草炮制成品展		

（二）探究阶段

教师的方法指导和学生的阶段汇报穿插进行，学生经历完整的探究过程，掌握科学的研究方法。

"薄荷"少年中草药炮制探究活动

研究过程	主要研究方法	探究活动
中草药炮制溯源阶段	文献研究法	1. 了解文献法
		2. 进行检索活动，分享经历
		3. 整理检索结果，课堂汇报
		4. 分析检索结果，小组汇报，交流分享
中草药炮制方法探究阶段	文献研究法＋实验法	1. 了解访谈法(步骤与技巧)
		2. 编写访谈提纲，选取对象
		3. 制定访谈计划，交流完善
		4. 实地访谈，分享经历
		5. 整理访谈录，撰写调查报告
		6. 交流分享，完善调查报告
		7. 创意劳动，研学体验中草药炮制实验
中草药炮制工具制作阶段	文献研究法＋实验法	1. 资料搜集，了解炮制工具种类和用法
		2. 制定体验计划，交流完善
		3. 实地体验(外形、结构特点)
		4. 讨论制定实验计划，交流
		5. 讨论撰写项目设计说明书
		6. 交流分享，完善说明书
		7. 创意劳动，研学体验炮制工具的制作或改良
中草药炮制宣传推广阶段	调查法	1. 资料搜集，了解促销手段
		2. 制定宣传活动方案
		3. 实施宣传推广
		4. 分享交流、完善宣传方案

科学课
影响薄荷挥发油提取因素探究
——"科学实验报告撰写方法"指导课

【教学目标】

1. 小组合作完成一份《影响薄荷挥发油提取因素探究》的完整实验报告。
2. 学会整合他人撰写实验报告的经验。
3. 在汇报交流过程中，积累实验方法。

4. 善于、乐于分享，扬长避短，学以致用。

【教学重点】

依托薄荷挥发油提取实验，掌握规范的实验报告格式，明确实验报告的基本要素与要求，发现实验报告的难点。

【教学难点】

整理解决《薄荷挥发油提取因素探究》实验报告撰写中常见的困难。

实验分析和讨论。

【教学准备】

PPT、各组实验报告。

【教学过程】

(一)回顾导新

师：同学们，最近一年我们一直在进行校园及周边中草药的探究活动，先来回忆，我们都做了些什么。近期，又做了什么？

生：近期撰写《薄荷挥发油提取因素探究》科学实验报告，开展了科学实验报告展览会，我们各组根据特点，还申报了不同的特色项目。

导入新课：《薄荷挥发油提取因素探究》——“科学实验报告撰写方法”指导课。

(二)明确实验报告的完整结构

师：下面，我们一起来看看大家都申报了什么项目吧！首先，看结构完整奖，有“碎碎平安组”和“泡泡乐”小组申请，这个奖项到底花落谁家呢？我们一起来听听他们是怎么说的。

生：两个小组汇报申报理由(包括与他组对比，结构完整体现；分享相应的学习方法)。

师：谢谢两组的精彩汇报，评委们你们更喜欢哪组的汇报呢？下面请各位评委举手表决。

师小结：谢谢两组同学帮我们明确了一份完整的实验报告要素包括：题目、摘要、引言、实验材料、实验方法、实验过程、实验结果、实验分析与讨论、实验结论、附录(PPT 展示)，并且在处理这些要素时，可以把一些要素整合在一起，这样实验报告的结构不仅完整而且清晰明了。

(三)分析实验报告各要素的难度系数

师：同学们在撰写实验报告时，有没有觉得哪些要素比较难，哪些要素比较简单呢？在这里，我们不妨用数字 1、2、3 来表示要素的难度系数，1 表示最简单，3 表示最难，请同学们以小组为单位开始讨论，讨论完毕后，派一名代表上台完成难度系数表。

生：小组讨论，并在讲台电脑上的 excel 汇总表中填写数字，说明缘由。

师小结：从中可以看出，同学们一致认为题目、摘要、引言、实验材料、实验方法、附录这 6 个要素的撰写难度系数比较小，我们一起看看相应的注意事项(PPT 展示注意事项)，题目要简练明确，摘要也就是实验报告的浓缩介绍，引言说明探究原由，实验材料要具体化，附录也就是参考资料，实验方法要说明如何进行对比实验。

（四）撰写实验过程的注意事项

师：有的小组认为“撰写实验过程”最难，你们遇到了什么困难？有同学能帮帮他们吗？

教师小结：书写实验过程时注意事项，明确实验的自变量、无关变量、因变量是什么，明确控制无关变量的方法，实验操作步骤及相应的实验记录要具体化。

（五）撰写分析与讨论的注意事项

师：再分析分析难度系数表，我发现同学们一致都认为分析与讨论、实验结论、实验结果的撰写难度系数很大。

师：但是同学们想过没有，我们为什么会觉得实验结论、实验结果的撰写难度系数很大，我估计，主要的原因还是对实验进行分析和讨论的经验不足，所以撰写实验报告最难就是分析与讨论。不过，老师还是很高兴，因为有几个小组不怕困难申报了全面分析奖。下面，我们一起听听他们怎么说，首先有请“水灵灵”组。

生：小组汇报申报理由(包括分析内容，分析方法。此处选择两组汇报)。

师：谢谢两个组的精彩分享。下面请大家举手表决。

教师小结：确实，撰写实验分析与讨论的环节比较难，需要大家多方面的分析，如对实验结果、实验过程进行分析。对实验结果的分析能回答我们实验前提出的问题，对实验过程进行总结能帮我们找出得失成败的原因。在这里，老师再送给大家一个小锦囊——我们在分析的时候，还可以对实验后续进行分析，这样能使我们的实验更加深入，甚至帮我们找到新的研究方向或内容，不过，不管分析哪一个环节，一定记得对比分析的思维很重要。

（六）小结拓展

师：谢谢两个小组帮我们明确了实验分析的内容和方法，也谢谢前面两个小组帮我们明确了一份完整的科学实验报告需要具备以下十大要素，我们一起来回顾一下：题目、摘要、引言、实验材料、实验方法、实验过程、实验结果、实验分析与讨论、实验结论、附录。

师：孩子们，今天在大家的努力下，我们对实验报告的撰写有了一个更全面的认识，那么在接下来的学习中，我们就可以灵活的运用这种方法哦！

综合实践活动课

薄荷少年中草药炮制之旅

——总结交流课

【教学目标】

1. 团结合作，对中草药炮制探究活动过程中的资料进行筛选、整理，形成成果和结论，发展处理信息的能力；

2. 撰写中草药炮制探究活动报告，以不同方式进行展示和交流，培养表达与交流能力；

3. 对中草药炮制探究活动过程中的体验、认识和收获进行总结分析，培养反思与评价能力，发展良好的情感、态度、价值观；

4. 认真倾听、学会欣赏、积极改进，能够发现其他小组的问题、闪光点，找到自己小组改进的方向和方法。

【教学重点】

对中草药炮制探究活动过程中的资料进行筛选、整理、分析，找出规律性的东西，提出自己的看法和观点，形成成果，得出一定的结论。

能够规范、完整撰写好中草药炮制探究活动报告，以不同方式进行展示和交流。

【教学难点】

对中草药炮制探究活动过程中的资料进行筛选、整理、分析，找出规律性的东西，提出自己的看法和观点，形成成果，得出一定的结论，并选择恰当形式展示。

能够发现其他小组的问题、闪光点，找到自己小组改进的方向和方法。

【教学准备】

教师教学PPT、学生汇报课件及相关成果。

【教学过程】

(一)前期活动回顾，明确汇报要求

1. 活动回顾。

集体讨论，回顾中草药炮制探究活动全过程，形成清晰、完整的活动脉络图。

2. 明确要求。

汇报形式：自选(答辩式、汇报式)。小组成员须全员参与，尽量发挥组员优势、体现成果亮点。

汇报内容：

(1)说选题。这个课题是怎样产生的？研究这个问题有什么意义和价值？目前这个问题已经有哪些研究成果？

(2)说过程。你们是如何开展研究的？是怎样解决问题的？在研究过程中遇到了哪些困难？是如何克服的？

(3)说成果。经过研究后，得出哪些研究结果，或提出了什么解决问题的方法或途径？

(4)说体会。在活动过程中，你们有什么感悟和体验？其中体会最深的是什么？有哪些感人的事迹？有什么难忘的事情？有什么新的认识与收获？有什么不足之处？有什么想继续研究的问题？

3. 整理加工。

(1)小组合作，从找、删、补三个方面，完善中草药炮制探究活动过程性资料。

(2)组内交流分享，结合自己的亲身体验，表达真实的感受，提炼活动的亮点，分析活动的不足。如成功的经验、失败的经历、意外的发现、创意的发明、得意的作品、与众不同的观点等。

(3)物化研究结果，将已有的过程性资料进行整理、美化，如小制作、设计图、图鉴、相册、摘抄本、剪贴本、资料集、体验日记、手抄报、研究报告、收藏等。

(4)根据已有的中草药炮制探究活动物化成果和提炼的亮点、痛点，结合组员的特长，选择合适的展示形式，如现场演示(制作、实验)、辩论会、故事会、交流会、PPT汇报等。

(5)成果汇报彩排。

（二）分组成果汇报 师生交流评价

1. 小组汇报。

2. 互动交流。结合成果质量和展示形式，回顾中草药炮制探究活动过程中的表现，通过自我评价、小组评价、家长评价、老师评价等方式，从主题价值评估、研究方法掌握、积极参与活动、服从整体安排、主动解决问题、资料完整规范、成果展示形式、成果创新水平、活动目标达成这几个维度进行评价，获得全方位信息，正确认识、提升自我。

（三）反思总结提升　拓展延伸活动

1. 自我反思。学生自由表达，可以说事情、谈经验、说体会、谈不足、做畅想、提问题……

2. 头脑风暴。

向前看：中草药需要进行炮制，其他中药是不是也需要进行炮制？如动物药、矿物药。

向后看：关于中草药炮制，我们哪些方面做得特别好，可以继续进行深入的探究？我们哪些方面做得特别不好，还需要进行深入的探究？

左右看：在你的身边，还有什么新奇的物件、热点的事件、有趣（不合理、不解）的现象是你想要进行探究的？

3. 教师总结。

（1）活动效果（成果、收获、影响力）。

（2）同学们的表现（积极参与，团结协作，认真思考，努力解决问题，成长迅速）。

（3）意见和建议（活动方法的优化）。

（4）祝福与期待（留心观察生活，发现问题，活动方法学以致用解决实际问题，培养服务精神和中医药文化的传承与发展的使命感）。

4. 拓展延伸。

通过参与主题工作室（个人作品、成长档案袋，集体成果集）建设、参加开放活动（承办活动、成果展示活动、宣传推广活动）、开展社会服务活动（爱心帮扶、义务劳动、志愿服务）等方式，提高整体规划、综合运用能力。

六、反思成效

“魅力本草”是我校专题课程开发与实施过程中较为典型的案例，它依托综合实践活动课程理念与方法进行实践，实现了一至六年级综合实践活动常态化的实施，较好地推动了学校课程的发展，促进了学校、教师、学生的发展。

学校层面：整体规划，目标呈体系；逻辑推理，内容呈整体；具象设计，方法呈梯度。

教师层面：普及理念，参与有广度；引领教学，方式有变革；落实评价，发展有指标。

学生层面：资源整合，方式更多元；深度研学，体验更专业；贯穿劳育，影响更深远。

（案例提供：杨娟娟　余忠萍　常洁）

专题四　学校全学科课程管理与评价

学校全学科课程评价体系依据课程目标、遵照评价原则，运用预定的标准和方法，对课程建设、实施状况和效果进行价值判断，其具有的导向作用将对课程实施产生重要的影响。

《基础教育课程改革纲要(试行)》指出，要改变课程评价过分强调甄别与选拔的功能，发挥评价促进学生发展、提高和改进教师教学实践的功能，并且提出要建立促进教师全面发展、不断提高的评价体系和建立课程不断发展的评价体系的具体目标和新的要求。这些要求对于学校全学科课程同样适用。学校全学科课程所具有的综合性、实践性、开放性、连续性、生成性等特点，需要与对应的评价理念、评价标准和评价方式匹配。

一、确定学校全学科课程评价范围

全学科课程评价目标范围包括：学校课程评价目标、教师培养评价目标以及学生发展评价目标。从这三个目标维度进行深入分析，以期构建一个更加全面、系统的课程评价目标体系，从而更好地实现全学科课程的价值。

(一)学校课程评价目标

1. 学科深度融合专题建设目标：评价学校在构建全学科深度融合系列专题方面的成效，确保各学科知识在专题中的有机结合和深入探讨。

2. 校家社资源融合课程体系目标：评价学校课程在整合家庭与社区资源、形成深度融合的课程体系方面的策略和实施效果。

3. 四级课程开发结构构建目标：评价学校建立“领域—模块—主题—项目”四级课程开发结构的创新性和系统性。

4. 课程实施路径目标：评价学校确立全学科课程实施路径目标的基本内容，并构建教学基本范式的成效。

5. 课程融合体系建构方法策略研究目标：评价学校在研究和应用课程整合的理论基础及建构方法策略方面的深入性和创新性。

6. 课程工具和支架研制目标：评价学校在定义课程工具和支架的作用、研制关键要素方面的专业性和实用性。

7. 全学科课程典型案例开发目标：评价学校在开发全学科课程典型案例，包括设计原则和开发步骤的系统性和示范性。

8. 教研层面课程体系构建推进目标：评价学校在教研层面推进全学科课程体系构建的策略，包括教研主体改变、时间安排、资源引入、评价机制和教研平台的开放性。

9. 教学层面课程体系构建推进目标：评价学校在教学层面推进全学科课程体系构建的实践和创新，确保教学活动与课程目标的一致性。

10. 课程实施路径基本模式和方法探索目标：评价学校在探索全学科课程体系实施路径的基本模式和方式方法，包括研究目标、方法论的明确性和适用性。

这些目标旨在确保学校在全学科课程的构建和实施过程中，能够系统地评估和提升教育质量，实现教育创新和学生全面发展。

（二）教师培养评价目标

1. 教师跨学科整合能力提升目标：评价教师在掌握跨学科知识与技能方面的能力，以及他们在课程设计和实施过程中整合不同学科内容的能力。同时，考察教师开发和利用教学资源的能力，以支持全学科课程的实施。

2. 教学方法与实践育人能力提升目标：评价教师在开发和学习全学科课程教学基本范式的能力，以及他们在变革常态化课程教学方式，提高实践育人能力方面的成效，这包括教师如何将理论与实践相结合，以培养学生的综合素养。

3. 教育科研能力提升目标：评价教师在全学科背景下的教育科研能力，包括明确课程研究的目标和方向，加强专业培训和学术交流，参与实践研究和项目，以及提升数据处理和统计分析的能力。这有助于教师在教育科研领域不断进步，为全学科课程的发展作出贡献。

这些目标旨在促进教师专业成长，提高他们在全学科课程中的教学质量和研究能力，从而更好地满足学生的学习需求和促进学生全面发展。

（三）学生发展评价目标

1. 责任意识和团队合作能力培养目标：评价学生在责任担当方面的认识和实践，包括对自己、团队和社会的责任感，以及在团队中的合作能力和领导潜质的培养。

2. 健康体魄培养目标：评价学生在身心健康和养成健康生活方式方面的发展情况，确保学生在全学科课程中得到全面的身体锻炼和心理健康教育。

2. 学会学习能力提升目标：评价学生在自主学习、批判性思维和知识整合等关键能力方面的掌握程度，确保学生具备终身学习的能力，能够不断适应社会发展和个人成长的需要。

3. 创新实践能力培养目标：评价学生运用所学知识解决实际问题的能力，以及他们在创新思维和实践技能方面的发展，为学生未来的学习和工作打下坚实的基础。

这些目标旨在促进学生的全面发展，不仅关注学生的知识和技能学习，也重视学生身心健康、创新能力和社会责任感的培养，以适应未来社会的多元需求。

通过以上目标的达成，可以看出这一教育模式对于学校、教师和学生三方面所带来的积极影响。学校能够通过构建实施全学科课程，促进学校课程文化品质提升，推动学校向高质量教育时代迈进，教师能够在专业成长和教育科研能力上获得提升，更好地适应全学科整合教学的需求；学生则能够为成为具有创新精神、实践能力、全球视野、终身学习、全面发展的人才打下坚实基础。

二、确立学校全学科课程评价原则

1. 指向核心素养。指向学生发展，结合学校“责任担当、健康体魄、学会学习、创新实践”的育人目标，注重评价的诊断、激励、导向和促进功能，考虑课程核心素养、学段能力层次、个体身心发展水平的差异，评价需有针对性，因教、因学、因材施“评”，评价指标前置，分层设计，确保学生行有方向、人人达标或有望达标。

2. 关注过程表现。全学科课程由原来的一课一教，变成项目式学习，让学生经历探究的全过程，教师注重对学习过程的观察、记录与分析，关注学生真实发生的进步，积极探索增值评价。

3. 注重多元评价。课程实施过程中，活动的多样性导致学生自主的体验和发展具有较大差异性，故而需要的赋能方式，方法也不尽相同，应将学生的表现作为学生发展状况与水平的客观依据，教师、同伴、家长、基地参与，多学科参与，评价主体、评价工具更多元。

4. 凸显综合特征。设计综合性任务来落实，如辩论会、志愿服务、各类汇演、跳蚤节、产品发布会等，涉及活动策划、人员分工、物料准备、场地布置、现场组织、总结反思、成果物化等多个环节的表现。

5. 加强结果应用。可将评价结果作为评优评先、大中小队干部竞选的参考依据，引导学生正确认识评价的力量和作用，认真参与活动、积极应对评价。

三、设计学校全学科课程评价指标

学校全学科课程评价体系建构遵循课程评价的全面性原则，着力课程、教师、学生三个方面的评价。

（一）课程评价

《基础教育课程改革纲要（试行）》提出“建立促进课程不断发展的评价体系。周期性地对学校课程执行的情况、课程实施中的问题进行分析评估，调整课程内容、改革教学管理，形成课程不断革新的机制”的要求，为促进学校全学科课程良性发展、不断提升服务学生发展的能力提供了有力保障，对课程自身实施情况的评价非常有必要。

<table>
<tr><th>评价项目</th><th colspan="2">评价指标</th></tr>
<tr><td>目标定位</td><td colspan="2">1. 目标是否贯彻落实上级文件要求，一脉相承，调动全学科整合优势
2. 目标是否明确具体，以学生需求为中心，难易适中，分层设计，操作性强
3. 目标是否结合时代发展需要、地域独特文化背景、学校特色、教师特长</td></tr>
<tr><td rowspan="5">内容结构</td><td>1. 内容是否具有综合性</td><td>融合多门学科；整合多方资源</td></tr>
<tr><td>2. 内容是否体系化</td><td>各学科融合；各年级参与；开发了课程建构工具</td></tr>
<tr><td>3. 内容是否具有完整性</td><td>过程完整；配套相应的方法体系</td></tr>
<tr><td>4. 内容是否具有梯度</td><td>有核心主题；进行分层开发；有具体项目</td></tr>
<tr><td>5. 内容是否具有实践性</td><td>深度体验；动手操作；实践探究</td></tr>
</table>

（二）教师评价

教师的评价指标主要包括课程建设理念、课程开发能力、课程实施能力、课程管理能力四个方面，其中，课程设计能力为考察评价的重点。具体评价指标如下：

评价项目	评价指标
课程建设理念	1. 有“五育融合，全面发展”的理念 2. 有“系统建构，过程完整”的理念 3. 有“校家社协育人”的理念 4. 有“知行合一，实践育人”的理念
课程开发能力	1. 发现不同课程的关联内容，提炼建构主题的能力 2. 根据提炼的主题，进行学科整合项目开发和设计的能力 3. 根据项目内容，转化为教学方案，进行规范教学设计的能力 4. 及时总结开发的经验，并梳理教学策略的能力 5. 指导学生开展实践活动，并梳理总结、撰写课程案例的能力
课程实施能力	1. 选题指导。选题符合学生身心发展水平，尊重学生兴趣爱好与特长，能结合热点问题，联系学生生活实际，充分发挥教师个人特长 2. 跟踪反馈。持续参与学生活动，引导学生发现亮点并给予鼓励，引导学生直面困难并主动寻求解决办法，给学生提供适当帮助，保持活动热情与兴趣，保障活动正向发展 3. 资源调度。能主动争取学校支持与指导；与同事深度合作，学科融合；善于与家长沟通、常态合作；敢于借力，积极吸纳社会专业力量
课程管理能力	1. 对整个项目进行整体规划，指导学生经历完整的学习过程 2. 设计指导方法，在学习过程中，有规范的指导方法 3. 充分利用家庭、社会等资源，建构校社家协同育人的方法路径 4. 不断反思改进教学方法，并及时梳理提炼教学策略 5. 及时总结，撰写典型教学案例

（三）学生评价

在构建全学科课程学生评价指标体系时，我校致力于创建一个全面、多维度的评价框架，旨在促进学生的全面发展。这一体系不仅关注学生在学术领域的成就，更重视其在责任担当、健康体魄、学会学习和创新实践等关键领域的成长。通过综合考量这四个维度，以期激发学生的内在潜能，培养他们成为具有健康生活方式、终身学习能力、创新思维和强烈社会责任感的公民。

1. 责任担当维度

责任担当是一个多维度的概念，它不仅包括个人对自身行为的责任感，也包括对社会和团队的责任意识。以下是对责任担当维度的进一步分解描述：

维度	一级指标	二级指标	表现形式描述
责任担当	社会责任意识	社会问题认知	学生能够识别并表达对社会问题的关注，展现出社会责任感
		社会参与度	学生主动参与社区服务、慈善活动等，体现出对社会的贡献
		社会影响力	学生能够在社会活动中发挥积极作用，对他人产生正面影响
	团队合作精神	团队协作能力	学生能够在团队中有效沟通，尊重他人意见，促进团队合作
		团队贡献度	学生在团队项目中积极贡献自己的想法和努力，推动团队目标的实现
		冲突解决能力	学生能够妥善处理团队内的分歧，通过建设性的方式解决冲突
	个人责任感	自我管理能力	学生能够合理安排自己的时间，有效管理情绪，展现出良好的自我管理能力
		学习责任感	学生对待学习任务认真负责，按时完成作业和项目，追求高质量的成果
		错误承认与改正	学生能够诚实面对自己的错误，主动承认并采取措施进行改正
	领导能力	领导风格	学生能够展现出积极的领导风格，如民主、权威或变革型领导
		团队动员能力	学生能够有效地动员团队成员，激发团队的潜力和动力
		决策能力	学生在面对复杂问题时能够做出明智的决策，引导团队走向成功
	道德与伦理	道德判断力	学生能够识别并判断道德问题，展现出良好的道德判断力
		伦理行为	学生在行为上遵守社会道德规范，展现出正直和诚信等品质
		社会正义感	学生关注社会正义问题，积极参与维护公平和正义的活动

通过这些细致的评价指标和表现形式描述，可以更全面地评估学生在责任担当方面的表现，促进学生在个人、团队和社会层面的全面发展。

2. 健康体魄维度

健康体魄是学生全面发展的重要组成部分，它不仅包括身体健康，还涉及心理健康和生活习惯等方面。以下是对健康体魄维度的进一步分解描述：

维度	一级指标	二级指标	表现形式描述
健康体魄	身体健康状况	体能测试成绩	学生在体能测试中表现良好，达到或超过同龄人平均水平
		运动技能掌握	学生能够熟练掌握至少一项体育运动技能，如游泳、跑步、跳高等
		健康状况记录	学生有良好的健康状况记录，生长发育符合健康标准
	心理健康状态	心理测评结果	学生在心理测评中表现出良好的心理健康状况，没有明显的心理问题
		情绪管理能力	学生能够有效管理自己的情绪，面对困难时能够保持积极态度
		社交能力	学生具有良好社交能力，能够与他人建立和谐的人际关系
	生活习惯	饮食习惯	学生有良好的饮食习惯，能够做到饮食均衡，不挑食，适量摄入
		睡眠习惯	学生有稳定的睡眠习惯，保证每天有足够的睡眠时间，且睡眠质量良好
		运动习惯	学生有定期的运动习惯，能够坚持参与体育活动，保持身体活力
	健康意识	健康知识掌握	学生对基本的健康知识有清晰的认识，能够理解健康的重要性
		健康行为实践	学生在日常生活中能够实践健康行为，如不吸烟、不酗酒等
		健康问题应对	学生在遇到健康问题时能够采取正确的应对措施，如及时就医等
	预防保健	预防接种记录	学生按时完成预防接种，有完整的预防接种记录
		个人卫生习惯	学生具有良好的个人卫生习惯，能够做到日常清洁和个人护理
		健康监测	学生能够定期监测自己的健康状况，及时发现并处理健康问题

通过这些细致的评价指标和表现形式描述，可以全面评估学生的健康体魄状况，帮助学生建立健康的生活方式，促进其身心健康发展。

3. 学会学习维度

学会学习是终身教育的基础，它涉及学生如何获取、处理和应用知识的能力。以下是对学会学习维度的进一步分解描述：

维度	一级指标	二级指标	表现形式描述
学会学习	学习动机与态度	学习兴趣	学生对学习内容表现出浓厚兴趣，能够主动探索和学习、有计划学习
		学习目标设定	学生能够根据自己的学习需求和目标，设定合理的学习目标
		学习态度	学生在学习过程中表现出积极的态度，即使面对困难也能继续坚持
	学习策略与技巧	信息获取	学生能够通过多种渠道获取信息，如图书馆、互联网等
		学习计划	学生能够制订合理的学习计划，并按计划执行学习任务
		学习技巧	学生能够运用有效的学习技巧，提高学习效率
	批判性思维	问题提出	学生能够提出有深度和广度的问题，推动学习过程
		逻辑分析	学生在分析问题时能够展现清晰逻辑性，避免逻辑错误
		批判性评价	学生能够对信息和观点进行批判性评价，不盲目接受
	自主学习能力	自主探索	学生能够独立寻找学习资源，自主解决问题，不依赖他人
		自我监控	学生能够监控自己的学习进度和效果，及时进行调整
		自我反思	学生能够对自己的学习效果进行反思和总结，不断优化学习方法
	知识整合与运用	知识关联	学生能够将新知识与已有知识建立联系，形成知识网络
		知识应用	学生能够将所学知识应用到实际问题解决中，展现实践能力
		跨学科学习	学生能够在不同学科之间进行知识整合，展现跨学科学习能力
	学习适应性	学习环境适应	学生能够快速适应不同的学习环境，如线上学习、小组讨论等
		学习方式适应	学生能够根据学习内容和目标，选择合适的学习方式，如阅读、讨论、实践等
		学习内容适应	学生能够适应不同难度和类型的学习内容，展现出灵活的学习策略
	信息素养	信息识别	学生能够辨别信息的真伪，选择有价值的信息进行学习
		信息处理	学生能够对获取的信息进行有效处理和分析，提取关键信息
		信息利用	学生能够将信息有效整合到自己的学习过程中，提高学习效果

通过这些细致的评价指标和表现形式描述，可以全面评估学生学会学习的能力，帮助他们在不断变化的学习环境中，培养自主学习、批判性思维和知识整合等关键能力。

4. 创新实践维度

创新实践是教育中非常重要的一个方面，它鼓励学生运用所学知识解决实际问题，并在此过程中培养创新思维和实践能力。以下是对创新实践维度的进一步分解：

维度	一级指标	二级指标	表现形式描述
创新实践	创新思维能力	创意产生	学生能够提出独特且具有创造性的想法，展现出创新思维
		问题解决策略	学生在解决问题时能够采用多种创新策略，不局限于传统方法
		创新思维的深度与广度	学生在思考问题时能够深入挖掘，从多角度探索可能的解决方案
	实践操作技能	实验设计与执行	学生能够独立设计实验或技术操作流程，并有效执行
		工具使用熟练度	学生能够熟练使用各种工具和设备，完成指定任务
		工艺技能掌握	学生掌握了一定的工艺技能，能够在制作或创作中展现出高水平的技艺
	项目完成质量	项目规划与组织	学生能够合理规划项目，有效组织资源和人员，确保项目顺利进行
		创新性和实用性	学生完成的项目具有明显的创新性，能够解决实际问题或满足特定需求
		完成度和专业性	学生完成的项目在技术和专业性方面达到较高水平，展现出专业素养
	跨学科应用能力	知识整合能力	学生能够将不同学科的知识和技能有效整合，解决复杂问题
		跨学科思维	学生在思考和解决问题时能够跨越学科界限，采用跨学科的视角
		学科间协同	学生在跨学科团队中能够与不同背景的成员协同工作，共同推进项目
	技术运用与创新	新技术应用	学生能够掌握并应用新兴技术，如编程、3D打印、人工智能等
		技术改进与创新	学生能够对现有技术进行改进，提出创新解决方案
		技术与创意结合	学生能够将技术与创意结合，创造出新颖产品或服务
	风险评估与管理	风险识别	学生能够识别项目实施过程中可能遇到的风险，并提前做好准备
		风险应对策略	学生能够制定有效的风险应对策略，及时应对各种风险
		风险管理效果	学生的风险管理能够显著降低项目失败的可能性，提高成功率

通过这些细致的评价指标和表现形式描述，可以全面评估学生在创新实践方面的能力，帮助学生在实际操作中培养创新思维和实践技能，为未来的学习和职业生涯打下坚实的基础。

综合这四个维度的评价指标体系，我们的目标是为学生提供一个支持性的成长环境，让他们在知识、技能、情感和价值观上得到均衡发展。通过持续的评估和反馈，让学生能够认识到自我提升的重要性，并在教师的引导下，不断追求卓越。最终，这一评价体系将成为学生个性化发展的强大助力，帮助他们在多元和不断变化的世界中，找到自己的定位，实现自我价值，为社会做出积极贡献。

四、规范学校全学科课程评价方法

持续推进我校全学科课程建设与实施，以促进学生综合素质持续发展为目的，过程评价与结果评价相结合，逆向设计与实施评价，以评促教，以评促学。

1. 动态的表现性评价。持续参与学生活动，追踪学生行为，加强与学生的对话交流，开展协商式评价，增强评价双方自我总结、反思、改进的意识和能力。注重动手操作、作品展示、口头报告等多种方式的综合运用，让学生自主策划并举办活动，大胆展示自己的实验、制作、发明、科技论文、调查报告、设计方案等成果，获得对应的积分或等级评定、荣誉称号，关注典型行为表现，丰富表现性评价。

如“魅力本草”课程以主题工作室为载体落实表现性评价。根据学生作品、学生活动，以主题工作室为载体，为学生提供自我展示的平台，具体工作室如下：

白鹤楼。与药膳制作课程相结合，充分依托食堂大厨和家长这一资源，以食物的方式呈现中草药的食用价值。

百草堂。借助湖南中医药大学这一资源，向学生介绍和展示中草药的药用价值。

水墨阁。呈现学生们创作的艺术作品，如摄影作品、绘画作品等。

音律苑。以音乐的形式呈现学生们的作品，其中包括可吟唱、可朗诵的作品等。

珍品坊。校园周边珍稀植物、动物的图片展。

鹤翔馆。创编中草药物语操、扁担武术、竹竿舞等，达到人和自然和谐一致的状态。

小雅舍。用以呈现学生各项创作，如诗词、童谣等。

农业司。用以呈现学生制作的各项迷你传统农具。

鹤记杂货铺。用以呈现学生的各项手工作品，学生可以在杂货铺交换和买卖各类手工工艺品。

具体的评价流程如下：先进行班级初选，任课教师将优秀作品选送至所在年级组；各年级组不同学科教师，同一年级教师、学生代表集中评选，将优秀作品选送至学校；通过学校审核的优秀作品，作者可以申请进入主题工作室进行展览；接着，学生和教师一起对工作室进行布展，为自己的作品撰写介绍词，并参加各主题工作室设置的吉尼斯挑战赛；学校根据学生在吉尼斯挑战赛中的表现，颁发达人奖章。

以“中草药的探究课程”为例，学生在自己动手做中草药衍生作品的活动中制作的艾草包、香囊，通过班级、年级、学校层层选拔，经过自评、互评以及他评之后，有一部分优秀作品进入百草堂主题工作室候选名单。接着，这些作者向百草堂堂主递交个人申请，通过申请之后，他们和教师一起布置百草堂，并为自己的艾草包、香囊撰写介绍词。对于每个入选主题工作室的作品，学校都会颁发奖状，并对作者给予表扬。最后，在校园吉尼斯节中，全体学生都可以参与百草堂主题工作室举办的药草辨识挑战赛，对于活动中的优胜者，学校会为其颁发“小小李时珍”称号。

2. 证据的过程性评价。方式一：教师与学生共同合作，将学生活动过程中的作品、资料和教师的指导与评价记录存放进活动手册、档案袋等介质，分阶段、持续性地进行分析、整理、修正，促进学生自我评价与改进。方式二：将学生课程学习情况纳入红领巾争章体系，学生每完成一个任务，争章达标手册中可增加一枚徽章，让学生的成长与收获直观、可见，实现自我教育的目的。方式三：借助互联网、人工智能、云计算、大数据技术、VR/AR等新技术，记录学生发展的点滴进步与标志性成果，夯实增值评价。如“神奇的植物”主题课程设计了自己喜欢的活动手册。从封面到目录、组员信息、小组海报、小组积分表、资料坊、活动计划、课堂笔记、活动记录、封底，每一个作品都在记录和展示着学生在探究活动中的思考与行动，付出与收获。

3. 制定评价量表，开展终结性评价。第一步：对标学科课程标准，确定考核的能力和核心素养，即评价内容。第二步：立足考核内容，规划序列化活动项目，即考核的形式与项目。第三步：师生合作，设计评价标准，形成评价量表。第四步：学生、老师、家长及活动相关人员进行具体的观察和分层评价反馈。如五年级“我们的绿色校园”主题课程以综合测评卷的形式落实总结性评价。

<table>
<tr><th colspan="2">主题名称</th><th>我们的绿色校园</th></tr>
<tr><td colspan="2">背景设定</td><td>学校为了响应环保倡议，决定将校园打造成一个绿色校园。五年级的同学将被邀请参与到这个项目中，他们需要运用自己的知识和技能完成闯关行动，为校园的绿化和环保作出贡献</td></tr>
<tr><td colspan="2">评价内容</td><td>环保意识：学生对环境保护的认识和重视程度
观察能力：学生在环境观察和垃圾分类中展现的细致观察能力
创造能力：学生在设计校园绿化布局图、垃圾分类回收箱以及创意写作中展现的创意思维
实践能力：学生在策划环保活动和提出节能减排措施时展现的实际操作能力
思维能力：学生在解答选择题和填空题时对知识点的理解和应用能力
表达能力：学生在简答题和创意写作题中的语言组织和表达能力
合作能力：学生在参与环保小组活动和讨论中展现的协作精神</td></tr>
<tr><td rowspan="6">评价项目</td><td>选择</td><td>1. 下列哪种行为不属于校园环保行为？（　　）
A. 随手关灯　B. 节约用水　C. 乱扔垃圾　D. 垃圾分类投放
2. 校园内种植哪种植物可以吸收更多的二氧化碳？（　　）
A. 仙人掌　B. 月季花　C. 杨树　D. 吊兰
3. 以下哪个选项是节能减排的正确做法？（　　）
A. 使用一次性筷子　B. 开车上学　C. 多使用空调　D. 步行上学</td></tr>
<tr><td>填空</td><td>4. 校园内垃圾分类包括________、________、________、其他垃圾四类。
5. 植物通过________作用吸收二氧化碳，释放氧气。
6. 为了节约用水，我们可以在校园内采取________、________等措施。</td></tr>
<tr><td>画图</td><td>7. 请画出一个简单的校园绿化布局图，并标注至少三种植物。
8. 设计一个垃圾分类回收箱，并在图中标出不同垃圾的投放口。</td></tr>
<tr><td>简答</td><td>9. 描述一下你如何向同学们宣传校园环保的重要性。
10. 你认为校园内可以采取哪些措施来减少能源消耗？</td></tr>
<tr><td>实践</td><td>11. 假设你是学校环保小组的成员，请策划一次以“绿色出行”为主题的活动，并简要说明你的计划。
12. 选择一种校园常见的可回收垃圾，解释它为什么是可回收垃圾，并说明回收后的处理方法。</td></tr>
<tr><td>创作</td><td>13. 编写一个短故事，讲述一个学生如何通过自己的行动影响周围的人一起参与环保活动。</td></tr>
</table>

续表

主题名称	我们的绿色校园
评分标准	选择项：正确答案的准确性 填空项：答案的合理性和相关知识点的掌握 画图项：布局的合理性、创意和标注的准确性 简答项：答案的完整性、逻辑性和表达能力 实践项：计划的可行性、创新性和详细程度 创作项：故事的创意性、语言表达和情感传达
涉及学科	语文：通过创意写作题和简答题，考核学生的语言表达和写作能力 数学：在设计和计算校园绿化布局或节能减排措施时，可能涉及基本的数学计算 科学：通过选择题和填空题，考核学生对环保科学知识的理解，如植物的光合作用、垃圾分类等 美术：在画图题中，考核学生的基本绘图技能和创意表达 综合实践：通过实践题，考核学生对社会问题的理解和参与社会实践的能力 环境教育：整个题目贯穿了环境教育的理念，考核学生的环保知识和行动力

这种跨学科的测评设计不仅能够激发学生的学习兴趣，还能帮助他们在多个学科领域内建立联系，培养综合运用知识解决问题的能力。同时，也可助力学生发展核心素养，如批判性思维、创新思维和团队合作能力等。

五、落实学校全学科课程评价结果运用

《深化新时代教育评价改革总体方案》中提出要“完善评价结果运用，综合发挥导向、鉴定、诊断、调控和改进作用”，学校通过多层、多元、多样评价方式突出对全学科课程学习活动过程与结果的观察与反馈，将评价结果运用于典型场景。

师资层面，将全学科课程的开发与实施纳入学校绩效考核体系，给予加分，鼓励学校教师积极参与，增强学校课程建设的力度，提升学校课程建设的整体水平；以多种方式对家长、社会人士的参与表示尊重与感谢，如组织启动仪式，举办颁奖典礼，赠送锦旗、颁发优秀校外辅导员荣誉证书，等等，以示尊重与感谢，促进校内外教育合力的长足发展。

学生层面，其一，评优评先，全面发展。在区级五好(劳动精神好、思想品德好、学习表现好、身体素质好、艺术审美好)学生、市级三好(思想品德好、学习好、身体好)学生的评比过程中，全学科课程学习情况作为考察指标之一，激励学生德智体美劳全面发展。其二，技术赋能，立体评价。将学生参与课程学习情况计入长沙市人人通平台素质教育评价数据库，持续跟踪，个性化分析学生纵向学习过程和横向发展要素，差异性指导，助力学生终身发展；同时，进行学校、班级层面的大数据分析，查漏补缺，修改和完善学校课程，凸显评价的导向、鉴定、诊断、调控和改进作用。

六、建构学校全学科课程评价管理

(一)明确指导思想

以习近平新时代中国特色社会主义思想为指导，坚持为党育人、为国育才，发展社会

主义先进文化、弘扬革命文化、传承中华优秀传统文化，落实有理想、有本领、有担当的时代新人培养目标，遵循教育教学规律和学生成长规律，把培育和践行社会主义核心价值观融入课程建设全过程，增强课程适应性，实现课程全面育人、高质量育人。

（二）遵循基本原则

面向全体学生，立足发展，立德树人；聚焦核心素养，因地制宜，凸显特色；丰富课程设置，系统开发，规范管理；发挥资源优势，多方联动、协同育人。

（三）加强统筹规划

一是组建课程决策组织。建立学校全学科课程发展委员会，由校长担任主任，教育教学副校长任副主任，教导处、课程处、德育处负责人担任委员，在落实国家课程政策的前提下，立足学校办学理念，分析资源条件，共同负责学校整体的课程设置、开发、审核、评价、检测等建设与管理工作。

二是落实课程研究主体。发展委员会牵头，教研组、年级组、专题组三大研究主体并行，邀请社会专业人士及家长共同科学论证，实施项目化研究。教研组由组长牵头，立足学科选定主题、成立项目组，逐级进行样本班级实验、样本年级实验、跨年级专题课程研究。年级组根据具体的主题内容，着力探索同年级内多学科协同的课程管理模式，一主多辅、多主多辅，如二年级的“笋芽儿”专题是以美术为主，语文、音乐、数学为辅，属于一主多辅；三年级的“我们去春游”专题是以数学和道德与法治为主，语文和音乐为辅，属于多主多辅。专题组借鉴教研组、年级组研究经验，从不同年级与学科的老师对同一专题的兴趣出发，自由组合形成团队，与校外研学基地、企事业单位、家长等资源联动育人。如“践行环保——让生活多点绿”专题，有效地利用了岳麓山、岳麓科技园、晚安工业园等环境资源和部分从事环保工作的家长资源。

三是变革课程文化。着力制度文化、行为文化、学校文化的建设，促进学校课程文化不断走向综合、弹性、开放、实践，逐步向高品质课程文化发展。

四是完善管理制度。保障课程发展，加大指导培训力度，激发教师问题意识，培养教师研究力、执行力，全面建立学生选课、教案设计、课程更新、质量监控、教师研训、薪酬激励、经费保障、课程评价等制度体系，保障课程良性发展。

五是聚焦理念指导，促进行为转变。指导教师关注地区特色和学校校情，主动跨学科合作，全学科育人，关注学生需求，开发真正着眼于学生合作、创新和实践能力发展的专题化教学课程，从“要我做”变成“我要做”。增强课程吸引力和体验价值，激发学生从被动接受任务到主动参与探究转变，引导学生摒弃单一性、碎片化的学习方式，逐渐掌握规划、设计、实施、复盘、改进的完整体验模式，鼓励学生从关注自我学习转化为向外观照他人和团队的学习。

六是联动多方资源，丰富校园生活。践行自主、综合、弹性、开放、实践的课程文化理念，联动校、家、社、基地等多方育人力量，拓展学生活动时间和空间，其一，打造主题工作室，如迷你炮制坊、植物珍品馆、爱心美食坊、药草种植园等，让学生自主申报、自发布置、自行管理；其二，布置校园宣传栏，让校园的墙壁、走廊、楼梯、沟井盖呈现相关图文，设计学校吉祥物，等等；其三，开展传统活动，如跳蚤节募集善款捐赠爱心、五一劳动节“生活技能王”、植树节“争做护叶使者”等活动；其四，开辟校外活动基地，如烘焙坊、种植园、加工厂、实验室等地，供学生在专业人士的指导下进行专业的研究性学习，让学生沉浸其中，持续保持探究兴趣与信心，畅享童年。

建构促进核心素养发展的全学科课程评价体系，是将评价体系与全学科课程内容重构、教师教学过程、学生学习生活等要素整合在一起，形成以学生核心素养发展的评价、反馈、反思、改进和提升的持续性过程，其关注的不仅是为学校全学科课程发展提供理论指导，还是如何通过评价促进学生核心素养发展和终身成长。

专题五　学校全学科课程优质资源支撑体系建构

在21世纪的教育改革浪潮中，学校全学科课程以其独特的实践性和开放性，成为了培养学生综合素质和创新能力的重要平台。这类课程突破了传统课堂教学的局限，鼓励学生走出教室，进入真实的自然和社会环境中，通过亲身体验和实践活动，提升解决问题的能力、团队合作精神以及批判性思维。在这样的课程中，学生不仅能够将理论知识与实践相结合，还能够在探索中发现问题、提出解决方案，从而促进课内与课外、学习与生活、学校与社会的有机联结。

然而，要实现学校全学科课程的教育目标，学校必须依托于一个坚实的资源支撑体系。这个体系需要整合各种资源，包括物质资源、人力资源、文化资源等，以满足学校实施该类课程的实际需求。物质资源涵盖了实验设备、图书资料、活动场所等硬件设施；人力资源则包括教师、专家、志愿者等教育工作者；文化资源则涉及学校的教育理念、社区文化、历史传统等软实力。这些资源的有效整合和利用，对于提升学校全学科课程的质量和效果至关重要。

在实际操作中，尽管各地拥有丰富的教育资源，如自然文化遗产、红色教育基地、工农业及科技教育基地等，但在将这些资源转化为课程内容和教学活动方面，仍存在不少挑战。一是资源没有课程化，基地的课程设计过于单一，缺乏深度和创新，很多基地课程存在以下现状："听看课程"，只看不做，"实践"丧失；"游戏课程"，浅层活动，"问题"缺位；"职业课程"，纯技术训练，"创意"缺失；"单一课程"，学科拓展，"整合"空虚，不能真正地发挥其应有的价值，其利用还停留在浅表的参观活动、纯技术的学习活动、浅层次的体验活动层面。二是与学校课程深度融合的、与学校形成常态互动的机制没有形成，学校基地互动往往局限于一次性的活动，缺乏长期、系统的合作机制，缺乏学校课程和主题引领下的多轮次常态互动机制，使得资源的利用效率和教育价值未能得到充分发挥。

为了解决这些问题，我们需要从根本上加强实践基地资源的课程化建设，并建立一个健全的校内外课程资源的利用和共享机制。这不仅要求我们对现有的基地课程进行改革和创新，还要求我们建立跨学科、跨领域的合作模式，以及常态化的互动和合作机制。

如何突破困局这一问题，我校尝试以学校为主导，用"魅力本草，劳动至美"学校全学科课程体系建设与实施作为桥梁，搭建起与家庭和社会协同育人的平台，开发真实联动的课程、挖掘整合共享的资源、构建协同实施的路径等，从而实现校家社协同育人常态化实施、促进优质资源支撑体系建构。

一、建构方法

(一)多方剖析，确立主题

通过对学校发展情境进行SWOT剖析发现：

我校作为长沙市教育部基础教育优秀成果推广应用示范区唯一一个“综合实践活动引领学校教学方式及文化变革模式”的示范校，一直在进行这方面的探究和实践。作为长沙市“两型”学校示范校，在生态环保方面的研究已经有了一定的储备，有助于中医药研究。作为长沙市综合实践基地校，在专家引领方面有着天然优势，学校逐渐形成了一个稳定且研发力量较强的教研团队，有足够的科研能力进行中医药方面的教育教学工作。

我校自家长学校成立以来，“亲子课程”不断完善，一大批熟知本地风土人情、善于农事或精于药草研究的家长走进校园、走上讲台，带领孩子们走进包括植物系列在内的许多领域，可以助力学校开展中医药相关的教育教学活动。

我校周边有洋湖湿地公园、岳麓科技园、晚安工业园、芝林大药房、湖南省中医药大学、湖南食品药品职业学院等生态公园、企事业单位和高校，这些优质教育资源形成了互通有无的教育合作网，可以为中医教育提供多元的、高精尖的活动场地、设施设备。

通过对校家社三方资源进行综合分析，从而确立了能够联动校家社协同育人的课程主题《魅力本草　劳动至美》。

（二）遴选资源，开发课程

1. 考察典型场域，选定实施基地。学校的实施场景有限，如缺少中草药炮制加工的专业场地、适合大量中草药种植养护的肥沃土壤。根据需求，从资质合格、成绩可观、口碑较好的场馆、基地中选择距离相宜、面积较大，团队文化积极正面的基地进行实地考察。经过多次深入实地考察，我校最终选择了师资力量雄厚、课程资源丰富、土壤肥沃的博庠文化园作为校外实施基地。该基地有两个突出的优势，一是该基地用三年时间对土壤进行针对性改良，非常适宜种植出健康、安全、环保的中草药。二是该基地建构了丰富的课程体系，有很强的课程设计、执行和指导的能力。

2. 挖掘三方资源，联合建构课程。结合校家社资源，团队围绕“魅力本草”这个核心领域，分解了溯源求新、辨识明理、种植养护、炮制加工、产品研发、推广服务六个模块，形成了低年级“中草药辨识之旅”、中年级“中草药种植之旅”和高年级“中草药炮制之旅”主题系列，低年级经历溯源求新、辨识明理、产品开发、推广服务过程，中年级增加种植养护课程，高年级突出对炮制加工的研究。

《魅力本草 劳动至美》课程模块一览表

—	溯源求新	辨识明理	种植养护	炮制加工	产品开发	推广服务
低年级“中草药辨识之旅”	√	√			√	√
中年级“中草药种植之旅”	√	√	√		√	√
高年级“中草药炮制之旅”	√	√	√	√	√	√

每个模块都考虑了活动难易程度，符合学生身心发展特点而进行量身定制。如“辨识明理”模块，低年级学生主要凭感官对中草药植株进行辨识，中年级学生需要借助工具对中草药植株和一些简单的药材进行辨识，高年级学生则要求通过实验等方法对中草药植株、药材、成药等进行辨识，逻辑清晰，由易到难。

《魅力本草，劳动至美》课程辨识明理模块介绍

辨识明理			
学段	辨识对象	辨识方法	辨识地点
低年级	中草药植株	感官辨识	小区
中年级	中草药植株/简单药材	工具辨识	药园/房
高年级	中草药植株/药材/成药	实验探究	农村/基地；高校实验

以中年级“中草药种植之旅”主题为例，设计了校家社共同参与的具体实施项目。如在种植养护模块，学校课程包括：土壤酸碱度测定、中草药不同种植方法研究、中草药不同繁殖方法研究、生态防治方法研究四个项目。基地课程包括：中草药土壤改良、中草药扦插种植、制作生态肥料、设计制作稻草人、自动浇灌驱蚊施肥三位一体智慧系统研制五个项目。家庭课程包括：绘制中草药种植指南、制作种植中草药宣传美篇、中草药种植品种的选择三个项目，从而建构了校家社共同参与的联动课程体系。

博才白鹤小学中年级《中草药种植之旅》种植养护模块课程框架

模块	主题	项目	活动组织
种植养护	生长环境探究	土壤酸碱度测定	学校
		中草药土壤改良	基地
		中草药种植品种的选择	家庭
	种植方法探究	中草药不同种植方法研究	学校
		中草药不同繁殖方法研究	学校
		中草药扦插种植	基地
		绘制中草药种植指南	家庭
	养护方法探究	生态防治方法研究	学校
		制作生态肥料	基地
		设计制作稻草人	基地
		自动浇灌驱蚊施肥三位一体智慧系统研制	基地
		制作种植中草药宣传美篇	家庭

(三)规范路径，常态实施

1. 成立班级小农场

第一步，基地农场招募。由学校和基地联合发布小农场招募令，并通过学校公众号进行传播，扩大了传播范围。第二步，班级参加竞选。有意向参与的班级团结协作，老师家长学生共同参与，参加竞选会，阐述小农场经营的“绿色生态向未来”“做大自然的小宝贝”等理念，还从研究对象、场地布置、活动安排等方面做具体介绍，获得了学校、基地、中

医药大学组成的评审团的一致认可。第三步，成立班级农场。最终12个班级顺利通过，成为两亩地的“农场主”，学校为此还举办了多方参与的启动仪式。

2. 规划建设小农场

第一步，把握四大选择原则，科学地确定种养对象。在基地老师的指导下，农场主们坚持“因时制宜，把握科学性”“因地制宜，关注本土化”“立体种植，优化用空间”“种养结合，事半而功倍”四大原则，从而确保种养对象选择的科学性、合理性、实用性。如夏种茴香、茼蒿等，冬种月季、芍药等，遵从植物生长变化规律；种植湖南本土化中草药白芨、板蓝根、金银花等，可以大大提高成活率；选择阳生植物甘草、黄芪，阴生植物三七、半夏，阴生阳生合理搭配，立体种植、全面生长。除此之外，将小鸡粪便加工成植物肥料，蒲公英、车前草加工成小鸡饲料，让种植中的各种元素相辅相成，相得益彰。

第二步，学会划分农场范围，合理利用每一分土地。在科学老师和美术老师的指导下，学生进行科学创意设计，如有的班级将中草药种植区设计成了花朵的形状，准备同时土培六种中草药；有的班级在农场中间种植中草药，四周设计成环形隧道鸡笼，将种养有机结合；有的班级尝试搭建彩虹支架，设计立体中药区；有的班级还利用陶罐水培中草药，与周围土培品种做对比实验研究等。

第三步，巧妙设计农场景观，凸显我们的文化思考。在美术老师和劳动老师的指导下，学生进行环保艺术设计，如设计高低错落的篱笆，既有用竹条编制的，也有用废弃木条和布条组合的，还有栽种篱笆植物的。设计独具特色的农场牌，可以是悬挂的，也可以是立着的，可以是木头的，还可以是创意的投影灯图案。设计个性景观，有错落放置的陶罐景观，也有生态木头种蘑菇的景观，人与自然，如诗如画，相互交融，成就了一幅美丽的生态画卷。

3. 开展课程常态实施

在具体课程组织实施时，首先需要明确坚持三方共育原则，建立联动机制，学校充分发挥主导作用，确保课程的科学性、系统性、操作性，保障好家庭与基地课程的有效衔接。家长充分发挥协同作用，积极配合学校综合实践活动课程的开发和建构，定期参与或组织基地活动，形成对课程实施的有益补充；基地充分发挥互补作用，基于学生需求，与学校共创一脉相承的特色课程，并常态组织好学校、家庭、基地的联合活动。借助三类课程落实各方任务，采取了“前置课程＋基地课程＋后拓课程”的三步走方式，以问题为驱动，多轮互动有序开展。具体以高年级试点班开展的“中草药炮制之旅”下的小主题“芦荟的炮制加工”为例。

前置课程阶段，家校指导为主，完成知识储备。第一步，在语文课上学习“炮制历史真有趣”、科学课上学习“炮制工具真奇妙”、综合实践活动课上学习“炮制方法知多少”。第二步，在家长指导下制作了“炮制工具图鉴”和举办了“炮制历史家庭”故事会，具备了一定的知识储备，明确了需要基地解决的问题——芦荟炮制实践探究。第三步，学校与基地商定基地活动执行方案。

基地活动阶段，基地指导为主，完成校外实践活动。各试点班根据自制的“小农场农作安排表”，亲子以小队的形式每周末有序来到基地，在基地老师的指导下，完成了芦荟水制、火制和水火共制等炮制方法探究，制作了芦荟原液、芦荟纯露、芦荟干等产品。产品制作出来后，学生产生了新的问题——如何对产品进行包装和推广？因此，拓展课程产生了。

后拓课程阶段，以家校指导为主，完成社会服务推广。同学们在综合实践老师指导下，学习实地考察的方法；在家长帮助下，进行市场考察，了解芦荟产品包装、定价，为芦荟产品制作包装并录制产品宣传视频，进行网络发布推广。虽然芦荟炮制之旅暂时结束，但是研究的过程仍在继续，同学们在考察实践中生成了新的问题——如何对芦荟进行多样化多角度的产品再升级？这就是下一个校、家、社协同执行的小主题“芦荟产品再升级”，如接下来探究的“芦荟手膜”“芦荟防晒膏”“芦荟牙贴”“芦荟止痒喷雾”“芦荟果冻”“芦荟盆景”“芦荟美容汤”等项目，这样以问题为驱动的校、家、社多轮深度互动得以实现。

4. 共同参与综合评价

在活动开展前，校、家、社共同参与研制了本课程的综合评价量规，分别为“能力提升”“技能习得”“思维发展”“习惯养成”“情感态度”五个维度，其中“能力提升”又包括：阅读理解能力、定量推理能力、解决问题能力、领导能力。在活动推进整个过程中，家庭、学校、基地共同参与学生的综合评价，聚焦实施过程和成果展示两个方面，如基地对学生填写的“小农场维护记录表”“小农场成果展示表”“小农场建设建议表”等内容进行过程性评价，三方共同对学生参加的“中草药主题微型农家乐”“每周校园宣讲会”“中草药加工教程制作”“中草药新品发布会”等活动进行展示性评价，最终这些评价结果都成为了我校学生期末评优评先的重要参考标准。

二、实施策略

通过实施以下策略，可以有效促进优质资源的课程化，建立一个健全的校内外综合实践课程资源的利用和共享机制。

（一）基地目标明确化，课程体系构建化

明确基地建设目标，如将农业基地定位为有机农业生态园区，同时具备教育功能。依托基地资源和特色，确立课程建设的基本思路，构建“领域—模块—主题—项目”四级课程内容体系。设计与课程模块相匹配的实施场景，包括封闭和开放的课程场景，以增强学生的实践体验。

（二）互动机制常态化，教育合力形成化

建立长线主题引领的常态互动机制，围绕同一主题设计多轮互动课程。明确每个阶段的实施步骤和主要流程，包括前置课程、基地活动和后拓课程阶段。通过家庭、学校、基地共同完成不同阶段的学习任务，形成教育合力。

（三）育人平台协同化，资源共享优势化

通过学校主导，搭建校、家、社协同育人的平台，开发真实联动的课程。挖掘和整合校、家、社三方资源，构建协同实施的路径，实现资源共享和优势互补。建立校家社共同参与的综合评价体系，关注学生的综合能力提升和个性化发展。

（四）课程内容创新化，实践活动深入化

结合学校实际情况和学生需求，创新课程内容，确保课程的科学性、系统性和操作性。采取“前置课程＋基地课程＋后拓课程”的模式，以问题为驱动，有序开展多轮互动。引导学生进行深层次的探究活动，将基地活动与学校综合实践活动融为一体。

（五）资源利用最大化，合作开发整合化

建立校内外资源共享的平台，实现资源的最大化利用。促进学校与基地、社区、企业等的合作，共同开发课程，整合多方资源。通过常态互动机制，确保资源的持续利用和更新，满足不同学校和学生的个性化需求。

（六）评价体系综合化，反馈机制全面化

建立综合评价量规，涵盖能力提升、技能习得、思维发展、习惯养成、情感态度等多个维度。校、家、社共同参与学生的综合评价，关注实施过程和成果展示，为学生提供全面的反馈。

优质资源支撑体系的建构对于实现教育现代化、促进学生全面发展具有重要意义。通过整合和利用各种资源，可以为学生提供一个更加丰富、有效的学习环境。随着科技的发展和社会的进步，未来的优质资源支撑体系将更加智能化、个性化和互动化。人工智能、大数据等技术将在资源优化配置中发挥重要作用，而互动化合作将有助于提升资源支撑体系的质量和效率。以期每个学生都能在这样一个支撑体系中找到适合自己的学习路径，实现全面发展。

三、实施效果

在“魅力本草”综合主题课程体系建设与实施过程中，校、家、社协同育人常态化实施真正“建”起来、“转”起来、“用”起来，从而促进优质资源支撑体系建构。主要表现在以下几个方面：

（一）建构了真实联动的课程，形成协同育人常态机制

明确三方在育人过程中的责任和功能，建立学校主导、家庭参与、社会支持的多元协作共建共治共享的常态实施机制，主要表现在：挖掘三方资源建构联动课程，规范“成立—规划—实施—评价”四步走课程实施路径、借助“前置—基地—后拓”三步走多轮互动实施策略。

（二）校、家、社建立深层次互动，促使优质资源整合共享

校、家、社协同育人各有资源优势，通过深层次互动沟通，吸引家长、社会积极参与到整个综合课程建设和实施的每一个环节，将原本处于零散状态，缺乏整合的优质资源进行整合共享、差异性优势互补，建构出了更多优质的课程化学习场所，促成了优质教育资源的课程化。

（三）聚焦协同育人目标达成，为校家社学生多方赋能

1. 为学校赋能。校、家、社目标一致、关系协调、资源共享、责任共担、功能互补的局面初步实现，学校育人方式和文化变革得以落地创生。

2. 为家庭赋能。家长转变了育人理念，即从重视孩子学习成绩到关注孩子成为身心健康的人，让亲子关系变得更加融洽。

3. 为基地赋能。通过联合课程研发、实施，基地转变了课程开发理念，基地课程建设得到优化，形成与学校一脉相承的课程体系。

4. 为学生赋能。学生在真实的环境中去体验、实践和探索，个性化、多样化需求得到满足，逐步形成符合个人终身发展和社会发展需要的综合素养。

专题六　学校全学科课程实践成效

随着教育改革的不断深入，学校全学科课程体系建构与实施已成为提升教育质量、培养学生综合素质的重要途径。本专题将从学校全学科课程的发展方案、课程结构的变化、综合主题体系的构建以及教师课程开发能力的提升等方面，探讨学校全学科课程建构成效与价值。

一、课程文化，不断生长

（一）课程内容，与时俱进

学校全学科课程体系强调课程内容应与时代发展同步，反映科技进步和社会发展的需求，不断更新课程内容以适应快速变化的世界。例如，博才白鹤小学引入了与人工智能相关的课程，这不仅丰富了课程内容，也让学生能够接触并学习前沿科技，培养他们适应未来社会的能力。此外，开展跨学科主题学习活动，如“我是白鹤小导游”等，通过开设综合实践、数学、美术、语文等不同学科的主题课程，提供了综合性学习体验，增强了课程的吸引力和实用性，实现了教育教学内容的时代性更新。

“我是白鹤小导游”课程内容框架表

教材	课题	相关知识点	课标要求
二年级 综合实践	《晓白鹤之园》	学生通过调查访问、实地测量、参观、收集资料等方法多角度地认识自己的学校	能从个体生活、社会生活及与大自然的接触中获得丰富的实践经验，形成并逐步提升对自然、社会和自我的内在联系的整体认识
三年级数学 （人教版） 《位置与方向》	《辨白鹤之向》	亲身感知东南西北的方位和特点，理解地图上的上北下南左西右东	能在教师指导下，从日常生活中提出简单的数学问题，并尝试运用所学的知识和方法解决问题以及感受数学在生活中的应用，初步形成几何直观和应用意识
二年级美术 （湘美版） 《左邻右舍》	《绘白鹤之图》	学会绘制房屋，并根据房屋的大小、形状、色彩合理组拼画面	尝试不同工具，用纸以及身边容易找到的各种材料，通过观察、绘画、实践等方法大胆、自由地把所见、所闻、所感、所想表现出来
二年级语文 （部编版） 《语文园地一》	《话白鹤之地》	按照顺序、抓住重点内容、用连贯的语言介绍校园	学会倾听与表达，初步学会用口头语言文明地进行人际沟通和社会交往

“我是白鹤小导游”课程实施框架表

阶段	类型	教学内容	课时安排	授课教师
第一阶段	前置课程	明白校园中小导游需要掌握哪些方面的知识，用导游闯关的形式，激发学生探究问题的兴趣	20 分钟	蒋承雨
第二阶段	主体课程	综合实践《晓白鹤之园》	20 分钟	谭林燕
		数学《辨白鹤之向》	1 课时	曹艺
		美术《绘白鹤之图》	1 课时	彭依涵
		语文《话白鹤之地》	1 课时	唐小茜
第三阶段	后拓课程	录制小导游视频	1 课时	唐小茜 蒋承雨
		给幼儿园小朋友当小导游	幼小衔接活动	喻诗情 龚志智

（二）课程内容，不断优化

在学校全学科课程综合主题体系的实施过程中，学校根据学生学习情况和反馈，以及教育发展的最新趋势，不断优化和更新课程内容。例如，在《凝滞时间的标本师》课程实施过程中，教师团队会定期收集学生和家长的反馈，评估课程的有效性，并据此调整教学策略和课程内容。这种动态调整确保了课程始终与学生需求和时代发展保持同步，提高了课程的适应性和前瞻性。

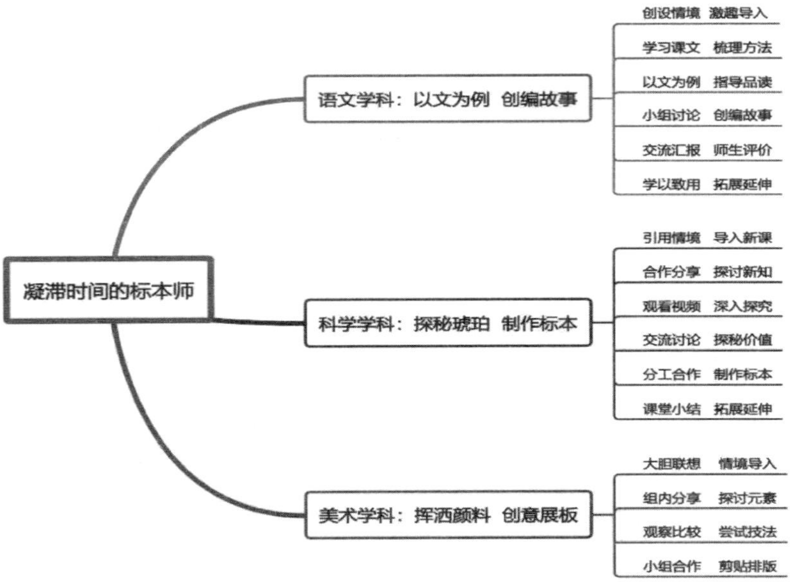

修改前的课程内容

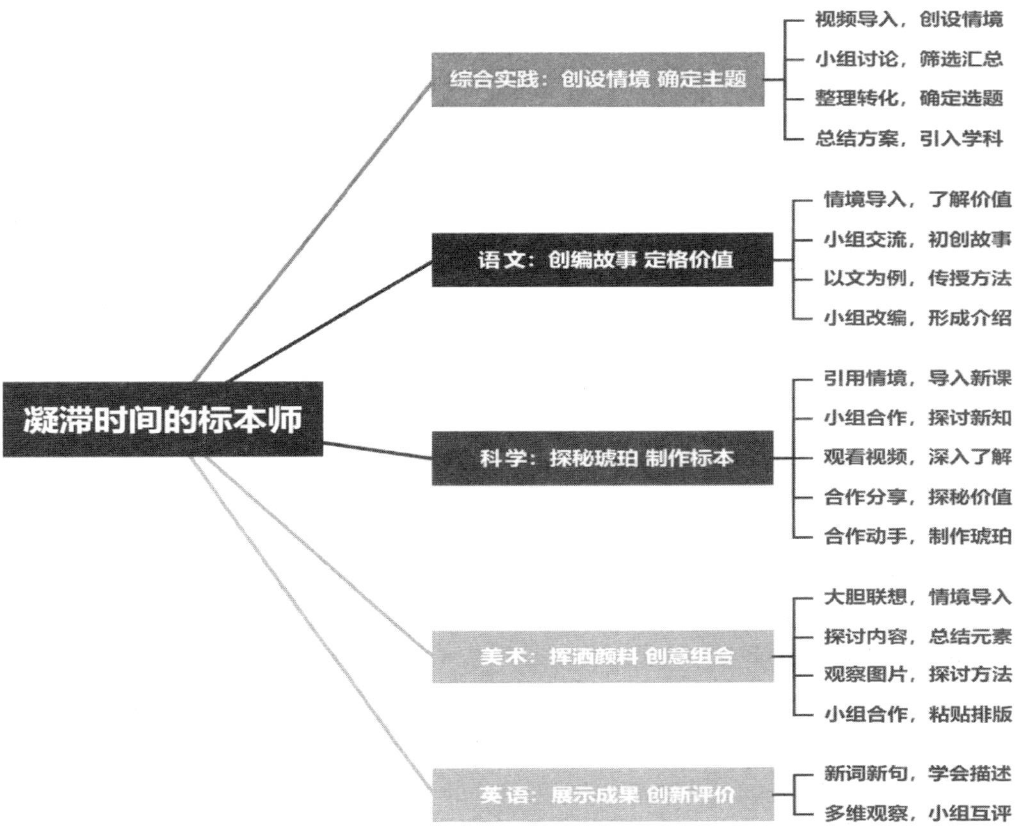

修改后的课程内容

（三）课程内容，提供选择

学校本着课程设置应满足学生个性化学习的需求、挖掘每个学生的最大潜能发展的理念，根据学生的兴趣和需求不断调整课程，并提供学生多样选择。允许学生根据自己的兴趣，自由选择学习特定主题，从而提高了课程的针对性和适应性。如下表“善分类 勤处理 远垃圾”跨学科课程教学过程中，在进入实践阶段，给学生提供了多样化的项目选择，这种灵活性的增强，不仅使课程更加个性化，也有助于激发学生的学习兴趣和主动性。

“善分类　勤处理　远垃圾”跨学科整合教学内容实施一览表

探究主题	实施年级	主题课程	整合教材	课时	授课学科
善分类 勤处理 远垃圾	三、四年级	主题确定和活动策划	综合实践：主题确定、分解；活动策划课	3 课时	综合实践
		了解垃圾分类现状	综合实践：问卷调查方法指导课 数学：分析数据图表	4 课时	综合实践 数学

续表

探究主题	实施年级	主题课程	整合教材	课时	授课学科
善分类 勤处理 远垃圾	三、四年级	制定垃圾分类标准	少先队活动：统计学校和家里的垃圾 数学：数据统计和分析 科学：《食品包装袋上的信息》	3 课时	少先队活动数学科学
		设计和制作垃圾分类箱	美术：《设计和制作》	2 课时	美术
		垃圾分类处理	科学：《点亮小灯泡》 科学：《花、果实和种子》 科学：《面包发霉了》 科学：《温度与气温》	4 课时	科学
		垃圾分类宣传推广	美术：绘制海报 音乐：快板表演	2 课时	美术 音乐

（四）课程结构，联系加强

学校全学科课程鼓励不同学科间的融合，通过整合不同学科的知识和技能，构建一个全面的知识体系。例如，博才白鹤小学“践行环保”“菇色菇香满校园”“麓山峩峩湘情浓”等课程，将科学、语文、数学、美术等学科知识进行整合，让学生在探究和创作的过程中，不仅能够学习到各学科的基本概念和技能，更能够体验到知识间的联系，帮助学生在不同学科之间建立关联和延伸。这种跨学科的课程设计，有助于学生形成系统性思维，提高解决实际问题的能力。

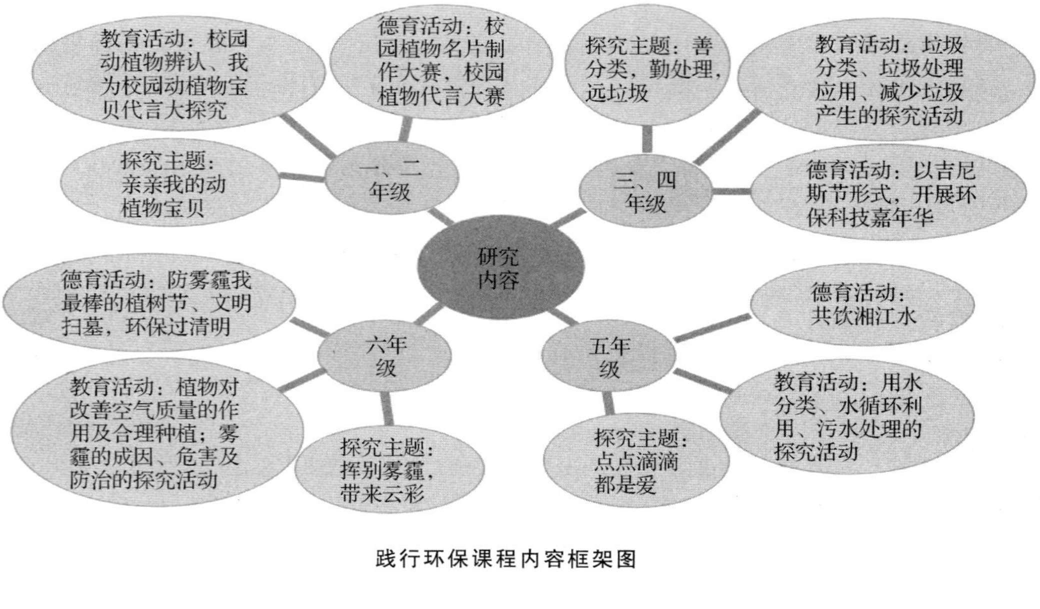

践行环保课程内容框架图

（五）课程场域，不断拓展

学校全学科课程强化了课程内容与现实生活的联系，使学生能够将所学知识应用于真实情境中。例如，学校的“中草药种植之旅”课程，让学生参与到中草药的实际种植过程中，这种学习不仅发生在课堂上，还延伸到了校园的中草药园，甚至与周边的农业基地建立了联系。通过这种实践，学生能够理解知识在现实世界中的应用，增强了他们的实际操作能力和解决问题能力。

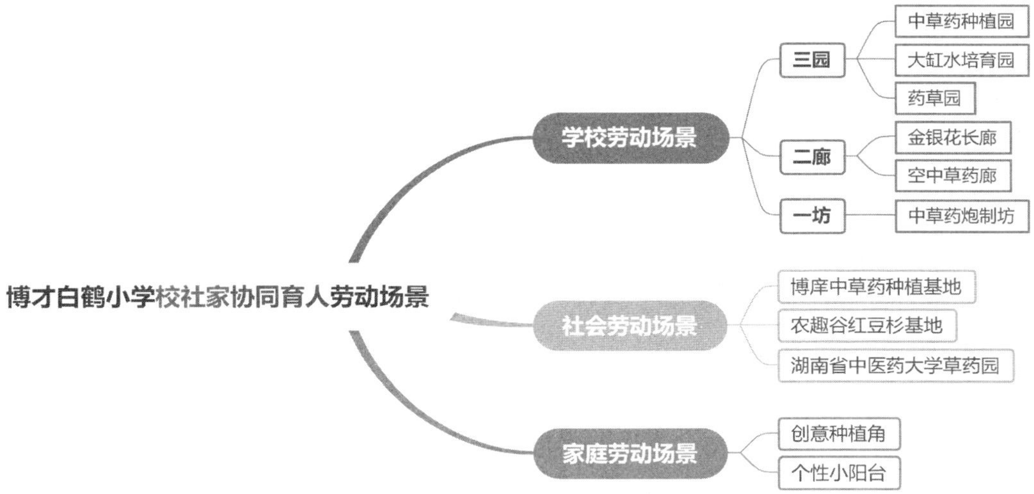

博才白鹤小学校家社协同育人劳动场景

（六）课程资源，广泛共享

学校全学科课程实施还带来了更广泛的外部课程资源，实现了资源共享。博才白鹤小学通过与社区、企业、高校等外部资源的合作，将这些资源纳入课程体系中，为学生提供了更广泛的学习资源。例如，在“‘生生’不息，情重‘姜’肱”课程中，学校与家庭、基地合作，为学生提供了实地考察和实践的机会。通过这种校内外资源的整合，学生能够接触到更广泛的知识和经验，增强了学习的实践性和生活化。

通过这些变化，学校课程结构更加灵活、丰富和具有时代感，更好地满足了学生个性化学习的需求，同时也为教师的专业发展和教学创新提供了广阔的空间。这些课程改革的实践，为培养具有创新精神和实践能力的新时代人才打下了坚实的基础。

“生生”不息，情重“姜”肱课程框架

活动安排	活动主体	活动内容	联动模式
生姜知识知多少	学校	综合实践课确定主题、了解生姜的文化、历史，以及食用价值	调查访问（学校＋家庭） 项目策划（学校＋基地） 社会活动（学校＋社会）
	家庭	亲子共同搜集资料、开展感兴趣的探究活动、准备课堂分享展示	

续表

活动安排	活动主体	活动内容	联动模式
生姜知识知多少	社区	亲子走访户外，了解探寻生姜相关的食品、药品与用品	调查访问(学校＋家庭) 项目策划(学校＋基地) 社会活动(学校＋社会)
	药房/中医药大学	科普生姜的价值	
生姜种植我在行	学校	道德与法治课教师带领学生策划生姜种植活动，并制定亲子种植与观察种植日记	项目实施：实验研究＋劳动体验＋设计制作(学校＋家庭＋基地＋社会)
	家庭	亲子共同制定生姜种植日记，并观察记录生姜的生长	
	基地	种植生姜	
百变生姜美食宴	学校	劳动课老师教授学生制作生姜食品的方法	设计制作(学校＋家庭) 社会活动(学校＋社会) 劳动体验(基地＋学校)
	家庭	亲子制作(姜撞奶等甜品，姜糖片、姜粉、姜枣等药膳)	
	基地	认领农场、实时跟踪反馈生长情况、定期养护	
	社区	药房：制作工艺再探究， 导师团队参加周末亲子“小农场”劳动实践活动， 去社区开展推广服务活动	
设计招牌乐推广	学校	美术课老师带领学生创作生姜美食海报，并开展生姜美食节	美食分享(学校＋家庭) 劳动体验(家庭＋社会) 社会活动(学校＋社会)
	家庭	为家人制作一种生姜美食	
	社区	生姜美食义卖	

二、教学方式，深度变革

(一)教学范式，建构典型

在全学科课程体系建构与实施过程中，我校重构了课堂教学范式，以问题为中心，以主题式和项目式学习为主，学生经历发现问题、解决问题、建构知识、运用知识的完整探究过程。我们按照实践活动的自然流程和学生的认知发展规律，设计、建构了前置课程、主体课程、后拓课程并逐步实施，形成了一个从启动到深入再到总结应用的完整闭环。

(二)指导策略，梳理提炼

我们分别梳理提炼了前置课程、主体课程及后拓课程课堂教学指导策略，前置课程指导策略主要有整合学科核心概念、设计主题学习活动、促进学科间的对话、使用真实世界案例、提供跨学科资源和工具；主体课程指导策略，借鉴综合实践活动的六种课型，每类课型都梳理总结了其特定的指导策略；后拓课程指导策略有巧设跨学科项目作业、注重批判性思维培养、鼓励创新和创造性表达、实施多元化评价、校家社资源联动、培养终身学习技能等。在全学科课程实施过程中，这些指导策略也会不断修改、完善与提升。

（三）教学流程，系统建构

经过一系列探索与实践，我校系统建构了全学科课程具体实施“六步走”流程：建设合作团队、发现整合内容、确立整合主题、设计实施方案、分步实施方案、展示交流评价。流程清晰，可操作性强，具有较强的借鉴推广价值。

（四）实施路径，实现协同

我校建立了学校全学科课程六条实施路径，即少先队活动课程、亲子课程、节日课程、研学课程、三点半课程、实践体验周课程，并分类总结了实施策略和方法。通过学校主导、家庭参与、社会支持，资源共享，实现了校、家、社协同育人。

三、学生素养，全面发展

学校全学科课程体系的构建与实施是一个系统工程，它不仅改变了传统的教学模式，也为学生提供了更多元化、个性化的学习体验。通过不断地探索和实践，学校全学科课程体系将继续在提升教育质量、培养学生综合素质等方面发挥重要作用。

（一）提升了责任意识

全学科课程实施中，学生不再局限于单一学科的学习，而是能够跨学科地理解问题，从而更加深刻地认识到责任担当的多重维度，全面提升了责任意识。例如，在实施“践行环保，让生活多点绿”课程时，学生通过实地考察、问卷调查收集资料，了解我国垃圾分类存在的优点和不足；在数学课上学习数据对比，分析垃圾分类的现状；少先队活动课上，调查统计教室和家庭的垃圾种类和数量；科学课上，自己动手做教室和家庭垃圾分类标准；美术课上，设计和制作垃圾分类箱；科学课上对垃圾进行分类处理；少先队活动课上设计《垃圾分类宣传推广方案》；最后，融合语文、美术、音乐等学科，通过校园广播、景区宣讲、快板表演、海报宣传等四种宣传推广方式，广泛深入地开展垃圾分类宣传活动。通过该课程的学习，学生进一步增长了环保知识，掌握了环保基本方法，激发了投身环保实践活动的热情，养成了良好的环保习惯、环保意识，培养了热爱祖国，关心家乡环保事业的积极情感。

全学科课程注重学生的实践活动和体验学习。通过组织家务劳动、社区服务、环保行动、公益项目等实践活动，让学生走出教室，接触社会，培养了自理能力、自立精神、热爱生活的态度，在团队合作中学会相互支持、相互协作，共同完成任务，懂得了关注自我、服务他人、奉献社会。全学科课程的有效实施，提升了学生的责任担当意识，为他们未来的成长和发展奠定了坚实基础。

（二）促进了身心健康

全学科课程的实施对促进学生身体健康和心理健康方面发挥了重要作用。在整合课程体系中，体育与健康、数学、科学等多学科融合，通过设计具有趣味性和挑战性的体育活动，激发学生对体育运动的兴趣，从而增加他们的体育锻炼时间，提升身体素质。如“我很健康”课程案例中，学生通过综合实践活动，调查班级、学校学生的身高、体重、运动时长，了解我校小学生的身体状况；数学课上，对调查数据进行统计分析，发现存在的问题，促进学生的自我认知；体育与健康课上，学生进一步探讨出体形偏胖与饮食、运动、睡眠还有遗传等因素都有着密不可分的关系；最后，学生将前期调查研究成果形成调查报告，进行汇报分享，并在全校范围内开展宣传活动，让更多的学生关注自己的身体，养成科学饮食、充足睡眠、适量运动等健康的生活习惯。在诸多全学科课程案例中，学生在语文课上通过阅读文学作品了解不同人物的性格特点和情感体验；在艺术课上通过创作表达自己的情感；等等。全学科课程的实施，不仅促进了学生对自我身心健康的关注，激发了对运动的兴趣，锻炼了健康体魄，磨练了坚韧意志，有利于激励学生成长为优秀的社会主义建设者和接班人。

（三）学会了自主学习

全学科课程这种综合性的教学模式不仅打破了传统学科的壁垒，还提高了学生主动学习、探究和解决问题的能力，进而提升了他们的自主学习能力。一是激发了学生学习兴趣与好奇心，全学科课程通过跨学科的主题或项目，将多个学科的知识点融合在一起，使学习内容更加丰富、有趣且贴近生活实际，极大地激发了学生的学习兴趣和好奇心，促使他们主动探索未知领域，形成自主学习的动力。二是培养了学生批判性思维和问题解决能力，在全学科课程中，学生需要面对复杂的问题和挑战，这些问题往往没有固定的答案，需要他们运用多学科的知识和技能进行综合分析和解决。这种过程培养了学生的批判性思维和问题解决能力，使他们学会了独立思考、分析问题、提出假设并验证假设。这种能力是学生自主学习的重要基础。三是学生提升了信息搜集与处理能力，自主学习离不开信息的搜集与处理。在全学科课程中，学生需要学会利用各种资源（如图书、网络、专家等）来搜集所需的信息，并对这些信息进行筛选、整理和分析。这个过程锻炼了学生的信息搜集与处理能力，使他们能够更加高效地获取和利用知识。四是形成了合作学习与交流机制，全学科课程强调合作学习的重要性，在团队合作中，学生需要相互支持、相互协作，共同完成任务。学生的团队合作精神和沟通能力进一步发展，学生可以站在他人的角度看待问题，拓宽自己的视野和思路，提升自主学习能力的同时，小组合作学习机制逐步形成。五是个性化学习潜能激发，全学科课程注重关注学生的个体差异和个性化需求。在教学过程中，教师根据学生的兴趣、能力和学习风格等因素，为他们提供个性化的学习支持和指导。这种个性化的教学方式能够更好地满足学生的学习需求，激发他们的学习潜力，从而进一步提升自主学习能力。

（四）提升了创新能力

全学科课程的教学模式通过打破学科界限，鼓励学生跨学科思考与实践，为培养他们的创新精神和能力提供了强有力的支持。一是提高了学生的综合思维与创新能力，全学科课程要求学生将不同学科的知识和技能融合在一起，解决复杂问题。这种综合性的学习方式促使学生跳出单一学科的思维框架，从多个角度审视问题，从而培养他们的综合思维能力和创新能力。当学生能够将数学、科学、艺术、劳动等多个领域的知识融会贯通时，他们就更有可能产生新颖的想法和解决方案。二是促成了学生的实践与探索，全学科课程强调实践性和探索性。通过项目式学习、探究式学习等方式，学生需要亲自参与设计、实验、调查等活动，探索未知领域，发现新问题，并尝试解决它们。这种实践过程不仅加深了学生对知识的理解，还培养了他们的动手能力和创新思维。在实践中，学生需要不断尝试、失败、再尝试，这种经历对于培养他们的创新精神和能力至关重要。三是激发了学生的创造力和想象力，在跨学科的项目中，学生需要运用多种媒介和工具来表达自己的想法和创意，如绘画、写作、编程、制作模型等。这些活动为学生提供了展示自己才华和创造力的舞台，激发了他们的想象力和创新潜能。当学生看到自己的创意物化并产生实际成果时，他们也会更加自信地继续探索和创新。四是培养了学生的批判性思维与问题解决能力。在解决复杂问题的过程中，学生需要学会分析信息、评估证据、提出假设并验证假设。这种过程培养了学生的逻辑思维和判断能力，使他们能够更加客观、理性地看待问题，并提出创新性的解决方案。这种能力对于学生在未来面对挑战和变化时，仍能保持创新精神具有重要意义。

四、教师能力，逐步提升

（一）学生中心，理念深化

综合主题体系的建构进一步落实了以学生为中心的教学理念。博才白鹤小学在课程设计和实施中，始终以学生的兴趣、需求和发展为中心，通过主题式和项目式学习，学生主动参与学习过程，提出问题并寻找解决方案。这种以学生为中心的教学方式，不仅提升了学生的主动学习能力，也培养了他们的批判性思维和创新精神。

（二）创新能力，不断提升

在学校全学科课程体系的开发过程中，我校教师不断创新教学方法，以适应不同学生的学习需求。“1＋1＋X”团队模式就是一个创新的组织形式，它鼓励教师跳出传统教学框架，探索出更加多元化的教学策略。例如，在“中草药辨识之旅”课程中，教师引导学生使用感官辨识中草药，这种方法不仅新颖，而且能够激发学生的学习兴趣，培养他们的观察力和辨识力。这种创新的教学方法，也增强了教师的创新能力。

（三）团队协作，逐步加强

学校全学科课程体系的开发往往涉及多个学科和领域的知识，增强了教师的团队合作。在博才白鹤小学，教师团队通过集体研讨和协作，共同设计和实施课程。例如，在开发全学科的学校全学科课程时，科学、语文、美术等不同学科的教师共同参与，将各自的专业知识和教学经验融合在一起，形成了一个跨学科的教学团队。这种团队协作不仅提高了课程的质量，也提高了教师之间的沟通和协作能力，从而提升了整个教师团队的凝聚力。

（四）技术应用，显著提高

随着教育技术的发展，教师需要掌握和应用各种教学技术，以提高教学效果。学校全学科课程体系的实施为教师提供了应用新技术的机会。例如，在“中草药种植之旅”课程中，教师需要使用智能浇灌系统和自动监测设备来辅助中草药的种植。此外，教师还需要利用信息技术来收集和分析学生的学习数据，以便更好地评估和指导学生的学习。通过这些实践，教师的技术应用能力得到了显著提高。

（五）研究能力，日益提升

学校全学科课程体系的开发和实施还需要教师具备一定的研究能力，通过研究来探索和解决课程开发过程中遇到的问题。例如，在开发“我毕业了”课程时，教师需要研究六年级学生的特点，以及如何将这些特点以学生易于理解的教学方式去启发学生，让学生用不同的学科视角去表达他们的理解。通过参与研究，教师能够更深入地理解学科内容，并将研究成果转化为教学实践，从而提高了自身的研究能力。

通过这些方面的提升，教师不仅在教学实践中变得更加专业和高效，也为学校的教育创新和课程改革做出了重要贡献。教师的专业成长与学校教育质量的提升形成了良性互动，共同推动了教育事业的发展。

五、评价体系，全面升级

在全学科课程实施中，我们不断摸索与实践，建构了包括评价内容、评价指标、评价方法、评价工具的完整评价体系，尤其是设计了学校课程、教师、学生的评价指标体系。如在“魅力本草 劳动至美”专题课程中，建立了包括能力提升、技能习得、思维发展、习惯养成、情感态度五个维度的综合评价量规。再如在“中草药炮制之旅”课程中，学校、家庭和基地三方共同参与学生的评价，不仅关注学生在基地填写的《小农场维护记录表》等过程性评价，也重视学生参与的“中草药主题微型农家乐”等展示性评价。这种评价方式更加注重学生学习过程的记录和个性化的发展，确保了评价的公正性和有效性。

教师发展的评价			学生发展的评价		
评价维度	评价内容	评价主体	评价维度	评价内容	评价主体
学习	学习心得分享 活动模拟与设计	教师	主题 工作室	作品展示 研究成果集 档案袋	学生 教师 家长
活动指导	竞赛/展示/研讨课 经验分享 指导学生获奖	教师 相关专家	开放活动	承办活动 成果展示活动 宣传推广活动	学生 教师 家长 相关专家
科研	论文获奖或发表 课题参与或获奖	相关专家	社会服务	义务劳动 志愿服务	学生 教师 家长 服务对象

六、社会影响，不断扩大

随着学校全学科课程的开发和实施不断推进，我校东西两个校区近6000名师生，共学共研共商，开发了19个校级专题，梳理62个物化学科整合课程体系案例，其中“我是小小探索家”“时间去哪了”等18个同学科跨学段学科整合课程案例，“‘菇’色‘菇’香满校园”“走进鸟的世界”等33个同学段跨学科整合课程案例，11个跨学段跨学科整合课程案例，作为资源应用、推广于全学科、全学段，促进了学校的课程创生。学校行政例会、教师例会、家长会变身促动会、分享会、成果发布会；教研管理制度迭代为“教研组、年级组、专题组”三线并行的课程管理中心；教师从“要我做”变成“我要做”“我喜欢做”，课程实现“学生中心”；主题工作室、中草药种植基地成为学生别样的教室。学校参与中国教博会和中国教育学会综合实践活动年会展示等国家、省、市级展示 9 次，省级基础教育教学改革项目 1 个，省市级规划课题 5 个，在国家省市活动中分享经验 40 余次，在《中国教师报》等书刊发表论文 30 余篇，出版 1 本 35 万字的专著，多次被“学习强国”《人民日报》等权威媒体报道，产生了深远的社会影响。

参考文献

[1]中华人民共和国教育部．中小学综合实践活动课程指导纲要[M]．北京：北京师范大学出版社，2017.

[2]中华人民共和国教育部．义务教育课程方案和课程标准[M]．北京：教育科学出版社，2022.

[3]杨四耕，李春华．突破大杂烩：有逻辑的学校课程变革[M]．上海：华东师范大学出版社，2017.

[4]陈瑾．聚焦学习的课程评估：L-ADDER 课程评估工具与应用[M]．上海：华东师范大学出版社，2018.

[5]姜平．激活基地课程的设计和实施能力[N]．中国教师报，2023-02-15.

[6]王晓东．学校全学科课程实施的挑战与对策[J]．现代教育科学，2022(3)：45-51.

[7]姜平．建构家校社协同育人模型[N]．中国教师报，2023-02-08.

[8]姜平．从活动基地到学习中心[N]．中国教师报，2023-05-17.

[9]陈思进，刘娟．项目式学习在全学科课程中的应用研究[J]．教育理论与实践，2023(7)：78-84.

[10]刘洋，李宁．家庭、学校、社会协同育人模式的构建与实践[J]．教育导刊，2022(2)：22-28.

[11]孙丽娜．少先队活动课程与学校全学科课程整合的路径探索[J]．少先队研究，2023(1)：47-53.

[12]周杰，黄薇．基于核心素养的全学科课程教学策略研究[J]．教育探索与实践，2022(6)：55-61.

[13]吴亮，陈晨．学校全学科课程实施路径的比较研究[J]．教育理论与实践，2021(9)：88-94.

[14]胥敬运，张广涛．综合实践活动主题生成课中“问题”的思考[J]．教学与管理，2023(10)：30-33.

[15]杨四耕．学校课程改革要有“零度”思维[N]．中国教师报，2017-07-12.

[16]钟启泉．基于核心素养的课程发展：挑战与课题[J]．全球教育展望，2016，45(1)：27-35.

[17]洪晓翠，肖龙海．基于学科的课程整合：内涵、框架与行动逻辑——知识社会学理论的视角[J]．全球教育展望，2023，52(2)：14-26.

[18]姜平．研学实践课程规范化实施建议[J]．湖南教育(D 版)，2021(6)：4-5.

[19]张文超．小学综合实践活动课程的实践样态与优化路径：基于实践共同体的视角

[J]. 教师教育学报，2023，10(1)：50-58.

[20]郭聪．立足寓言故事特点落实单元语文要素：统编教材三年级下册寓言单元教学思考[J]. 小学语文，2019(3)：29-31＋35.